中溝康隆

平成 プロ野球 死亡遊戯

筑摩書房

「時は来た！　それだけだ」　橋本真也

1990年（平成2年）2月10日　東京ドームにて

平成プロ野球死亡遊戯　目次

1回　平成大スター遊戯

2回　平成バイプレイヤー遊戯

3回

平成プロ野球事件遊戯【20世紀編】

4回 平成名選手遊戯【投手編】

5回 平成助っ人遊戯

6回 平成名選手遊戯【野手編】

7回 平成プロ野球事件遊戯【21世紀編】

8回 平成名監督遊戯

カバーイラスト
師岡とおる

装丁
金井久幸＋岩本 巧
［TwoThree］

1回

平成大スター遊戯

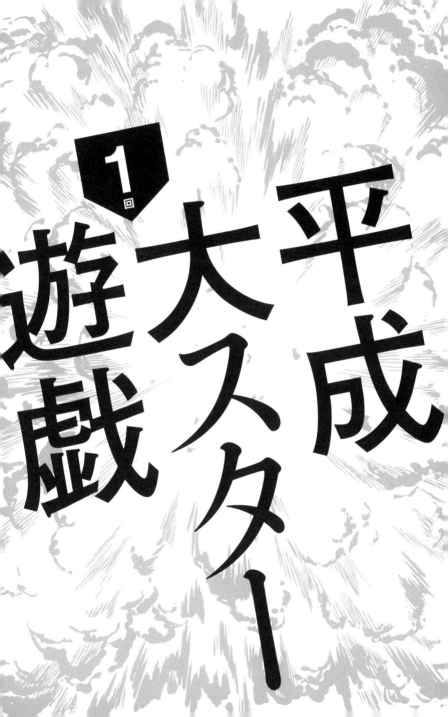

「とんねるず」と「秋山、清原、デストラーデ」がいた時代

２０１８年（平成30年）３月22日、フジテレビ『とんねるずのみなさんのおかげでした』が終わった。

恐らく、『情けねえ』を歌った最終回、久々にリアルタイムでしっかり番組を観た人も多いのではないだろうか？　自分もそのひとりだ。

いつだったか同世代の友人と飲んだ時に「ダウンタウンの番組はいまだに録画するけど、とんねるずはテレビ付けてやってたら観る感じ」と語っていたが、言い得て妙だと思う。

ダウンタウン（というか松本人志）の出現によって〝お笑い〟は変わった。それは確かだ。最近は権力と筋肉が巨大化しすぎて色々とディスられることも多いが松本は間違いなく天才だったと思う。だが、同時に笑いの革命家はバラエティ番組のハードルを上げてしまった。対照的に若手時代のとんねるずの笑いに哲学や思想はなかった。あったのは勢い

と才能だ。芸術性より分かりやすさ。だから、下ネタ大好きの子どもでも気楽に楽しめたのである。

80年代の終わりから90年代の初頭、埼玉県の小学校では朝の教室の話題が「昨日、とんねるず見た？」と「今週のドラゴンボール」と「巨人戦の結果」だったことがある。埼玉だから西武ライオンズじゃないの？　って、当時の西武は10シーズンで9度の優勝という超黄金期真っ只中で、勝つのが当たり前。ファミコンの野球ゲーム『ファミスタ』では〝ライオネルズ〟の取り合いが勃発してケンカに。テレビで見る巨人は花の都大東京の憧れのチーム、西武はその盟主にガチンコを挑む地元の誇れるチーム。だから、ジャイアンツを追いながらも、新興球団ライオンズの主軸を張る清原和博への感情移入度も半端ない。あの頃、若き清原はポスト団塊ジュニア世代のリアルヒーローだった。

西武は1985年（昭和60年）から4連覇を達成するも、89年（平成元年）は前年の最終戦の悲劇〝10・19〟の雪辱に燃える近鉄バファローズに逆転Vをさらわれる。平成最初のシーズンは土壇場でラルフ・ブライアントの神がかった爆発力の前に屈したわけだが、その裏で球団はシーズン途中に〝カリブの怪人〟を獲得して「3番秋山幸二、4番清原和博、5番オレステス・デストラーデ」と黄金時代の柱・AKD砲の結成に成功。

同年4月から税率3％の消費税法が施行され、1円玉不足がニュースになっていたあの頃のニッポンに降り立った27歳のキューバ出身の若者。前年オフに阪神タイガースの新外国人候補として名前が挙がるも実現せず、89年開幕直後にバークレオの不振に頭を悩ませた西武が緊急獲得したのがデストラーデだった。今となっては懐かしい言葉の〝第3の外国人〟扱いだ（外国人選手の1軍枠が2名までだった時代、保険的な意味合いも込めて3人目の助っ人をこう呼んでいた。前述のブライアントも中日では〝第3の外国人〟のため近鉄移籍が実現）。

前年のパイレーツでは打率・149、1本塁打の背番号39の来日を騒ぐマスコミはほとんどなかったが、1軍デビュー戦の6月20日にいきなり本塁打を放つと、7月には2度の3試合連発弾と爆発。9月には8本塁打と19打点をマークして月間MVPを受賞。のび太君メガネと弓を引くような独特のガッツポーズも話題となり、最終的に83試合で32ホーマー、81打点の活躍に「アメリカで見た時には、こんなに本塁打を打つ打者には思えなかったのに……」と西武の球団関係者が絶句したというエピソードが残っている。

89年12月29日、日経平均株価は3万8915円の最高値を記録。同年秋に『オレたちひょうきん族』は終了したが、バブリーなフジテレビの看板番組として勢いに乗る『とんねるずのみなさんのおかげです』が、『志村けんのだいじょうぶだぁ』や『加トちゃんケンちゃんごきげんテレビ』を視聴率で上回る新時代の到来だ。
『ねるとん紅鯨団』も絶好調で、まさに若者のカリスマ的人気を得たとんねるずが、名実ともにバラエティ界の頂点へと駆け上がった90年から、西武ライオンズは3年連続日本一を含むリーグ5連覇を達成する。名将・森祇晶《まさあき》監督のもと、〝新人類〟工藤公康や渡辺久信ら強力投手陣を揃え、石毛や辻や伊東勤といった実力派が脇を固め、その枢軸に全員20代の若きＡＫＤ砲が君臨するメンバーはまさにプロ野球史上最強チームと称された。

なお90年のＡＫＤ砲は3人で「計114本、291点、72盗塁」と全員30本塁打以上、二桁盗塁をクリア。盗塁王に輝いた秋山の「30本、50盗塁」はＮＰＢでいまだにこの男のみの偉業だ。デストラーデは42本、106打点で二冠獲得、ＮＰＢ初のスイッチヒッターでの本塁打王が誕生。まだ高卒5年目の清原も3割・30本に加え、リーグ最多の105四球で2人を上回るキャリアハイのＯＰＳ1・068を記録して当時史上最年少で年俸1億円を突破。日本シリーズでもセ・リーグ独走優勝の巨人を4連勝で一蹴して、最強西武の名を日本中に知らしめた。平成は俺たちの時代だ。すべては、切ないくらいに輝いていた。

91年、92年もＡＫＤ砲の破壊力は健在でチームの日本シリーズ3連覇に貢献。この神がかった強さはしばらく続くかと思われたが、92年オフに「3年連続日本シリーズ第1戦第1打席ホームラン」という無類の勝負強さを見せたデストラーデが、地元フロリダの新興球団マーリンズでメジャー復帰（「NPBで本塁打王のタイトルを獲り、チームも日本一になって、メジャー移籍で4番を打つ」というサクセスストーリーを松井秀喜より10年早く実現させたことになる）。

翌93年秋には寝業師・根本陸夫《りくお》が仕掛けた電撃トレードで秋山幸二がダイエーホークスへ。さらに94年限りで森監督も退任し、最強西武の時代は終わりを告げる。

毎年80勝以上を記録し、〝ブルーサンダー打線〟のオリックスを寄せつけず、野茂英雄を擁した近鉄をも圧倒してみせた常勝・西武ライオンズ。ちなみに94年オフ、西武の堤義明オーナーは夢よ再びと「ダイエーからFAで秋山、メジャーからデストラーデを呼び戻して、再び清原とクリーンナップを組ませろ」とAKD砲再結成を現場に厳命するも、秋山はダイエー残留。95年に西武復帰したデストラーデも初来日時の姿とは程遠く、家庭の事情で同年6月に帰国した。

最終的に清原も96年オフのFAで死にたいくらいに憧れた巨人へ旅立ち、最強クリーンアップは完全解体。わずか数年間、3人のスラッガーの全盛期が同チームで重なった奇跡のようなAKD砲を野球ファンは忘れることはないだろう。

そして、2018年。埼玉西武ライオンズが所沢市に本拠地を構えて40周年のアニバーサリーイヤーを記念して、歴代のレジェンドOBたちをホームゲームに招くイベントが実施された。デストラーデが所沢に帰還し、背番号1の秋山が25年ぶりにライオンズのユニフォームに袖を通したわけだ。

気が付けば、とんねるずの石橋貴明と木梨憲武が現在57歳、秋山幸二とデストラーデもこの春で57歳だ。そう言えば、『みなおか』の名物コーナー〝男気じゃんけん〟によく出演していたのが清原和博だった。

あの頃、同時代を生きた男たち。平成という時代が始まった30年前、バブル経済で盛り上がるニッポンのど真ん中を疾走した怖いもの知らずの若者が、とんねるずとＡＫＤ砲だったのである。

【西武ライオンズとＡＫＤ砲成績】

90年１３０試合81勝45敗４分勝率・６４３（2位オリックスに12ゲーム差）
秋山幸二　打率・２５６　35本　91点　51盗（盗塁王）
清原和博　打率・３０７　37本　94点　11盗
デストラーデ　打率・２６３　42本（本塁打王）　１０６点（打点王）　10盗

91年１３０試合81勝43敗６分勝率・６５３（2位近鉄に4・5ゲーム差）
秋山幸二　打率・２９７　35本　88点　21盗
清原和博　打率・２７０　23本　79点　３盗

デストラーデ　打率・268　39本（本塁打王）　92点（打点王）　15盗

92年130試合80勝47敗3分勝率・630（2位近鉄に4・5ゲーム差）
秋山幸二　打率・296　31本　89点　13盗
清原和博　打率・289　36本　96点　5盗
デストラーデ　打率・266　41本（本塁打王）　87点　12盗

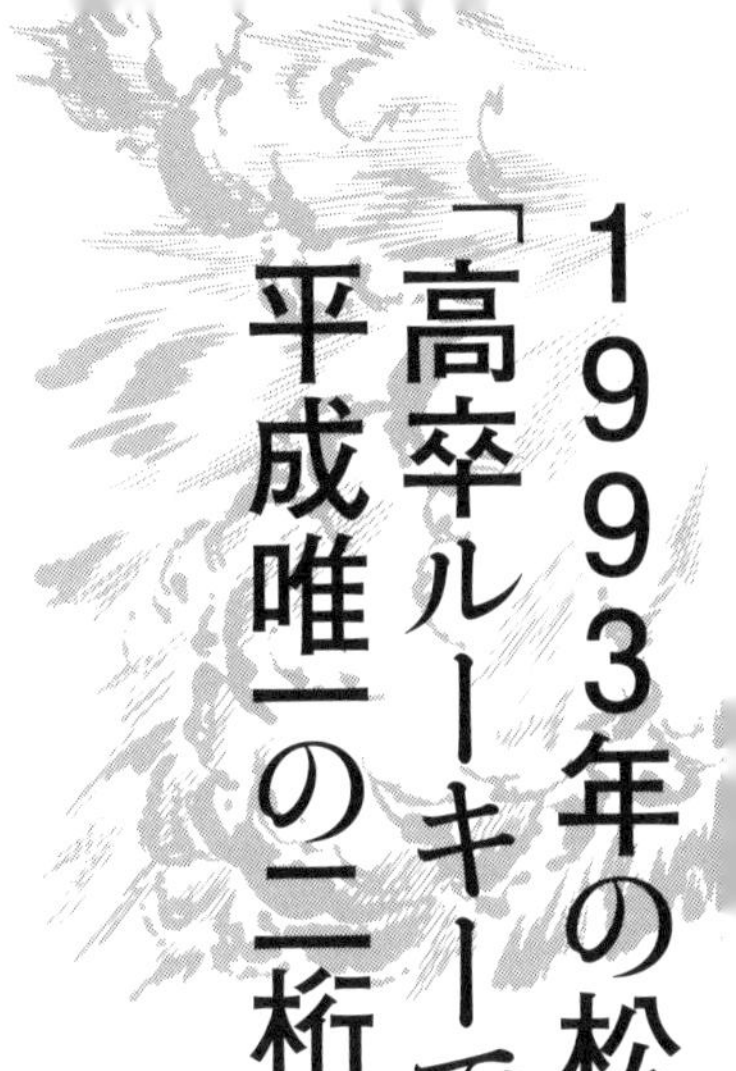

1993年の松井秀喜「高卒ルーキーで平成唯一の二桁本塁打！」

1993年（平成5年）春、プロ野球は危機的状況を迎えていた。

巷は〝若貴フィーバー〟で空前の相撲ブーム真っ只中。4月30日にはのちに大人気となるK－1がひっそり初開催。決定的だったのが同年5月15日のサッカーJリーグ開幕である。

華やかなセレモニーが印象的な開幕戦のヴェルディ川崎vs横浜マリノスはテレビ視聴率32・4％を記録した。なにせ、三浦知良の年俸は原辰徳を大きく上回る2億円を突破し、THE WAVESの『ウィー・アー・ザ・チャンプ』が朝の子ども向け番組『ひらけ！ポンキッキ』で鳴り響く異常事態。新しいもの好きのキッズたちが飛びついたのは読売ジャイアンツではなく、ヴェルディ川崎だった。

そんな状況で野球人気復活の切り札として、12年ぶりに巨人監督に復帰したのが長嶋茂雄である。とは言っても、当時の巨人は1980年代を支えた主力陣が30代を迎え、次世代のスター選手候補も育っていない冬の時代。92年10月30日、日米野球第1戦の全米オールスターズvs巨人のエキシビションマッチで背番号33のユニフォーム姿を初披露したミスターだったが、初陣はなんと11対0の大敗を喫する。

若手投手陣が元阪神のセシル・フィルダー（タイガース）やケン・グリフィー・ジュニア（マリナーズ）に特大ホームランを浴び、打線は同年18勝を挙げたロジャー・クレメンス（レッドソックス）に完璧に抑え込まれ、ヒットはベテラン篠塚和典の一本のみの惨敗。客席からは「マジメにやれ！」なんて厳しい野次が飛び、長嶋監督も「完敗？　そうでしょうね。采配的なものは何も見当たらない試合でした」と珍しく弱気な発言を試合後に残している。

いったい長嶋ジャイアンツはどうなってしまうのか……。しかし、この3週間後のドラフト会議（当時のドラフトは11月下旬に行われていた）において、4球団の競合の末に自らの手で、超高校級スラッガー松井秀喜（星稜高）を引き当てるのだから、長嶋茂雄の強運ぶりは凄まじい。

巨人サイドにとって『V奪回へ夢いっぱい当てた長島松井巨人』とスポーツ報知で号外

が出るほどの会心の交渉権獲得（当時のスポーツ紙はまだ「島」表記）。ここからミスターとゴジラは二人三脚で90年代の球界の主役を張るわけだが、ちなみに92年秋から冬にかけてのスポーツ新聞を見てみると一面は長嶋と松井、たまに息子一茂のジャイアンツ移籍問題、そして婚約発表をした貴花田と宮沢りえが頻繁に登場する。

92年、昭和の〝巨人・大鵬・卵焼き〟と同じく、〝巨人・若貴・日清ラ王〟みたいな空気感がまだ微妙に残っていた。細川と言えばたかしよりも、ふみえに夢を見た少年時代、スーパーファミコンの『スーパーマリオカート』や『ドラゴンクエストV天空の花嫁』が発売され、大学生から小学生までみんな同じ娯楽を共有するあの感じ。

良くも悪くもインターネットが普及する2000年代初頭あたりまで、プロ野球もTVゲームも選択肢は少ない分、世代を越えた共通言語としてのベタな〝大衆性〟があった。その象徴がスーパーマリオであり、長嶋茂雄だったのである。

さて、さすがの松井もプロの洗礼を受け、オープン戦初打席でヤクルトの石井一久に派手な空振り三振を喫するなど20試合で53打数5安打の打率・094、0本塁打と言い訳のできない成績で開幕2軍スタート。それでも「自分を落としたことを後悔するような活躍をします」と宣言した18歳はイースタンで打率・375、4本塁打と格の違いを見せつけ、5月1日に1軍初昇格を果たす。

さっそくライバル野村ヤクルトとの一戦に「7番レフト」で即スタメン出場すると、第2打席でタイムリー二塁打を放ちプロ初安打・初打点を記録。いきなりお立ち台に上がり、翌2日には1軍7打席目でヤクルトの高津臣吾から弾丸ライナーの第1号ホームランをライトスタンドに突き刺した。

この巨人対ヤクルト戦は視聴率32・2%、9回裏にホームランをかっ飛ばした午後9時5分の瞬間最高視聴率はなんと39・7%だった。一応ナベツネさん風に断っておくと日本シリーズではなく、ペナント序盤のたかが1試合である。オリックスの鈴木一朗はまだ無名の存在で、野茂英雄もメジャー移籍前。大袈裟に言えば93年当時の松井のホームランには巨人だけでなく、プロ野球界の未来そのものが託されていた。

ところで松井と言えば、ニキビ顔と〝ゴジラ〟というニックネームで御馴染みだが、思春期真っ只中の高校時代の本人はこれを気に入っておらず、プロ入りを機に「ウルフ松井」にする案があったという。巨人入りのお祝いとして近所の自転車屋から贈られたチャリンコが狼号だったことから思いついたネーミング。って後年のウルフ由伸と同じく、それが浸透することはなく、結局〝ゴジラ松井〟のまま東京ドームに上陸する。

街の自転車屋のオヤジからも愛されるオラが街のスター、このエピソードからも分かるように松井はその圧倒的な実力と同時にどこか憎めない隙があった。普段から忘れ物が多く、寝坊しまくり時間にも超ルーズ。のちにAV好きを堂々と公言して、2007年（平成19年）には東スポとソフト・オン・デマンドが共催した「AV OPEN」で特別審査員を務めたのは有名な話だ。さらに10代の頃、4つ年上で同郷のセクシーグループC・C・ガールズの原田徳子からは、〝ボクちゃん〟なんて呼ばれ可愛がられた。

そんな飾らない姿勢と野球選手としての図抜けた素質は、来日した外国人選手たちからも注目される。1年目の93年には元メジャーの本塁打王ジェシー・バーフィールドから外野守備をマンツーマンで教わり、翌年にチームメイトになったダン・グラッデンからは〝スーパーマン〟と勝手にあだ名をつけられ、さらに片言の日本語と英語で走塁や打撃のコツを伝授される。

グラッデンいわく「アイツはこれからの日本の野球をリードする役目があるんだよ。だから、今の内からオレの全てを伝え残したい」と背番号55の桁外れのポテンシャルにベタ惚れだったという。

清原和博（西武）らの持つ新人本塁打記録31本越えも期待された松井だったが、一時は打率0割台と極度の打撃不振に陥り、7月9日についに2軍落ち。イースタンで再調整して8月16日に再昇格。ゴールデンウィークに夏休みと国民的行事大好きなミスターらしい采配で8月22日の横浜戦からスタメン出場するが、これ以降の松井は02年限りで巨人を退団するまでNPBで全試合先発出場を続けることになる。

しかし、93年のペナントは8月中旬時点でチームは首位ヤクルトと2位中日を追いかけ、広島と3位争い。そんな状況で打率・083の高卒ルーキーを1軍スタメンで使い続けたことに驚かされる。なにがなんでもコイツを将来の4番打者に育ててみせる……ミスターの執念すら感じさせる起用法は、最後まで3位を争うCS制度がある現在では難しいかもしれない。

そんな「4番1000日計画」が始まり、背番号55は8月31日の横浜戦でその年の最多勝サウスポー野村弘樹から2号、3号と圧巻の2打席連続本塁打。さらに3番に昇格した9月には4本、10月にも4本と再昇格後の38試合で10本のホームランを放ってみせた。最終的にセ・リーグ高卒新人記録となる11本塁打を記録。なお、高卒ルーキーで二桁本塁打を打った選手は平成30年間で、93年の松井が最初で最後だ。

今後、プロ野球というジャンルそのものを背負う覚悟を持った規格外のルーキーは出現するだろうか？　18歳・松井秀喜は入団会見時にこんなコメントを残している。

「最近、プロ野球の人気が下がっていると言われていますが、非常に残念なことです。相撲、サッカーなどの他のスポーツに負けることがないように、僕らが頑張って盛り上げたいと思います」

オリックス時代のイチロー「通算打率・353 7年連続首位打者」

ブラウン管の向こう側には、やしきたかじん、ハイヒールのモモコとリンゴ、そして阪神タイガースがいつも映っていた。

誰だこの人たちは……。みんな関東のテレビじゃほとんど見た事ない。90年代の終わり、大阪の大学へ進学するため天王寺で生まれて初めての一人暮らしを始めた時の話だ。埼玉出身の巨人ファンが大阪のど真ん中で生活をする。実際に関西に住んで驚いたのは、やはり阪神人気の凄まじさだ。

地上波テレビの情報番組では、まだ1軍半の若手までスター選手扱いで取り上げられる異様な環境。御堂筋線の車内でおばちゃん2人組がマイク・ブロワーズの打撃フォームについて語っていた風景は今でも鮮明に覚えている。近鉄やオリックスより、とにかく阪神。

球界再編前、大阪ドームの近鉄戦は悲しいくらいに客が少なくて、内野指定席は前方シートにほぼ自由に移動できる観戦環境。恐らく、90年代の関西ではグリーンスタジアム神戸でイチローを見たことがあるファンよりも、甲子園の阪神戦へ行ったことがある人の方が圧倒的に多いと思う。

そのイチローと言えば、dj hondaのなんだかよく分からない黒いキャップ……じゃなくて1994年（平成6年）の210安打、95年の〝がんばろうKOBE〟でのオリックス・ブルーウェーブ初優勝、96年の初日本一（この間パ・リーグ3年連続MVP受賞）の日本時代と、2001年（平成13年）以降のメジャーリーグでの活躍や2度のWBC優勝が取り上げられることが多いが、意外と90年代後半の背番号51が語られることは少ない。

その頃の『週刊ベースボール』の表紙を頻繁に飾っていたのは、ゴールデンルーキー高橋由伸であり、西武の恐るべき18歳松坂大輔。今で言えば中日の根尾昂がスポーツ新聞の一面でパワープッシュされるように、いつの時代も大衆は常に新しいものを追い求めるのである。

思えば、94年に登録名を「イチロー」に変更し、いきなり210安打を放った頃の背番号51はメディアから新世代の寵児として迎えられたものだ。これまでの野球選手のイメージを変えるオーバーサイズのヒップホップファッションで街を歩き、あの伝説の10・8決戦では今となっては信じられないことだが、ナゴヤ球場の内野席で無邪気に焼そばを頬ばりながら地元中日を応援するイチローの姿がカメラに捉えられた。

たまに実家へ帰省すると、母・淑江さんの手作りカレーライスを必ず食べて合宿所へ戻ったという。息子が市販のハウスのルーを2倍くらい入れて辛くした母ちゃんのカレーを食べ続ける理由はシンプルだ。

「最近、いろいろうまいものを食べに連れて行ってくれる機会が多くなりました。でも、自分は最初の頃を忘れないためにそうしたい」

そんな無邪気な野球少年も7年連続首位打者と神がかった成績を残し続けるうちに、オリックスというチームの枠を超えた国民的スーパースターとなり、遠征時は新幹線のチームメイトとは別行動で飛行機移動。さすがに当時のオリックス主力選手が「いくら天才打者でも特別扱いするのはチームのためにもよくない」と提言したら仰木監督はこう言ったという。

「イチローがほかの選手と一緒に新幹線で移動すると、ファンの眼にはイチローがどこにいるのかよく分からない。プロの大スターは目だってなんぼだからね」

まるで来日公演をする大物ミュージシャンである。ファンにパ・リーグの首位打者は開幕前から決まっていると思わせる圧倒的な実力。ついでに人気芸能人との交際を追いかけられる華麗な私生活。そこについて回るマスコミ不信まで。そう、まさに90年代後半のイチローはまるでロックスターのように尖っていた。

オールスター戦で投手登板すると賛否の議論を巻き起こし、公式戦では毎年のリーグ最多敬遠数に執拗な内角攻め。中にはイチローが打席に入ると、インパクトの瞬間に大声で叫び集中力を削ぐ子どものような手段に出る相手捕手もいた。当時の球界はまだ巨人中心で回っていた時代で、もはや「天才イチローが何をしても驚かない」という領域にまで達していたためオリックスがニュースになることも少なかった。その周囲を取り巻く一種のマンネリ感と苛立ちが、のちのメジャー移籍の後押しとなったのは否めないだろう。

97年には216打席連続無三振の日本記録も作り、打って当然という空気の中、意外にも98年は日米のキャリアを通じてワーストの年間21併殺を記録。99年にはシアトル・マリナーズの春季キャンプに招待され、開幕直後にNPB史上最速となる自身757試合目で通算1000安打を達成してみせる。

厳しい攻めで8月下旬に右手に死球を受け骨折し、1軍定着以来最少の103試合の出場に終わるが、当然のように6年連続首位打者を獲得。開幕4番で迎えた00年も夢の4割を狙える勢いで打ちまくっていたが、夏に右腹斜筋挫傷で離脱してしまう。

そして、20世紀最後のシーズンにパ・リーグ歴代最高の打率・387を置き土産に、10月12日、ポスティングシステムを利用してのメジャー挑戦を正式に表明するわけだ。翌13日にはグリーンスタジアム神戸のペナント本拠最終試合となる西武戦で、26歳のイチローは9回にライトの守備に就き2万6000人のファンにお別れ。

ちなみにこの年のオリックスは4位に終わったが、スタンドからは罵声ではなく惜別の「イチローコール」が鳴り響く。ただ、サヨナラ背番号51という球史に残るビッグゲームでも、当時3万3000人以上収容できる本拠地が満員にならなかったのは、球界再編前のパ・リーグの報われない状況を象徴していた。

今でもスポーツニュースで見た史上最速の1000安打を達成した試合のイチローの姿はよく覚えている。99年4月20日、東京ドームでの日本ハム戦、0対10とオリックスが大きくリードされて迎えた9回表、完封目前の相手エース金村曉から右中間スタンドへホームランを叩き込み残っていたお客さんも大盛り上がり。……のはずが、主役は静かにベースを回り、ベンチ前に戻ってくるとほとんど無表情で祝福の花束を掲げ、「(1000安打は）形ができていないものも含まれてますからね。楽しみにしていた人に喜んでもらえたらそれで良かったと思います」なんて淡々と話す背番号51。まるで将棋の名人のようなコメントだが、驚くべきことに記録達成時のイチローはまだ25歳の若者だ。もっと昔のように素直に喜んでいいのに……。笑わなくなったヒーローは孤高であり、孤独に見えた。

あれから20年。日米通算でピート・ローズを抜く4257安打も達成、マリナーズの会長付特別補佐を経て、平成最後の日本開幕戦ではグラウンド上で若いチームメイトたちとハグし笑い合う、白髪まじりの45歳のイチローの姿。

もう圧倒的な成績を残す孤高の存在でいる必要はない。「イチローコール」が鳴り響く中、東京ドームでのサヨナラの場内一周。その何かから解放されたような表情は、まるで〝天才イチロー〟が〝人間・鈴木一朗〟に戻ったかのような最高の笑顔だった。

原辰徳「90年代最もプロ野球選手に憧れられたスーパースター」

いつの時代も、アイドルの定義は「不完全なこと」だと思う。

だって、完成したら卒業してストーリーは終わっちゃうから。そういう意味でも、かつて球界に原辰徳以上のアイドルがいただろうか？

爽やかな笑顔でＣＭに出まくるも、怪我に弱く、チャンスにも弱く、〝お嬢さん野球〟なんてマスコミやＯＢからボロクソに言われて、挙げ句の果てにレフトへコンバートされ、それでもたまに劇的なホームランをかっ飛ばしてみせる。

１９８９年（平成元年）の日本シリーズ第５戦では18打席無安打の絶不調から起死回生の満塁弾で東京ドームを揺らし、92年フジテレビナイター祭りでは宿敵野村ヤクルトから激しい内角攻めに遭うも、最終回に怒りのバット投げ同点ツーラン。

頼むガンバレ、いい加減打ってくれ、大人たちが鼻で笑う中、俺らがテレビの前で願うと不思議なことに背番号8は時々想像以上の形で期待に応えてくれる。巨人の4番サード原辰徳。実は平成前半に若いプロ野球選手から最も憧れられていたのは、この男だった。

伊藤智仁（元ヤクルト）、上原晃（元中日）、近藤真市（元中日）、田村勤（元阪神）ら80年代後半から90年代前半にかけて、一瞬の煌めきを残した投手たちに迫った名著『マウンドに散った天才投手』の中で、やたらと連呼される名前がある。

「原辰徳」だ。対戦して印象に残ったバッターとして彼らが挙げるのは、当時最強打者の落合博満でも神様ランディ・バースでもなく原。三冠王はもちろん、首位打者も本塁打王も獲ったことがない若大将。

「昔から巨人が好きで原ファンです。原さんと対戦するときはミーハー的な気分で『原だ！』と思ってましたね」

球史に残る高速スライダーを操った伊藤智仁は打席に原を迎える度に高揚感があったという。

「プロ野球で一番記憶に残っているのは対巨人戦初登板。初セーブをあげたとき。だってテレビで観ていた人に投げるんだよ。原さんをファウルフライに打ち取った。原さんはいい人だったなぁ」

まるで子供のように無邪気にはしゃぐのは元沖縄の星・上原晃だ。まだ10代の上原にとってジャイアンツの背番号8の存在は眩しく輝く東京そのものだった。ある日、東京ドームの対巨人戦で練習中に原とすれ違った際、「昨日はいいピッチングだったね」と突然声を掛けられる。マジかよ？　あのスーパースター原辰徳が自分の投球を見てくれていたぞっ！　上原は天にも昇る気持ちだったという。

伊藤は1970年生まれ、上原が1969年生まれ。彼らはいわゆるひとつのONに間に合わなかった子ども達だ。物心がついて、テレビをつけたらそこにいたヒーローは長嶋でも王でもなく、81年に巨人入団して新人王を獲得した原だった。ちなみに72年生まれで第4回WBC侍ジャパン公認サポートキャプテンを務めた元SMAP中居正広も熱烈な原ファンとして知られている。

第二次ベビーブームを直撃したカリスマ。あの頃の原辰徳は間違いなく日本中の野球少年たちにとって「俺らのヒーロー」だったのである。

団塊ジュニア世代が小中学生だった83年の巨人戦平均視聴率は歴代最高の27・1％を記録。この年の原は打率・302、32本、103打点の好成績でキャリア唯一の打点王と

ＭＶＰを獲得。若大将・原を見るために多くの日本国民がテレビのチャンネルをナイター中継に合わせた。

当時来日した助っ人選手は日本文化で印象に残ったことを聞かれ、「タクシーに乗っても、レストランへ行ってもどこでも巨人ファンがいること。巨人が勝てば日本全体が幸せという感じ。あれは面白かった」と呆れながら答えたほどだ。

86年には自己最多の36本塁打を放つも左手首の有鉤骨を骨折。過去に毎年30本近くホームランを放ってこれほど非難された選手がいただろうか？　チャンスで打ち上げるポップフライを肴に、オヤジ達は〝ひ弱な若者〟の象徴として4番原を叩きながらビールを飲む事で日々のストレスを発散させ、子ども達は「俺たちが奴を応援しないで誰がやるんだ」と妙な使命感に燃えてテレビの前で声を嗄らして絶叫。

現役時代の長嶋や王は偉大な記録はもちろん、戦後日本の象徴のような存在なので突っ込みにくい。でも、原はもっと身近だ。いわば80年代が生み出した等身大アイドルである。

正直、１９９２年（平成4年）夏の神宮球場で見せたバット投げホームラン以降の原はキャリア晩年の雰囲気で、打率・２２９、11本というプロ入り以来最低の数字に終わった93年オフには中日から落合博満がＦＡ移籍。大型補強路線の煽りを食らい出場機会も激減し、アキレス腱痛にも悩まされ、95年に37歳で現役引退した。通算１６７５安打、３８２

本塁打、1093打点。名球会にも入っていなければ、400号本塁打にも届いていない。それでも、晩年は多くの若手投手が子どもの頃に憧れていた背番号8との対戦に心躍らせたわけだ。

不完全な4番バッター、原辰徳。不思議なことに、完全が求められたあの頃の巨人で誰よりも大きな声援を受けた選手でもあった。

落合博満「引退試合を拒否 静かに現役生活を終えた元三冠王」

43歳vs17歳。

１９９７年（平成９年）のオールスター第２戦でそんな夢の対決が実現した。全パ１番打者として神宮球場の打席に入るのは自身最後のオールスター戦に臨む日本ハムの落合博満。そして、始球式を務めたのは当時17歳のスーパーアイドル広末涼子である。

ＮＴＴドコモのポケベルのＣＭで話題となり、この年には『ＭａｊｉでＫｏｉする５秒前』や『大スキ！』といったシングルＣＤも立て続けにヒットさせた、全盛期の広末の球を受けるキャッチャーは古田敦也（ヤクルト）だ。ちなみに全パ４番は最多得票選手のイチロー（オリックス）、ＭＶＰは２本の２ランアーチをかっ飛ばした清原和博（巨人）である。

97年の落合は日ハムに移籍初年度で、全パの仰木彬監督の粋な計らいで実現したのが、この1番起用だった。なにせロッテ在籍時には前人未到の三度の三冠王を獲得した偉大なるバットマン。85年には打率・367、52本、146点、OPS1・244という凄まじい成績を残し、翌86年の出塁率・487はいまだにNPB歴代最高記録である。

ファミコン野球ゲームの初代『プロ野球ファミリースタジアム』において「おちあい」は当時の子どもたちの間で、「ばあすとおちあいは打ちすぎてズルイ」「給食のプチダノンを賭けた真剣勝負にレイルウェイズとフーズフーズ使う奴はチキン」となんだかよく分からないディスり方までされる規格外のスラッガーだった。

25歳の遅いプロ入りから、ミスター・オリオンズとまで呼ばれた男は86年オフに1対4の大型トレードで中日ドラゴンズへ移籍。すでに33歳だったが、セ・リーグでも毎年のように打撃タイトル争いに顔を出し、オレ流調整法を巡り星野仙一監督との確執を煽られながら88年にはリーグ優勝に貢献。球界初の1億円プレーヤーに満足することなく、時に年俸調停にまで持ち込み、選手年俸の底上げをしてみせた。

93年オフに長嶋巨人へFA移籍すると、あの伝説の94年〝10・8決戦〟では古巣中日相手に4番打者としてホームランを放つ勝負強さを発揮。だが、96年オフにFAでポジジョンが被る清原和博の加入に伴い「長嶋監督の困る顔は見たくない」と43歳にして退団するハメに。翌97年からは2年契約で年俸3億円の好条件を提示され、「日本ハムを日本一にします」と堂々と宣言して11年ぶりのパ・リーグでプレーすることになる。

……さて、ここまでは多くのプロ野球ファンがよく知っているストーリーだと思う。だが、「日本ハムの落合」がどんな活躍をして、どのような引き際だったか覚えているファンは少ないのではないだろうか？　正直、自分もハムのオレ流背番号3は97年オールスター戦の打席で、始球式の広末涼子に超嬉しそうな笑みを浮かべていた姿しか記憶にない。

落合博満の現役最後の打席は1998年（平成10年）10月7日、当時の千葉マリンスタジアムのロッテ戦でのことだ。すでにメディアでは「落合引退」が報じられ、球団からは引退試合の開催を相談され、上田利治監督からは指名打者での先発出場の打診を受けていた。このロッテ戦で有終の一発を打てば、12球団すべてから本塁打の記録が懸かっていたが、落合はそのすべての申し出を断りベンチスタート。チームが1対4とリードされた5回表、代打で登場した落合は、最多勝を狙うロッテのエース黒木知宏が投じた3球目のストレートを打って一塁ゴロに倒れる。

代打でスタートしたプロ野球人生は、20年という時を経て同じ代打で幕を閉じた。数々の記録を積み上げた男は、球場を後にする時、出待ちしていた何人かのファンから「お疲れさま」と握手を求められ、現役生活が終わったことを実感したという。

最後まで引退試合は行われなかったが、チームメイトには落合らしいやり方で別れを告げていた。98年の日ハムは開幕ダッシュに成功し一時は2位に9・5差をつけたが、後半戦は16勝35敗2分けと最大23あった貯金を食いつぶし失速。

そんな8月のある試合終了後、ロッカールームにベンチ入りの全選手を集め、44歳の落合は「ひとつの負けくらいでジタバタせず、堂々と戦おう」と檄を飛ばす。さらに、こう続けるのだ。

「俺は今年限りでこのチームからいなくなる。若い連中はまだまだ先が長いんだから、優勝の経験は絶対にプラスになる。誰のためでもなく自分のために優勝しよう」

引退直後に出版された自著『野球人』で告白しているが、日ハム移籍後の落合は自ら意図的にその孤高のバットマンのイメージから脱却しようとしていた。当時、注目されにくいパ・リーグでメディアの注目を集めるために、とにかくマスコミに向けて喋りまくったのである。のちの中日監督時代の姿からは考えられないサービスぶりだが、練習後に記者に自ら声を掛け、宿舎の玄関を即席会見場にして毎日のように感想を話し続ける天才バッターの姿。

しかし、開幕後は試合途中で交代させられることも増え、上田監督の野球観との違いに悩むことになる。球団側からしたら高額投資したベテランに怪我で長期離脱されたら困るし、落合からしたら長年のフル出場で築いたリズムがある。どちらも間違っているわけではないが、すれ違いの日々。

この頃、落合は古い知人から「最近の落合さんは、表情が優しくなってしまったね」と指摘されたという。25歳の遅すぎるプロ入りで、そんな打撃フォームでは打てないなんて酷評され、三冠王を獲ってもパ・リーグはレベルが低いと言われ、年俸で揉めると金の亡者と叩かれ、移籍するとOBからは不要論が沸き起こる。

その度に「負けてなるものか」なんつって反逆精神で今の地位を築いた稀代のスラッガー。それが日ハム移籍時にはリストラされた中年の星のような同情論がほとんどで、残りの野球人生を見守ってやろうという温かい空気が時に居心地よく感じてしまう。すべてのプロ野球選手は、打てなくて批判されるのではなく同情されたら引き際だ。

生涯打率・311、通算2371安打、510本、1564打点。そして、前人未到の三度の三冠王。落合博満の怒りのデスロードを疾走し続けた現役生活は、その怒りの炎が消え、静かに終わりを告げたのである。

23年間の完全保存版ドキュメンタリー
清原和博DVD『怪物伝説』

野球映画が観てぇなあ……。

『フィールド・オブ・ドリームス』（89年）や『メジャーリーグ』（89年）はそれぞれ名作だが舞台はメジャーリーグだし、かと言って邦画の『ミスター・ルーキー』（02年）は長嶋一茂の演技がほとんどギャグで内容に集中できない。

平成の野球ドラマか……どうしようかなと悩んでいたら、仕事場の棚に並ぶ1本のDVDが目に入った。清原和博『怪物伝説』である。

清原が引退した翌年の2009年（平成21年）3月18日に発売された本作は、清原和博プロ野球公式戦全525ホームラン、及びオールスター戦、日本シリーズの全ホームラン収録。「1989年10月12日、西武球場での126号ホームランのみ、静止画収録となります」なんてパッケージの注意書きが逆にガチさを感じさせる狂気の仕様だ。

2枚組のDVDボックスは、1枚が前述の全ホームラン集、もう1枚はフジテレビの『プロ野球ニュース』や『すぽると！』で放送された清原特集を23年分、時系列で収録。この3時間を超えるニュース映像集がいわば、最高のドキュメンタリー作品として仕上がっている。

1985年（昭和60年）12月。巨人に指名されなかった涙のドラフト会議から20日後、西武入団を決めてからのインタビューで王さんの55本塁打について聞かれると、表情をこわばらせながら「いつかは抜けるように頑張りたい」と言葉を絞り出す18歳の清原。86年鮮烈デビューを飾ると、次第にPL時代の明るいキャラが戻り、嫌いな食べ物は「らっきょう」、好きなタレントは「中森明菜」なんて笑顔で即答。

徐々にプロの水にも慣れ、オールスターでの江川卓との対戦を聞かれれば、「ジャイアンツのユニフォーム着てるピッチャーには絶対負けたくなかった」と威勢よく答え、シーズン31本塁打の新人最多本塁打タイ記録を樹立し、チームも日本一達成。ビールかけでは満面の笑みで「（西武に入って）良かったですね！」と絶叫するハッピーエンドだ。

この時期の清原の無双感は凄い。まさにワールド・イズ・マイン。黄金期を迎えつつあった常勝西武の若き4番打者、球界のニュースター誕生に世の中は沸いた。

2年目の87年もオールスター戦でライバル桑田真澄から豪快に本塁打を放ち、日本シリーズでは打倒巨人を目前に一塁を守りながら涙する背番号3。パセティックでロマンチック、もうストーリーとして完璧だ。

3年目の88年はオレ竜落合擁する中日との日本シリーズで3本塁打を放ち、入団以来3年連続日本一に貢献。プロ野球ニュースでは、『清原君のV旅行』というなんだかよく分からないコーナーができるほどの桁違いの人気ぶり。ピチピチのブーメランパンツでマイク片手にビーチを走り回る姿は、やんちゃな等身大のスターそのものだ。

4年目の89年は、キャンプでは泥まみれになりながらサード守備に挑戦。そんな清原を森監督は「野球が好きで好きでしょうがないというのを感じますね」なんつって、まるで我が子を自慢するかのように語る。

5年目の90年は、近鉄のルーキー野茂英雄との平成の名勝負で新時代の扉を開く。オフには野茂との対談企画で「人から凄い奴やなと言われてきたけど、野茂を見て初めて人のことをそう思った」と1つ年下のトルネードを持ち上げる余裕を見せるキヨマー。この年、打率・307、37本、94打点の自己最高成績を残し、日本シリーズでは巨人に4連勝、さらに最年少1億円プレーヤーに。のちに清原自身が「あの頃は当時の彼女とハワイでゴルフばっかしていた」と回想する野球人生の絶頂期である。

しかし、翌91年から唐突に映像のテイストが変わる。毎年3割30本前後を記録しながら打撃タイトルに無縁の清原に、次第に周囲から厳しい声が聞こえ始めたこの時期。度重なる大スランプに陥り、80年代の「スーパースター清原」ではなく、90年代の「苦悩する清原」の始まりだ。

インタビューに答える清原の表情も別人のように不機嫌そうで暗く沈んでいる。94年日本シリーズKK対決での2打席連発弾も、95年の『10年目のKKコンビ』特集では、「桑田がチームメイトになる可能性は……まあ……うーん……桑田が西武に来たら可能性がある」と意地を張るが、翌96年オフ、清原はその桑田がいる死にたいくらいに憧れた巨人へFA移籍することになる。

正直、これ以降の巨人時代の清原特集は見るのがツライ。不振による応援ボイコットや肉体改造、怪我をして復帰のドラマ仕立ての繰り返し（これは制作側にも問題があるが）。唯一輝くのは01年の121打点と02年日本シリーズでの西武の後輩・松坂大輔から放った看板直撃アーチだろうか。04年には19年目で2000安打達成も、打率・228、12本、27打点とプロ入り後ワーストの成績。05年に500号本塁打を放ち花束を掲げる日焼けした清原は、スキンヘッドにピアスという出で立ちだ。

06年からオリックスへ移籍、横浜戦では抑えクルーンからサヨナラ満塁弾をかっ飛ばすも、翌07年左膝手術。リハビリ中に清原は遠い目でこう語る。

「車でバーッと湾岸線を走って、自分の実家の方、自分のルーツを車で辿ってね。チャリで走った所を自分の夢で掴んだ車で走ると、この道こんな狭かったかなあと思うわ。でもちょうど桜が咲いてて、街の匂いを感じながら、もうちょっと頑張ってみようってな……」

この23年分のドキュメンタリー映像を観終わった後、2枚目のディスクをプレーヤーに入れ、清原の525本のホームラン映像を3時間かけてじっくり観賞した。犯した罪は消えない。けど、栄光の日々も消すことはできやしないだろう。

「ギリギリのホームランでも1本は1本。でも僕はバックスクリーンにブチ当たるようなホームランを打ちたかったです」

そう豪快に笑う野球人・清原は、眩しい位にキラキラしていた。

平成バイプレイヤー遊戯

2回

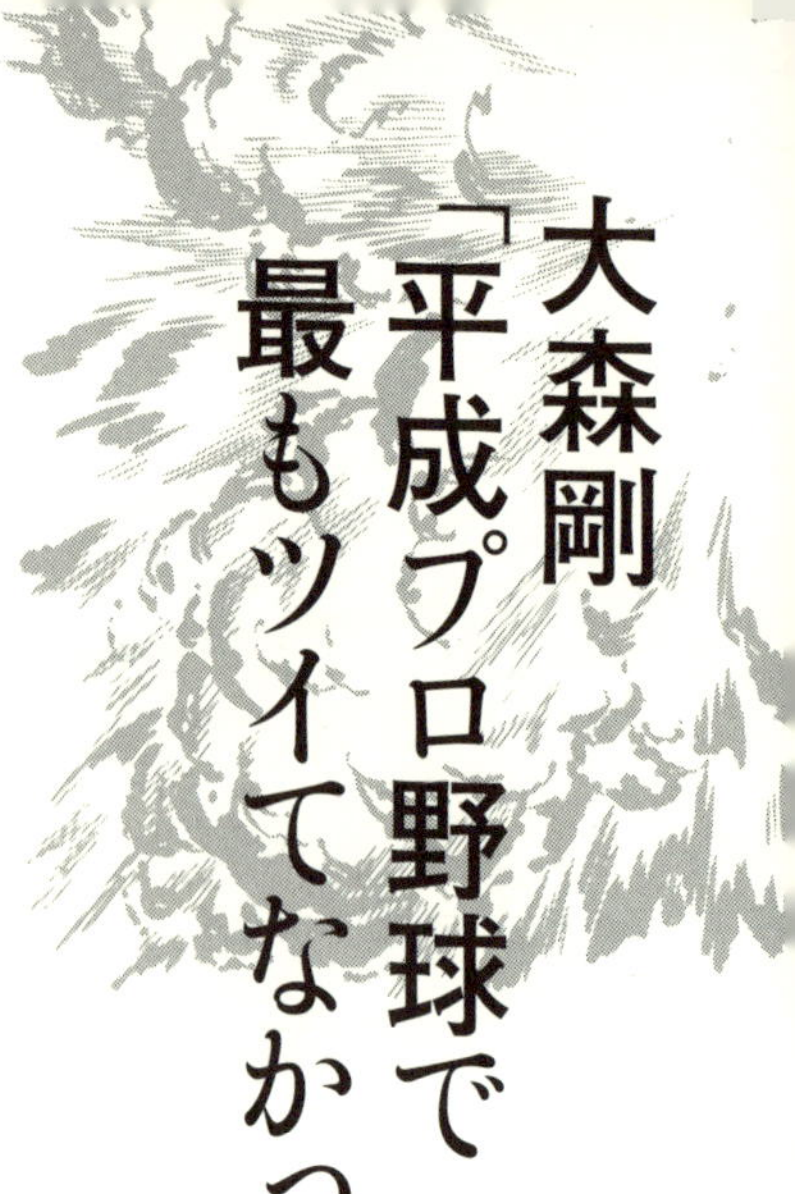

大森剛
「平成プロ野球で最もツイてなかったドラ1」

もしあの男が、もっと早く巨人を出ていたらどうなっていただろうな？

日本ハム大田泰示の活躍を見ながら、そう思った。巨人時代はドラフト1位とゴジラ松井の背番号55のプレッシャーに押しつぶされかけていた選手が、26歳のプロ8年目のオフに日本ハムへトレード移籍すると、大型外野手として開花。いまや日本ハム打線になくてはならない存在だ。

１９８９年（平成元年）の巨人ドラフト1スラッガー大森剛が巨人から近鉄へ移籍したのは、30歳の時だった。せめて、あと3年早ければ、運命は変わっていたかもしれない。

慶応大学時代は六大学三冠王を獲得し、ソウル五輪の野球日本代表にも選出。１８８㎝、96㎏のビッグマンは名実ともにアマ球界№１スラッガーとして89年ドラフトを迎え、堂々の「巨人1位指名以外はプロ拒否」宣言。

しかし運が悪いことに、甲子園のアイドル元木大介（上宮高）も巨人入りを熱望。結果的に大森は念願の巨人1位指名を受けるが、夢破れた元木は野茂英雄の抽選を外したダイエーホークスの外れ1位指名を拒否してハワイでの野球浪人生活へ。当時のメディアはユルく、血気盛んな大森は『週刊ベースボール』のドラフト前インタビューでは遠慮なく元木に対して、こんなガチンコ発言を残している。

「巨人以外なら日本石油かアメリカに留学するって。ボクもその前に巨人じゃなきゃ東京ガスに行くと、同じようなことを言っている。〝同じことを言いやがって。高校生のくせに〟と思いましたよ。元木はボクより顔はいいかもしれないけど、そんなにカッコイイと思わないです」

なにも大学生が高校生にそこまでムキにならなくても……と突っ込みたくなるが、「ボクはプロに行きたいんじゃなくて、巨人というところで仕事がしたいんです」とまで言い切る大森は、悪役のマイナスイメージを背負ったままプロ入りするハメになった。

全試合地上波ゴールデンタイムで全国中継されていた黄金時代の巨人軍に入団したドラ1一塁手は、前年に引退した中畑清の「背番号24」を託されるＶＩＰ待遇。

そして、ルーキーイヤーの90年開幕ヤクルト戦、同点で迎えた9回裏に代打で出場すると東京ドームの左中間に鋭い打球を放ち、いきなりサヨナラタイムリー……と思いきや、レフト栗山英樹（現日本ハム監督）がダイビングキャッチの超ファインプレー。あと一歩でヒーローになりそこねた男。その後のプロ生活を暗示するかのような、なんともツイてないプロ生活のスタートを切った。

結局、プロ1～2年目は1軍で打率1割台と苦労するも、3年目にはサードに挑戦して当時イースタン新記録となる27本塁打を放ち、本塁打王と打点王を獲得。さあついに開花という時に事件が起きた。

泣く子も黙る12年ぶりの長嶋茂雄の監督復帰である。ついでに息子の一茂もヤクルトから移籍。同時に大森のサード転向プランはあっさり消え、それからしばらく「2軍の帝王」と呼ばれる不遇の時代が続くわけだ。

当時の巨人2軍は大森剛と吉岡雄二の〝OY砲〟時代である。93年も大森が18本塁打でイースタン2年連続のホームランキング。翌94年には吉岡が22本塁打、72打点と二冠に輝く。長嶋巨人が伝説の〝10・8決戦〟で日本中を沸かせる裏で、ファームではひっそりと彼らが打ちまくっていたわけだ。

しかし、93年オフにFA制度が導入されて以降、長嶋巨人は大物選手を獲りまくる。落合博満、広沢克己、ジャック・ハウエルらが続々と移籍してくる不運。出場機会すら満足に貰えない中、大森の背番号が32に変わった7年目の1996年（平成8年）には、25本塁打で3度目のイースタン本塁打王を獲得して、今度こそはと期待されるも、オフに同い年の一塁手・清原和博が西武からやって来る悲劇。

そのあまりのタイミングの悪さにチームメイトからも同情され、96年のオリックスとの日本シリーズで大森が代打ホームランを放つと、先輩投手の水野雄仁からこんな言葉をかけられたという。

「バカだな、おまえ。これでトレードなくなったよ。来年もまた同じだよ」

下手に活躍したら飼い殺されちまう。恐らく、日本シリーズの舞台で本塁打を放って「バカだな」と同僚から声をかけられた選手は、長いプロ野球史でも大森くらいだろう。なお6年目までつけていた背番号24は、慶大の後輩・高橋由伸が引き継いだ。

その後、再びサードに挑戦したり、契約更改の席で外野転向を直訴してみたりと試行錯誤を繰り返した大森は、98年5月に近鉄バファローズへトレード移籍。この時、大阪に妊娠中の奥さんを連れていく慌ただしい引っ越しになったという。

だが、新天地の近鉄でも巨人に未練たっぷりで、「ジャイアンツでは入った時代が悪かった。高橋（由伸）の活躍を見てつくづくそう思いますよ」なんつって愚痴る30歳の元ドラ1スラッガーの姿。同じく近鉄で再スタートを切った吉岡がいてまえ打線の主力打者に成長したのとは対照的に、目立った成績は残せず、大森は移籍2年目の99年限りでユニフォームを脱いだ。

90年代の球界で最もツイていなかった男、大森剛。ほんの少しの運とタイミングがあれば、この選手の野球人生は大きく変わっていただろう。もし巨人じゃなければ、もしFAがない時代ならば……。腐ってもおかしくない状況で、2軍で黙々とホームランを打ち続けた悲運のスラッガー。

しかし、大森は引退後に巨人スカウトに転身すると見事な人生逆転ホームランを放つことになる。2006年ドラフトでは、あの坂本勇人を担当。己のクビを懸けてドラ1に推薦した高校生は、いまや巨人の押しも押されもせぬキャプテンへと成長した。

その後、育成部ディレクターを経て、16年からは国際部課長として勤務する良きパパとして第2の人生を歩んでいる。

ちなみにあの近鉄へのトレード直後に生まれた子どもは、現在AKB48に在籍する大森美優である。

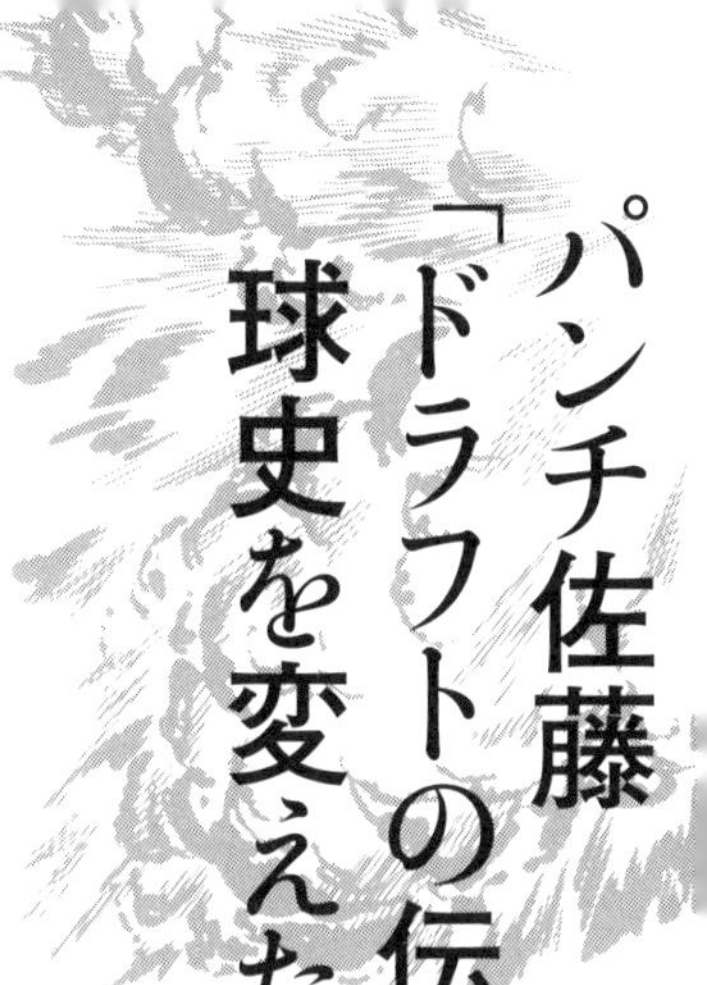

パンチ佐藤「ドラフトの伝説会見から球史を変えた登録名変更」

巨人以外は考えてない。在京セ希望でしたから。セ・リーグの球団に行きたかった。

1989年（平成元年）ドラフト会議の『プロ野球ニュース』映像を観ていたら、指名選手たちがそんなコメントを残していた。それだけ、まだセ・リーグとパ・リーグの人気格差が大きかった時代の話だ。

この年、野茂英雄が史上最多タイの8球団指名を受け、近鉄が交渉権獲得。その抽選に外れた大洋が指名したのがのちの〝大魔神〟、佐々木主浩である。

「社会人のヤマハさんに行きたかったんで、今は指名されて戸惑っています。人と違いまして腰に不安を持ってますんで、自分としては自信がありません」とマジで自信なさげな表情で記者会見に臨む、若かりし日の佐々木の姿は新鮮ですらある。

同年オリックスの外れ1位指名を受けたのが当時24歳の佐藤和弘だった。母ちゃんが作ってくれた焼きおにぎりを食べながらドラフト中継を見ていたら、自分の名前が呼ばれて鼻からご飯を吹いた男は、他の選手のようにスーツではなく、熊谷組の野球部スタジャンに金色のネックレス、うっすらと無精髭を蓄えたパンチパーマ姿で取材陣の前へ。しかも、ドラフト前日にサッカーで遊んでいたら右足首を骨折の大失態でギブス姿。

80年代後半からパ・リーグにも〝新人類〟や〝トレンディエース〟といった若いスター選手が出現していた時代の変わり目、昭和から平成へと球界も転換期だった89年に、ネタになりそうなド昭和の風貌の暑苦しいルーキーが登場したのだ。

なんか最近の若いプロ野球選手はギラギラしてない、ツルっとしてるよねぇと嘆いていたマスコミは当然飛びつく。はっきり言って、佐藤はドラフト前はコアな野球ファン以外にはほぼ無名の存在。それが、ドラフト直後の会見映像で瞬く間に人気者へとなる。

「ちらっと名前言わねえかなあなんつって見てたんですね。そしたら、ねぇ。おふくろはもう泣いちゃって、妹はやめたらーなんつってね。喜んでたって言うかねビックリっていうあれですね。（オリックスは）テレビで観た中では、自分のタイプ的に合ってんじゃないかなあ雰囲気が、そういう感じしますね。あの……パンチパーマでもいいんじゃないか。そういうところですね」

「人間一生に一度は誰でも輝く時期があるっていうじゃないですか。それが今ですからね自分！」

「（電話が鳴り）ハイ！　ハイ！　……上田監督だ！（報道陣爆笑）あ、こんばんは！　佐藤です！　はじめまして。あのやっぱりちょっと明日会社に行って来まして、会社の方と相談して決めることですけども、自分の心はひとつです！（報道陣爆笑）」

スポーツニュースや珍プレー好プレー番組でも繰り返し放送されたこのシーン。ちなみにパンチパーマは、社会人1年目に歌舞伎町へ飲みに行った時に学生と間違えられたため、童顔を隠す意図もあったという。

その卓越した話術で人気者になったルーキーは、イチロー入団前の地味なイメージがあったオリックスの宣伝マンのような役割を果たすことになる。取材は可能な限り受け、ファンサービスも積極的にこなす。

「（今の気持ちを）マラソンに例えるとロサ・モタが、国立競技場のスタートラインに立って手首足首を廻しているというところでしょうか」というキャンプイン前の台詞は語り草だ。とは言っても、まだ野武士のような先輩たちが睨みをきかしている時代、チーム内には「こいつ、ペラペラ喋りやがって」的な冷めた空気も感じたという。

ちなみに佐藤の2年後にオリックスからドラ1指名された田口壮は、ルーキー時代にヒットエンドランのサインを見逃して、先輩選手から胸ぐらを掴まれベンチ裏で「おまえ舐めとんのか」なんて説教されたと自著の中で明かしている。あの頃のオリックスにはまだそういう古豪・阪急ブレーブスの空気が残っていたのだ。

なお故・上田利治監督は「野手では即戦力ナンバーワンはウチは佐藤いう評価だったんですよ。非常にバッティングが良くて三拍子揃った好選手いうことでね」とコメントしていたが、佐藤本人はプロ入り直後から「守備と足は通用しない。レギュラーは厳しい」とあっさり悟っている。とにかく1軍で生き残るには打つしかねぇと佐藤はルーキーイヤーから42試合142打席で打率・331を記録。ブルーサンダー打線の中で存在感を放った。

しかし、2年目から故・土井正三監督が就任すると、野球観の違いというか、人間的にまったく合わず出場機会を失う。たまにお立ち台に上がると「そうですね、下痢するまで飲みたいです、今日は！」なんつって盛り上げる明るいキャラは健在だったが、3年目の92年オフにはトレード志願するも、球団が数少ない人気選手を手放すことはなく残留。

93年にはわずか出場3試合に終わり、気が付いたらもうすぐ30歳というところで転機は訪れる。故・仰木彬監督の就任である。ボス、俺を使ってくれないか？　サラリーマンもプロ野球選手も、上司が代われば人生が変わる。

さっそく行われたのが球史に残る〝パンチ〟への登録名変更だ。一緒に登録名を変える何の実績もなかった若手選手が批判されないように、強烈なキャラのパンチが風よけになる意図があったという。

すでに坊主頭で最初は渋った佐藤も仰木監督の行きつけのヘアサロンを紹介され、無茶ぶりの案を受け入れる。この時、球史は動いたのである。

結局、94年限りで恩師・仰木監督から芸能界入りを薦められ現役引退。実働5年で149試合。通算71安打、打率・273、3本、26打点。上田、土井、仰木とともに戦った監督たちはすでにこの世にはいない。

あの「自分の心はひとつです！」というドラフト時の映像は、パンチ佐藤の引退後10年近く経過してから、アルバイト情報誌フロムエーのテレビCMで使用され話題となった。

まさに野球ではなく、言葉ひとつでスターになった男。あらゆる面で規制が厳しくなり、プロ野球の社会的立ち位置も変わった今、こういう野球選手はもう現れないのではないだろうか？

なお25年前、パンチとともに登録名を変更した無名の若者は、その後〝イチロー〟として平成球界に革命を起こすことになる。

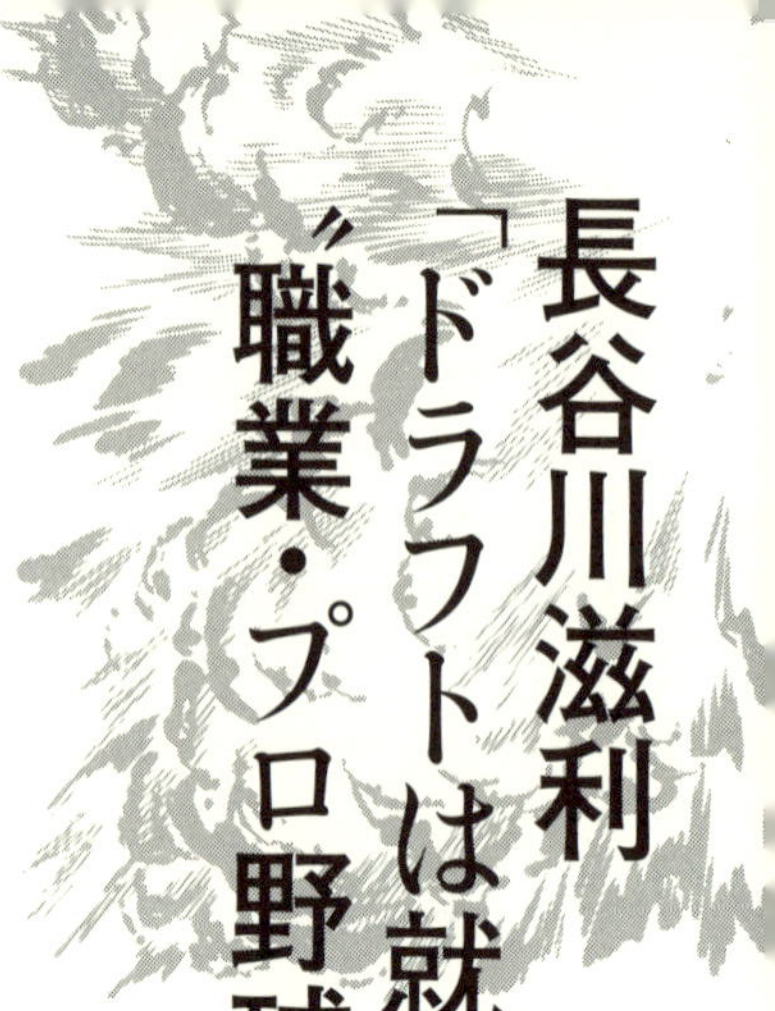

長谷川滋利「ドラフトは就活 〝職業・プロ野球選手〟を選んだ男」

就職活動は、大人になるための終わりの始まりの儀式である。

1991年（平成3年）6月に公開された就職活動ムービー『就職戦線異状なし』では、バブル期の大学生たちの就活を描いている。織田裕二、仙道敦子、的場浩司、和久井映見、坂上忍といった当時のトレンディ俳優と呼ばれた若手の役者たちが集結（製作はもちろんフジテレビ）。主題歌はブレイク直前の槇原敬之が歌う『どんなときも。』。

なんだかよく分からない前向きなパワーが溢れている世の中で、狙うは華やかなマスコミ業界。織田演ずる早稲田大学4年生の大原はコナカの就活スーツに「なんだよアルマーニじゃねえのかよ」なんて毒づき、集団ディベート式の面接では中々上手くいかず「結局、マスコミなんてミーハーだからね」と開き直る。息抜きに仲間とオープンカーで夜の六本木ディスコに走る日々。

とにかくみんな元気だ。圧倒的な売り手市場、就職なんてなんとかなるさみたいな軽さとお気楽さ。現実では本作公開直前にバブル崩壊。求人率は下落し、実際は就職戦線異状ありまくり……というオチもついたが、この映画で印象深いのは、大原が終盤にシリアスな表情で面接に臨むシーンだ。有名私大生のアッパーな雰囲気から一転、まさに青春の弔い合戦。楽しかった学生生活ももう終わり、さらば青春。そんな学生時代最後の祭りが「就活」なのかもしれない。

『就職戦線異状なし』を観ると、元オリックス投手の長谷川滋利のことを思い出す。登場人物たちとほぼ同時期に大学生をやっていた右腕も、90年ドラフト時には就活の一環での逆指名が話題に。

現在はオリックスのシニアアドバイザーを務める長谷川だが、２０１６年11月には自身の講演会で「日ハムから監督オファーがあったが、リーグ優勝で消滅した」と話し、それを伝え聞いた日本ハム側が「事実無根」と激怒。オリックス側が事情を説明し、謝罪をする騒ぎとなった。一連の騒動に本人は「講演を盛り上げるために言ったので……」なんて慌てて釈明したが、昔から、良くも悪くもこれが長谷川滋利という男なのである。

頭がキレて饒舌で時に軽い、１９６８年兵庫県生まれの投げるインテリジェント・モンスター。立命館大学から即戦力右腕として90年ドラフト1位でオリックス入団。背番号17を託され、1年目にいきなり12勝を挙げる活躍で新人王を獲得すると、96年までのチーム在籍6年間で4度の二桁勝利を記録。

そして、97年1月には日本人選手史上初の日米間の金銭トレードで当時のアナハイム・エンゼルスへ移籍した。同い年の野茂英雄がロサンゼルスでトルネード旋風を巻き起こし、その活躍に触発されたのかと思いきや、長谷川は野茂渡米より数年早く自身のアメリカ行きを球団側に相談していたという。

元オリックス球団代表・井箟重慶《いのうえしげよし》氏の著書『プロ野球もうひとつの攻防』によると、長谷川はプロ入り間もない92〜93年オフの雑談でしきりにアメリカの話をするので、「もしかしてメジャーに興味でもあるのか?」と聞いたら、「学生のときにも試合を見に行きました」と意外な答え。翌年の契約更改から本人がメジャー移籍希望をはっきりと口にするようになる。

ここで長谷川らしいのは「海外FA取得までは待てない。でも僕は球団とケンカ別れはしたくないんです。ぜひ、円満にメジャーに行かせてくれませんか」とクレバーに交渉していることだ。メジャー移籍容認の条件は「チームの優勝」。すると95年にオリックス初優勝、96年には巨人を倒し初の日本一達成。時は来た。28歳の長谷川は約束通り契約更改の席で冷静にこう切り出した。

「代表、もういいんじゃないんですか？」

1997年（平成9年）1月14日、現地でのエンゼルス入団発表ではミッキーマウスのジョークを交えた英語のスピーチを披露。そのビジネスマンのような風貌と、明るく軽いノリは寡黙な野茂とは対照的なキャラクターで注目を浴びた。

メジャーでは先発として結果を残せなかったが、リリーバーとして開花。00年には先発登板なしで二桁勝利も記録。02年のシアトル・マリナーズ移籍後は再びイチローとチームメイトとなり、大魔神佐々木の代役でクローザーを任せられることもあった。

結局、エンゼルスで5年間、マリナーズで4年間の計9シーズンを生き延びたメジャーリーガー長谷川。野茂や佐々木のような圧倒的なフォークボールも、伊良部秀輝のような剛速球や立派な体格がなくても、地道にウエイトトレーニングと英会話を続け、毎年のように60試合近く投げまくり、現役最終年の05年も46試合に登板。まだやれると誰もが思ったが、37歳であっさりと引退表明。それは1学年上の清原和博や桑田真澄が、ボロボロになりながら現役にこだわる姿とは対照的な引き際だった。

この余力を残しての引退理由を自著の中で長谷川は「僕はそこまで野球が好きではなか

った。というより、メジャーの生活がつらくなってきた」と告白している。

オフもトレーニングしなければならないし、スプリング・トレーニングでは1カ月半も家族と離ればなれ。シーズン中の遠征も長ければ2週間に及ぶから、家族の顔もなかなか見られない日々。もうそういうのがつらくなってきたのだと。

この言葉に、まだ学生時代の長谷川の発言を思い出した。90年ドラフト直前、『週刊ベースボール』の「オリックス逆指名も「就職活動」のうち」と見出しがついたインタビュー記事内で、22歳の青年はこんな言葉を残している。

「ドラフトもひとつの就職活動ですから（中略）。プロの世界って……あくまで自分の考えですが、短期間でお金を稼げるところ、と思いますね。成績がそのまま金額に表れるでしょう。ただ野球をやるというだけの就職なら、社会人も一緒ですから」

長くやる仕事じゃない。稼げる時に稼いでおく。まさに始まりから終わりまで、日本でもアメリカでも見事なまでに自らの哲学を貫き通して「プロ野球選手」という職業をやりきった長谷川滋利。

ちなみにMLB通算517登板は、今なお日本人投手最多である。

デーブ大久保「シーズン中に異例の臨時ボーナス2000万を手に入れた男」

平成を代表するアイドルグループも始まりは雨だった。

１９９１年（平成３年）９月８日、どしゃ降りの雨に打たれながら、西武園ゆうえんちでデビューイベントを開催したのが、当時６人組のＳＭＡＰである。のちに解散騒動で日本中を揺るがすことになる彼らだが、同じ頃に西武園ゆうえんちから約３・５㎞離れた西武球場でも心折れかけているひとりの男がいた。西武ライオンズ所属の〝デーブ〟こと大久保博元である。

大久保は高校通算52本塁打の巨漢捕手として注目を集め、84年ドラフト１位で西武入り。しかし、黄金期を迎えつつあったチームには球界を代表するキャッチャー伊東勤が君臨。伊東は大久保の５歳上。引退を待っていたらオレの選手生命も終わってしまう。ならば打撃力を生かして指名打者か一塁転向と思ったら、今度はあの甲子園の怪物・清原和博が入団してくる不運……。結局、デーブは86年にアメリカ留学。87年にはジュニアオールスターMVPを獲得するが、名将・森祇晶監督との人間的な相性も悪く、捕手としての出場どころか1軍起用されることもほとんどなく、85年から91年のプロ7シーズンでわずか通算6本塁打とくすぶり続ける。

「もうトレードに出してください」

我慢も限界に達した大久保はプロ入り前から慕う故・根本陸夫管理部長に移籍志願。「わがままいってんじゃねえ!」なんて一喝されるも、92年5月8日に中尾孝義との交換トレードで子どもの頃からファンだった巨人への移籍が決まる。

根本自ら「石毛、清原、大久保の3人だけは西武から出すな」という堤義明オーナーを説得して実現した移籍劇だ。そして、新天地の花の都大東京で25歳の大久保は自らの人生を変えることになる。

巨人での背番号は22。5月12日のヤクルト戦でベンチ入りすると、故・藤田元司監督から「デーブ、行くぞ」の声。代打に送られ、試合途中からマスクを被り自軍もサヨナラ勝ち。翌13日からスタメン出場。ここから崖っぷち大久保の快進撃が始まった。

身長180㎝で体重100kg越え。その体型を気にして、遠征先の宿舎の食事会場でコソコソ急いで回鍋肉だけかき込んで部屋に戻ろうとしたら、藤田監督から「なんだ、オマエ。これだけしか食べないのか。ダメだ。力が出ないだろ。今日は、練習でも頑張ったんだから。シェフ、ステーキ2枚焼いてあげて」と声を掛けられる。新しいボスの気遣いに号泣しながら「うまいです！」なんてステーキにかぶりつくデーブ。

時は来た。これまでの鬱憤を晴らすかのように打ちまくり、6月は打率・348、8本塁打の活躍で月間MVPに選出。前半戦終了時までに打率3割、12本塁打の大活躍。プロ初のオールスター出場まで果たす。ホームランを打った試合は11勝0敗の強運、強気なリード、感情を表に出すプレースタイルでチームを生き返らせ、一時最下位に低迷していた巨人は「デーブ効果」で優勝争いに再浮上したわけだ。

この救世主的な大活躍に巨人軍最高経営会議は、シーズン中に異例とも言える2000万円の臨時ボーナスを贈ることを決定。後半戦開幕の7月24日、東京ドームで保科代表から手渡された金一封。これに対し、わずか年俸1150万円だった大久保は「年俸とボーナスをたすと、僕は3000万円プレーヤーです」と豪快に笑ってみせた。

夏の終わりには、『週刊ベースボール』で表紙を飾り、解説者の中畑清と巻頭カラーで特別対談までしている。

中畑　裏を返すと、自分のセールスポイントが何か、をよくわかっているっていうことだろう。

大久保　そうですね。〝肥満児に夢を〟っていうか（笑）。これまで、さんざん太っているから動きが悪いとか、太っているからピッチャーが投げにくいんじゃないかとか言われてましたからね。それが、結果を出していけば、だんだん言われ方が変わっていくんですよね。マトが大きくて投げやすいとかね。

（『週刊ベースボール』92年8月31日号）

仮にこの時、大久保が新天地でダイエットに励んでいたら、野球人生の平成成り上がりストーリーは存在しなかっただろう。翌93年からは「右の代打兼打てるキャッチャー」として重宝されるも、95年の打席で空振りの際に足首を痛め、さらにコーチとの確執もあり、28歳の若さで現役引退。一瞬の煌めきだったが、92年前半戦の大爆発は野球ファンに強烈な印象を残した。

引退後もそのキャラは健在で、親しくなった相手に対しては〝オヤジ〟（エモヤンのことは「江本先生」）と呼び懐に飛び込み、根性論で分かり合えない相手とは時に激しく衝突する。巨人時代のチームメイト桑田真澄が右肘を故障した際には、スポーツニュースで「なんでダイビングで肘の靭帯が切れるんですかね？」と発言して物議を醸したこともあった。

さらに週刊誌では次々と女性問題や離婚問題が報じられ、若手選手への暴力行為で裁判沙汰に発展するなど多くのトラブルを起こしながら、08年には西武の打撃コーチとして〝アーリーワーク〟を取り入れ日本一に貢献。15年には楽天1軍監督を務めている。

まるで一寸先はハプニングの晴天とどしゃ降りを繰り返す乱高下の激しい人生。ある人は「ああ見えて熱心な勉強家」と褒め、ある人は「あんな調子のいい奴はいない」と呆れる。球界OBに聞いても、人によってまったく異なるデーブ評だが、16年春から東京新橋で居酒屋『肉蔵でーぶ』を経営中だ。

1992年夏、野球人生の逆転ホームランをかっ飛ばした男は、その混沌と狂熱の渦中にこんな言葉を残している。

「実は、まだ自分が活躍しているのが信じられなくて、よく女房と話をするんです。〝いいよな、いい夢を見たよな〟って。まだ次の日のことなんて考えられない。一夜にして、またファームに落ちちゃうんじゃないかっていう……」

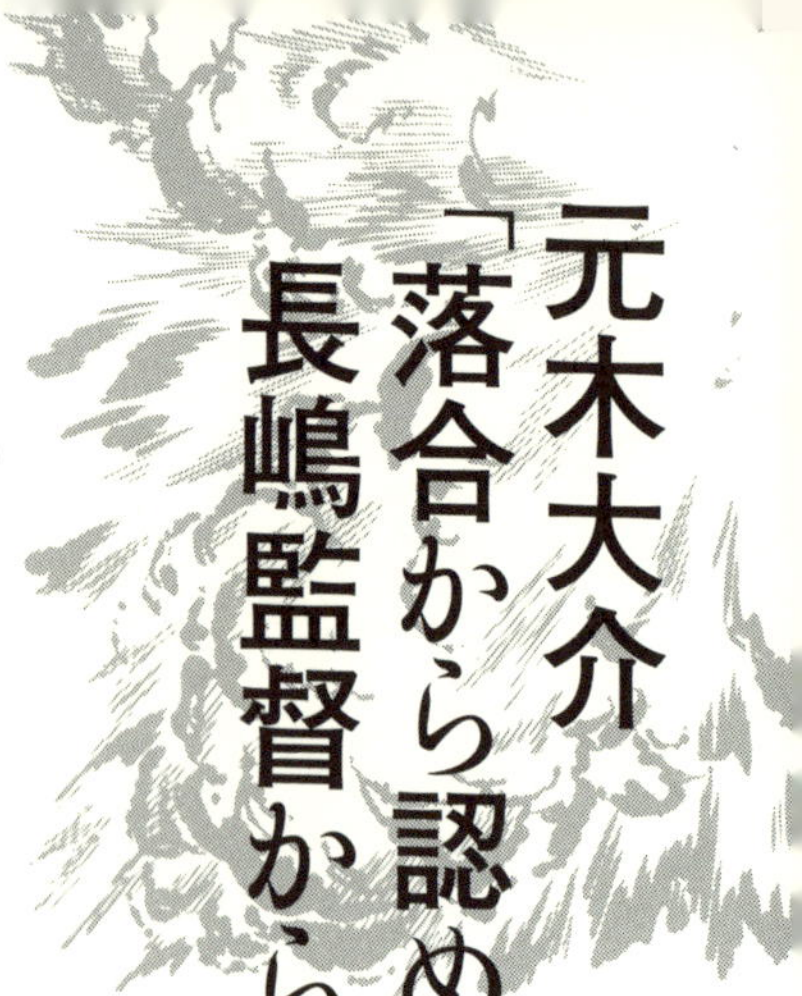

元木大介
「落合から認められ、長嶋監督から愛された〝クセ者〟」

「甲子園はとにかく楽しかったね」

目の前に座る40代中盤を過ぎた元木大介はそう言って爽やかに笑った。上宮高校時代に甲子園で歴代2位タイの通算6本塁打を放った高校野球史に残るスラッガーに2017年夏、インタビューをした時の話だ。

当時の同世代のライバルたちとの今のかかわりを聞くと、「連絡先もまったく知らない。ごめんね、せっかく取材に来てもらったのに。上宮の野球部同級生も1人しか電話番号知らないもん」なんて笑うマイペース男。

『ドリームラッシュ』で歌手デビューした16歳の宮沢りえが日本中のボンクラ男子のアイドルとなり、超魔術Mr.マリックのハンドパワーがブームを巻き起こす1989年（平成元年）

秋、平成最初の甲子園のアイドルはドラフト会議で注目の的となる。

元木は小学生のときにサインを貰った王貞治への憧れもあり、巨人行きを希望。だが、この89年ドラフトは野茂英雄や佐々木主浩が顔を揃えた歴史的な豊作年。巨人は早くから六大学の三冠王スラッガー大森剛（慶大）を1位指名と噂だったが、17歳・元木の甲子園での大活躍と実質的な逆指名に球団内部も揺れる。


一時は読売新聞と太いパイプを持つ東京ガスへ大森を入れるとんでもない秘策も噂されたが、最後は1位大森で決着。夢破れた元木はダイエーホークスの外れ1位指名を受けるも、これを拒否して静かな練習環境を求めてハワイに渡り、浪人生活へ。

ちなみにハワイといっても華やかなワイキキビーチではなく、街灯もない島の裏のさびれた地区。テレビの『大相撲ダイジェスト』日本語放送が唯一の楽しみで、人恋しさに日本人の新婚カップルに話しかけたりもした孤独な青春の記憶。肝心の野球は地元少年野球コーチの大工のおっさんに頼み、マシンとボールを借り、だだっ広いフェンスもないグラウンドで打ち続ける。試合は地元の草野球チームで、無名の大学チームと試合をする日々。せめて肩が弱くならないようにピッチャーを希望したという。そんな生活を半年ほど続け、ようやく90年のドラフトで悲願の巨人1位指名を受けるわけだ。

元木はハワイから戻ると、大阪で知人を介して「カズヒロと飯を食うぞ」と誘われる。

カズヒロって誰やねん？　ってなんと店に来たのは、当時すでに球界を代表する若きスーパースター清原和博だ。この時「ジャイアンツに決まって良かったな〜。うらやましいわ〜」なんて祝福を受けたという。

そんな夢叶いウキウキの甲子園のアイドルも、さすがに1年のブランクはキツかった。「俺、もっとできたよな……」とプロのサイズとスピードに戸惑いながらも、1軍初出場は2年目の開幕直後、なんと因縁の大森の代走である。

長距離砲への夢を捨て、右打ちを磨きモデルチェンジ。チャンスに強い打撃とどこでも守れる内野の便利屋、忘れた頃の隠し球、時に外野にも挑戦、さらに夜はチームの宴会部長の顔を持ち、次第に出番を増やしていく。その天性の野球センスには、元チームメイトの落合博満も「巨人で一番素質があるバッターは元木。松井以上かもしれない。でもあいつは本当に練習しないんだ」とオレ流絶賛。西武から清原がFA移籍してくると「落合さんからやっと解放されたと思ったら、今度はこのおっさんや」と憎まれ口を叩きつつチームに溶け込めるよう、しっかりフォローする気遣いも見せた。

この頃の巨人は長嶋政権の大型補強全盛期で、1996年（平成8年）から3年連続でマント、ルイス、ダンカンと次から次へと助っ人三塁手補強に突っ走る。さすがの元木もこれにはヘコむも、ことごとくハズレ助っ人という強運ぶりも発揮して、97年からは6年連続100試合以上出場とその地位を確立。

チームは4番バッタータイプばかり集めていたから、逆に生き方を変える覚悟ができた。今のままじゃ勝負できへん。生き方を変え、プレースタイルを変え、やがて元木は長嶋監督から〝クセ者〟と重宝されるようになる。98年、99年にはオールスターファン投票選出。キャリアハイは98年の打率・297、9本、55打点。この年の得点圏打率・398はリーグトップの勝負強さだった。ある意味、3割到達や二桁本塁打が一度もないのも元木らしい。

長嶋監督からは可愛がられ、自身の結婚式で見届け人形式の仲人を務めてもらい、ある時は直接「みんなに言うんじゃないぞ。ひがむから」なんつって300万円もするフランク・ミュラーの高級腕時計をサプライズでプレゼントされたという。俺も欲しい……じゃなくて、この件は「当時の巨人選手でミスターから高級腕時計をもらったのはダイスケだけ」と関係者の度肝を抜いた。

後輩の松井や由伸からも〝ダイちゃん〟と呼ばれ慕われた元木も、05年限りで33歳の早すぎる現役引退。若い頃、何度も見た、なんで1軍に呼ばないんだろうと不思議に思ってた先輩がその年限りでクビになるあの風景。気が付けば、最終年の自分はまさにそれだったという。オリックスの故・仰木彬監督からの誘いもあったが、入団経緯もあり巨人一筋で選手生活に別れを告げる。

通算1205試合、891安打。もし、高校3年時の89年ドラフトですんなり巨人から1位指名を受けていたらどんな野球人生を送っていたのだろうか？

インタビューの最後、そんな少し意地の悪い問いに元木は「それは分からない。今のプロ野球人生以下の成績かもしれないから」と前置きした上で、こう続けた。

「すぐにやってみたかったなというのは辞めてから思うね。あのハワイでの1年、野球を下手にした1年。でも人生の中では凄く大きな1年でしたよ」

最も有名なスーパースターの息子
長嶋一茂の壮絶な野球人生

もしも自分の父親が長嶋茂雄だったら?

パパは戦後日本を象徴する国民的スーパースター。もし自分がミスターの息子ならば、野球とはまったく別の世界で勝負したと思う。だって、しんどいから。何をやっても偉大な父と比較され、七光りと騒がれる。しかも、社長の長男が会社を継ぐのとは違い、常に人々の好奇の目に晒されマスコミが追いかけてくる。俺ならその環境に耐える自信はない。

だが、長嶋一茂はあえて日本中から「ナガシマジュニア」と呼ばれる世界へ飛び込んだ。とは言っても、まず前提としてプロ野球選手になるにはドラフト会議でプロ球団から指名される実力がなければならない。その最大の難関を1位指名で突破すること自体が凄い。

大物役者の子どもが芸能界に入るのとは訳が違うのだ。目の前に待ち受けるのは、どんなルーキーより厳しい茨の道。いったい一茂は何を思い野球に人生を懸けたのだろうか？　今回はそんな「日本一有名な男の息子」の野球本『三流』を読み解いてみよう。

「リトルリーグでは、その年監督に就任した親父と同じ90番の背番号をつけさせられ、打順は三番、もちろんサードを守らされた。当時の俺としてはちっとも嬉しくない。というより、むしろ苦痛だった」

いきなり無茶苦茶な野球人生の始まり方である。

小学4年生の時に目黒クリッパーズというリトルリーグのチームに入団した9歳の一茂を、当然のように今より規制がユルかったマスコミ陣は追いかけ回す。「お父さんに何か教えてもらった？」なんて不躾に質問をされ、当然ドン引きしたチームメイトたちは離れていく。

俺はただ野球がやりたいだけなのに……。

子どもの力では、どうやっても群がる大人たちを振り払うことはできなかった。そして5年生のある日、ついに自らの意志でチームを辞める。

だが、野球を嫌いになったわけじゃない。なぜなら、一茂は「自分は日本一の長嶋茂雄ファン」を自負していたからだ。いつかまた野球をやる。普段は気を遣って父親の話を避けていた田園調布小学校の仲が良い友人たちはそう確信していたという。

リトルリーグをやめた一茂は普通の子どもとしてすくすくと育っていく。明るい性格で周囲から慕われ、中学3年時には身長180cmに迫る勢いで、握力も80kgを超えた。そんな時、あの球界を震撼させた大事件が起きる。

1980年（昭和55年）秋、長嶋茂雄の巨人監督解任である。

ふざけやがって……親父を切り捨てた巨人軍に無性に腹が立った。こうなったら、俺があいつらを見返してやる。そして友人達にこう宣言するわけだ。「俺、高校へ行って野球をやるから」と。

ここで怒れる一茂は驚きの行動に出る。部屋の窓枠や廊下の壁にまで〝リベンジ〟の文字をカッターナイフで彫り続けたのだ。

後年、ヤクルト時代のミーティング中にノートにマンガを描いていたとは思えない熱心さである。というのは置いといて、81年春、立教高校に進学すると迷うことなく野球部へ。

だが中学時代のブランクは大きく、プロを目指すなんて夢のまた夢という厳しい現実。練習試合をすれば「ナガシマの息子のくせに下手だな」なんて野次られる。

ちきしょう今に見てろよ……と書くと熱血野球マンガのような世界観を想像するが、彼はサボりの天才とも呼ばれていた。ジュースを買いに行く際は見つかった時に「ボールを探しにいっていた」と言い訳をするために、ポケットにボールをひとつ忍ばせてバックレる。

その一方で深夜になると、絶対にプロ野球選手になると自らに言い聞かせ寮生たちが寝静まった後に夜更けまで激しい素振りを繰り返した。

2年秋には、本格的に野球を始めてわずか1年半で一茂は「4番ファースト」を任せられるまでに成長。ギリシャ彫刻のように均整の取れた筋肉質の体軀に底知れぬパワー。荒削りだが、素材は超一級品。3年夏、チームは県予選準決勝で惜しくも敗れ甲子園出場を逃すが、部活引退後に束の間の放課後ライフを経験する。

スーパースターの息子と言っても、高校生である。

男子校の野球部で寮生活が続き、女っ気はまったくない。引退後の楽しみは自由が丘の喫茶店でケーキやパフェを食べ、道行く女子高生を眺めること。

「底の方にコーンフレークを入れているパフェがけっこうあるが、俺はそれが上げ底みたいで大嫌いなのだ」なんて唐突に理想のパフェについて著書の中で語り出し、お気に入りのパフェを出す喫茶店でのデートエピソードも惜しみなく披露しているところを見ると、恐らく一茂にとってパフェは青春時代の象徴なのだろう。

愛と幻想のチョコレートパフェ。束の間の甘い高校生活を楽しんだのち、ついに父と同じ立教大学野球部へと進むことになる。


「権威に無頓着」

大学野球部の同級生が一茂をそう言い表している。そりゃあそうだろう。本人もさりげなく認めているが、監督や先輩は自分の親父に比べたら大したことはない。

上級生からインスタントラーメンを作ってくれと頼まれると、わざと不味いラーメンを作って出す。なぜなら、俺はラーメン屋じゃなくプロ野球選手になるためにここに来たのだから。当然、生意気だと先輩からヤキを入れられたこともあるが、ケツバットをされた際、反対に尻を突き出してバットをケツの筋肉でへし折ったという。


まるでターミネーターのような規格外の肉体とパワーを武器に1年からレギュラーを獲得すると、上級生になるとキャプテンシーも発揮しチームをまとめ上げ大学通算11本塁打を記録。4年時には三塁手としてベストナインに輝き、大学日本代表にも選出された。

時に自宅の地下室で父親とのマンツーマンのティーバッティングに汗を流し、87年ドラフト会議でヤクルトと大洋から1位指名を受け、抽選で引き当てた関根潤三監督率いるヤクルトへ入団することになる。

もちろん世の中は背番号3の真新しいユニフォームを着た長嶋ジュニアフィーバーに沸く。当時、父親は浪人生活中。世間もいわば〝ナガシマロス〟状態だ。なにせ初めてのユマ・キャンプ時には、テレビ朝日の人気番組『ニュースステーション』にて「長嶋一茂物語」というワンコーナーが連日放送されるほどだった。光GENJIもWINKもかなわない。大げさではなく、昭和の終わりの日本で最も注目されていたプロ野球選手と言っても過言ではない。

この頃は本人も自信満々で、母からの「お願いしてでも二軍キャンプからスタートしなさい」なんて苦言もスルー。自分は超一流になって当たり前の選手と4月の巨人戦でガリクソンからプロ初本塁打をかっ飛ばした際も、先輩の荒木大輔から記念球を手渡されながら、すぐに紛失してしまう。

「どうせ俺は、年間50、60本のホームランを打つようになる。そうすればホームランボールなんていくらでも貯まるから」と。

実際に一茂は1年目に206打席で4本塁打を放っている。これは例えば、同じく大卒内野手の小久保裕紀（当時ダイエー）は1年目に191打席で6本だったことを考えると、大卒スラッガーとしては上々の滑り出しとも言えるだろう。

だが、プロ3年目に運命を変える出会いがあった。あの野村克也がヤクルト監督に就任したのである。

上司とそりが合わない。恐らく、サラリーマン転職理由の上位にランキングされるであろうこの問題に、多くのプロ野球選手も悩まされる。なにせ一茂も「あの頃は毎日のように、こいつをぶん殴ってユニフォームを脱いでやると思いながら生きていたような気がする」とまで書き記しているのだ。

とは言っても、マスコミに不仲を報じられていた野村監督ではなく、その監督のご機嫌取りで陰湿なイジメみたいなことを続けるコーチ陣に対しての怒りの数々なのである。

このままここで野球を続けていたらダメになる。偉大な父親の「日本できっちり野球をやるべき」という反対を押し切り、失意の一茂はアメリカ野球留学へ救いを求めることになる。

これ以降の章は、まるで結末を知っている映画を観るような気分でページをめくった。

アメリカへ行き、ドジャース傘下の1Aチーム、ベロビーチ・ドジャースで守備を鍛え帰国するも、野村監督からは当然のように無視され続ける日々。

そんなとき、12年ぶりに長嶋茂雄が巨人監督に復帰するというニュースが飛び込んでくる。父・茂雄の強い希望により、金銭トレードで巨人へ移籍する息子。ついに子どもの頃からの夢が叶ったのである。

長嶋監督に加え、スーパールーキー松井秀喜と長嶋ジュニアがいるドリームチーム。キャンプ地宮崎は人で溢れ、一茂もオープン戦で2打席連続アーチを放ち、打率・375と懸命にアピールを続け、ついに「6番レフト」で開幕スタメンを勝ち取った。4月23日には阪神戦で移籍後初にしてセ・リーグ3万号本塁打をかっ飛ばす活躍。ホームランを打った背番号36を出迎える際も、ミスターはどうリアクションしていいかわからず、ベンチ際でただウロウロしていたという。この時ばかりは、監督ではなく親父の顔で。

今思えば、93年序盤が一茂のプロ野球人生のピークだった。やがて高校時代に剥離骨折をした古傷の右肘が痛みだすと、まともにボールを投げることすら難しくなり、追い打ちをかけるように右膝の状態も悪化。結局、9月にはアメリカのジョーブ博士の執刀で手術を受けることになる。

翌年からは痛みをごまかしながらプレーを続けるも、巨人にリベンジを誓った子どもの頃からの夢は終わりかけていた。そして、96年夏にはチームが首位との11・5差を逆転する〝メークドラマ〟で盛り上がる中、パニック障害が襲う。

もはや野球どころではなくなった30歳の男は田園調布の実家に呼び出される。

「残念だけれど、お前は来季の戦力に入っていない」

夢の終わりはあっけないものだ。わずか30秒のやり取り。本当は野球に未練だらけだったのに、それを目の前の監督に……いや父親に悟られないように振る舞った。

恐らく、彼にとっては長嶋の息子という事実は〝足枷〟であり、〝支え〟だった。マスコミに騒がれるのは長嶋の息子だから。自分は絶対にやれると信じて突き進めたのは長嶋の息子というプライドがあったから。そんなガキの頃から憧れた親父の背中が日に日に遠のいていく焦り。

「俺は負け犬だ」

生まれてからずっと負けっ放し、そして今も負けている。でも、敗者だからこそ見えるものもあるのだと一茂は言う。

大学日本代表に選出されようが、ドラフト1位入団しようが、プロの世界ではほとんどなにもできなかった無念さ。天真爛漫のサクセスストーリーとも取れる前半部とは対照的な、後半の重い展開の数々。だが、もしも一茂が勝ちっ放しの人生ならば、この本は平坦なおぼっちゃんの自慢話で終わっていただろう。

長嶋茂雄になろうとした野球少年は数千万人いれど、長嶋茂雄の息子だったプロ野球選手は日本にこの男しかいない。

後年、あの秋元康からこんな言葉をかけられたという。

「一茂クン、タレントは芸を売り物にするものだ。君にはそれがないかわりに、生きざまというすごい売り物がある」

平成プロ野球事件遊戯

3回

【20世紀編】

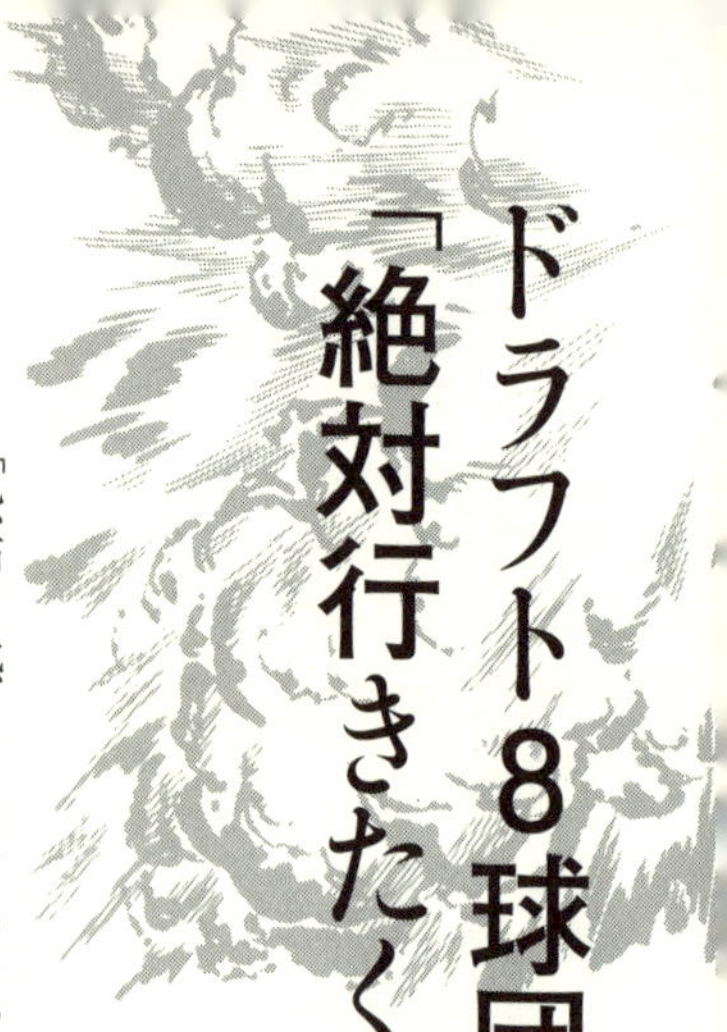

ドラフト8球団競合の小池秀郎「絶対行きたくない球団に引かれた男」

「恐怖を感じるほどのスピード」「絶頂期の江川と同じ」

ローリングストーンズの東京ドーム10日間公演というバブリーなコンサートが話題となった1990年（平成2年）2月、サイパンでは近鉄のルーキー野茂英雄がキャンプ初ブルペンに入り、評論家たちはその規格外のパワーとスピードを絶賛した。前年のドラフトで8球団から1位指名を受けたトルネードの威力はやっぱりエグかった。ちなみに今では当たり前になった1億円を超える契約金を手にした初めての新人選手は野茂である。

そして、その球史に名を残すトルネードと並び史上最多タイの8球団から指名された男がもう一人いる。90年ドラフトの小池秀郎（亜細亜大）だ。大学通算28勝、当時の東都記録シーズン111奪三振を誇るアマ球界№1サウスポーの小池には西武、広島、近鉄、日本ハム、中日、ヤクルト、ロッテ、阪神の8球団が入札。事前に小池は希望球団を「ヤクルト、西武、巨人。それ以外なら社会人の熊谷組へ」と表明しており、同時に80年代終盤は暗黒期だった「ロッテ、阪神の2球団だけには絶対に行きたくない」と腹を決めていた。

迎えた90年11月24日、ドラフト当日には亜細亜大の大ホールにマスコミや学生たちが集結、完全なお祭り騒ぎとなり、その中心に時折笑みを浮かべる小池がいた。

だが、運命は残酷である。抽選の結果、交渉権を獲得したのはよりによって「絶対に行きたくない」ロッテ。その瞬間、強行指名に成功したロッテ金田正一監督は満面のカネヤンスマイルを浮かべてバンザイ、対照的に表情がこわばり顔面蒼白となった主役は「今は何も言えません……すいません。あんなに断ったのに……ショックです」と言葉を絞り出し、その後キャンパス内の広報室に閉じこもり、報道陣の隙を突いて外へ出ると2日間雲隠れ。この時、川崎の自宅ではなく、外部の情報を遮断できる野球部の寮内に避難したという。ほとんど涙の家出。それだけショックは大きかった。

ちなみに今となってはあまり語られることはないが、小池は前述の希望3球団以外から指名されても交渉の席につくことを明言していた。近鉄スカウトと会った際も、もし交渉権を獲得したら再度会うことを約束。他にも「ダイエーは企業として魅力がありますし、大洋も須藤さんが監督になられて随分、イメージがよくなりましたよね」なんて前向きな発言も。

本音を言えばヤクルトだけを逆指名したかったが、「1球団だけ指名するとヘンな噂がたつ恐れがある。おまえはクリーンなイメージを大切にした方がいい」と亜大の矢野総監督から言われ踏みとどまったという（実際に巨人、西武はダミーでヤクルトと密約報道も）。だが、そう諭した矢野総監督がのちに「12球団の中でもっとも避けたいと思っていた球団」とロッテを猛烈にディスってクリーンなイメージをすっ飛ばしてしまうのだから、皮肉なものである。


ロッテを頑に拒否した小池秀郎とはどんな若者だったのだろうか？　ドラフト直前の『週刊ベースボール』90年12月3日号には小池のこんな発言が掲載されている。

「普通に会社に就職するのでも、まず学生側が会社訪問して話は始まるわけでしょう。逆指名っていうのは、そういうことだと思います」

「プロ？　実力の世界だと思います。そして、お金で評価が決まるところ」

今なら炎上しそうな本音トークだが、同年オリックス1位指名の長谷川滋利（立命館大）も「オリックス逆指名も就職活動のうち」と同誌で似たようなコメント。時は90年、ニッポンが一番元気だったバブル末期だ。野球以外でも稼げる仕事は他にもあったし、実際にドラフト1位候補の大学生投手が野球を捨てて不動産会社に就職するというケースも見られた。しかも大学の同級生たちは、空前の売り手市場と言われた就活で一流企業へと続々と就職を決めていく。

ならばドラフトこそ俺らなりの就活戦線。いい企業（球団）を希望して何が悪い？　恐らく、彼ら大卒選手の野球人生観には、好景気の中で大学生活を送ったことが大きく関係しているはずだ。

なお小池は「イヤな球団だと、ボクは雲隠れします。幸い、OBの方がめんどうを見てくれると言っていますから」なんて冗談めかして宣言していたが、まさにその通りの展開になってしまうとは夢にも思わなかっただろう。

ドラフトから9日後の12月3日、会見で「今後、ロッテの方とお会いするのはご遠慮させていただく」とリポート用紙7枚分の声明文を読み上げる最後通告。ロッテ1位拒否を貫き通して社会人の松下電器に進んだ小池は、左肘の故障に苦しむも、2年後の92年ドラフトで近鉄から単独1位指名を受け、今度はすんなり入団する（大エース野茂ともチームメイトに）。

93年4月15日にリリーフ登板でプロデビューを飾るが、相手は因縁のロッテ戦だった。敵地・千葉マリンでは罵声が飛び交い、スタンドに「くたばれ!!小池」なんて大旗が振られる異様な雰囲気。そんな中で2イニングを投げ5三振を奪う快投を披露した小池もたいしたタマである。

5年目の97年には15勝を挙げ最多勝獲得。その後、90年ドラフトで小池に入札していた中日へ移籍、と思ったら2年後には近鉄復帰、さらに現役最終年の05年には近鉄がなくなり新チーム楽天の一員としてプレーする等、激動のプロ12年間だった。

「ドラフトっていうのはクジ。その、たかがクジで、大げさにいえば一生が決まってしまう」

21歳の小池の言葉だ。今思えば、不可解とも思える頑な入団拒否は、血気盛んな若者の「たかがクジに人生を決められたくない」という不条理なドラフト制度への精一杯の反抗だったのかもしれない。

1993年のFA狂騒曲「長嶋監督が槙原に花束持参で交渉」

「ジャイアンツから選手を獲得した。ただし、トーキョージャイアンツだ」

1994年（平成6年）に公開されたハリウッド映画『メジャーリーグ2』にはこんな台詞が出てくる。インディアンスに加入したのはとんねるずの石橋貴明が演ずる日本人選手タカ・タナカ。補強ってサンフランシスコではなく東京の巨人かよ……という完全に日本球界を馬鹿にしたジョークなのだが、まさか翌年に野茂英雄がドジャースで新人王を獲得し、やがてトーキョージャイアンツの元4番マツイがヤンキースのクリーンアップを打ち、ワールドシリーズMVPに輝くなんて未来は誰も想像すらしなかった。

そんな日本球界でまだメジャー挑戦が夢物語の時代に、ストーブリーグの風景を一変させたのが、93年から始まったFA制度である。26年前、制度が出来たばかりのオフシーズンは、今振り返るとほとんど冗談のようなＦＡ狂騒曲が繰り広げられていた。

横浜は巨人から駒田徳広の獲得を目指すと同時に、高木豊、屋鋪要、市川和正ら6名のベテラン選手を大量リストラで資金捻出かと囁かれ、西武は翌シーズン中に権利取得予定の秋山幸二を軸に、ダイエーの佐々木誠らと3対3の大型トレードを成立させる。その激動の移籍市場に飲み込まれる球団も選手もマスコミもみんなまとめてＦＡ童貞だった「秋の日の１９９３」の思い出……。


なにせ中日の〝オレ竜〟落合博満のＦＡ宣言は、テレビ朝日の生放送番組内でのことである。まさに社会的事件扱い。ここは噂されていた巨人移籍志願と思いきや、「ダイエーからも話はある」なんてさりげなく匂わせる策士ぶり。当時40歳の元三冠王スラッガーは12月下旬に巨人入団発表をするも、代名詞の〝背番号6〟は生え抜きスター選手の篠塚和典が付けていたため、球団創立60周年とかけて〝背番号60〟で一件落着。

思えば、遡ること7年前の86年オフ。ロッテ時代の落合の巨人トレード話がまとまりかけていた時、「ロッテに行くなら引退する」と事前に牽制をかましつつ移籍拒否したのが篠塚だった。

そんな因縁の両者が、あのナゴヤ球場での10・8決戦では、試合終了直後に歓喜の輪の一番外からふたり並んでミスターの胴上げを見届けているのだから野球人生は分からない

（篠塚はこの年限りで引退）。

ちなみFA行使第1号は落合ではなく、阪神の松永浩美だ。92年オフ、24歳の猛虎右腕エース野田浩司とオリックスの32歳ベテラン内野手・松永がまさかの交換トレード。のちに球史に残る大損トレードと揶揄された移籍劇だが、新天地で野田はいきなり17勝を挙げ、野茂とともに最多勝を獲得。225回で209奪三振と〝お化けフォーク〟がパ・リーグを席巻した。

対照的に阪急戦士の生き残り松永は開幕戦で5打数5安打と絶好のスタートを切るが、怪我に泣き、思ったことを口にする性格が首脳陣から煙たがられてしまう。シーズン途中に背番号2から02へ変更して心機一転をはかり、夏場には3試合連続先頭打者アーチで意地を見せたものの、80試合で打率・294、8本、31打点の不本意な成績でチームもBクラスでフィニッシュ。すると松永は93年から導入されたFAで、「甲子園球場は幼稚園の砂場だ」なんて言葉を残し、わずか1年で地元九州のダイエーホークスへと去って行く。

なおこの過激な台詞は、松永の「盗塁を増やすためにもう少しグラウンドを硬くしてほしかった」的な会話の一部を大げさに書き立てられてしまったという。それほど当時の松永に対する関西マスコミや阪神ファンの怒りは凄まじいものがあった。

93年オフにＦＡ宣言した選手は総勢5名。しかし、主役は巨人の長嶋監督だ。前述の落合背番号問題の時は「背番号なら『3』を使ってもいい」とまでコメントしている。ミスターファンの落合にとってはこれ以上の口説き文句はなかっただろう。

そんな、長嶋劇場の極めつけは自軍の先発三本柱の一角・槙原寛己のＦＡ騒動である。まだ制度導入直後で、どう交渉していいか何のノウハウもなかった巨人球団から連絡はなく、「地元の中日移籍が決定的か」と騒ぐ週刊誌。そんなある日、早朝6時に槙原家の電話が鳴る。

「オハヨ～長嶋で～す！」

なんと自軍監督からの思いっきり生電話。挨拶もそこそこに奥さんに代われと言われ、勝手に家族への残留交渉も始まった。翌朝もミスターからのモーニングコール。その熱意に巨人残留を伝える槙原だったが、「ケジメでお前の家に挨拶に行くから」と電話を切る長嶋さん。こうなるともう誰にも止められない。気が付けば大勢のマスコミを引き連れて、赤いバラの花束片手に槙原家を訪ねる国民的スーパースターがそこにいた。

その様子は当時のスポーツ新聞でも大きく報じられているが、いったい自宅で槙原と長嶋監督は何を話したのだろうか？

長年のその疑問が槙原の自著の中で明かされていた。正直、すでに残留は決めていたので交渉も何もない。二人は「監督、報道陣といいファンといい、凄い人出ですねぇ」「ああ、本当にそうだなぁ」なんつってシャガールの絵を眺めながらお茶をしたという。さらにお土産に用意した大好物のアップルパイを玄関に置き忘れるミスターを慌てて追いかけたことを楽しそうに振り返っている。

実は意外なようだが90年代前半の槙原は大物トレード候補だった。大エースに成長した斎藤雅樹や桑田真澄は出せないが、3番手の槙原ならなんとか……的な立ち位置のアラサー投手。92年11月1日付スポーツニッポンでは「オリックス松永と巨人槙原の交換」と具体的な選手名まで登場（槙原とオリックスの主砲・石嶺和彦のトレード案が報じられたことも）。だが、結果的に話は流れ松永は阪神へ。

もしもこの時、本当に松永と槙原の交換トレードが成立していたら、94年の斎藤・桑田との三本柱が主役のナゴヤ球場10・8決戦も、福岡ドームでの平成唯一の完全試合も存在しなかったわけだから、平成プロ野球史にとって〝槙原残留〟は大きな意味を持つ。

ちなみに当時話題のミスターから送られた背番号と同じ17本の赤いバラは、槙原家であとで数えてみたら20本だったという。

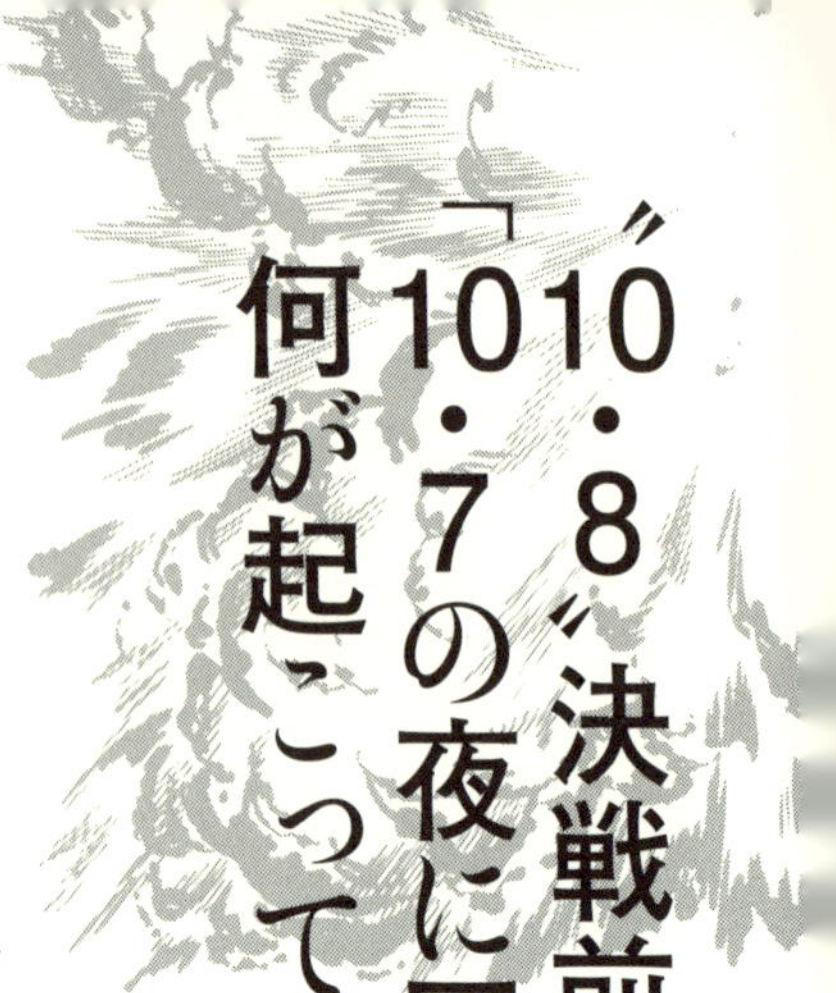

〝10・8〟決戦前夜
「10・7の夜に巨人三本柱に
何が起こっていたのか？」

「今年はジャイアンツが優勝できませんでしたので、後半の景気がかなり落ち込むと思われます」

1997年（平成9年）に放送された人気テレビドラマ『ラブジェネレーション』の中で、木村拓哉と松たか子が働く広告代理店の中で交わされた会話である。一応断っておくと、ギャグではなくガチの会議シーンでの台詞だ。

かつてニッポンには「巨人が優勝できないと日本の景気が悪くなる」とまで言われていた時代があった。その象徴が四半世紀前のあの〝国民的行事〟だ。94年10月8日の中日対巨人戦。シーズン最終戦、同率首位の勝った方が優勝という子どもでも理解できる大一番である。

当時の94年ジャイアンツ優勝記念号の雑誌裏広告は三洋電機の〝テ・ブ・ラコードるす〟で、「電話しながらホカのコト。」のコピーが確認できる。携帯電話以前に、家の電話をコードレスにという時代だった。クラスメートの女の子に電話するときは、家族に聞かれないようにテレホンカード片手に家の近くの電話ボックスまでダッシュ。途中の自販機で買うのはなぜかデカビタCかライフガード。そんな汗だくの青春を送った人も多いのではないだろうか。

さて、94年10月8日中日対巨人のテレビ中継は平均視聴率48・8%を記録。ちなみに2018年サッカーロシアW杯の日本対コロンビアの視聴率は48・7%である。つまり、あの頃の巨人戦は世間的にサッカーW杯の日本代表クラスの注目を集めていたわけだ。なお、10・8決戦は10年に日本野球機構が現役の監督、コーチ、選手858人を対象に行ったアンケートで、「最高の試合」部門の1位に選ばれた。

なにせ、この大一番に先発した巨人・槙原寛己は引退後に発売した自著に『プロ野球視聴率48・8%のベンチ裏』とそのまんまのタイトルをつけ、あの夜のこともたっぷり振り返っている。試合前日に長嶋茂雄監督からホテルの自室に呼び出された槙原は、肩を叩かれ優しくこう言われたという。

「おお、槙原。明日は先発で頼む」

さらに「待ってなさい。もう2人呼ぶから」と続けざまに斎藤雅樹と桑田真澄も部屋に招集され、三本柱に試合を託すことを告げられる。この年の彼らは、31歳の槙原が12勝8敗、防御率2・82。29歳の斎藤が14勝8敗、防御率2・53でリーグ最多の5完封を記録。26歳の桑田は14勝11敗1セーブ、防御率2・52、185奪三振はリーグ最多（打っては野手顔負けの73打数21安打の打率・288）とそれぞれ年齢的にも投手として最も脂の乗った時期だった。

「明日のピッチャーは、お前たち3人しか使わない。だって、お前たち3人で勝ってきたんだからな。先発は槙原。後ろに斎藤、桑田だ」

そんな監督の決断が嬉しかったし、心強かった。もし自分がダメでも、後ろにはさらにいいピッチャーが2人もいるのだから……槙原の心の不安は、一気に吹き飛んだという。『Number』790号には、10月7日午後8時半すぎにミスターの部屋に呼ばれた槙原のインタビューが掲載されている。

「話はものの10分でした。〝分かりました〟と言って部屋を出た。それからは自分の部屋で資料をみたり、シミュレーションしたり……。眠れるかなと思ったけど、翌日の11時ぐらいまでぐっすり寝ました」

しかし、だ。多くの関係者に取材して構成されている名著『10・8　巨人vs.中日　史上最高の決戦』の中で、当事者のひとりでもある斎藤雅樹は、こんな証言をしているのだ。

「(7日に) 僕は監督の部屋に呼ばれていないんです。そもそも名古屋の宿舎の監督の部屋には一度も入ったことがないですから」

斎藤は前日の10月6日のヤクルト戦で先発して6回112球を投げ、古傷の右内転筋痛を悪化させていた。無理をすれば投げられないこともなかったが、ナゴヤ球場での練習を終えて宿舎のホテルに戻ると、人づてに槙原と桑田が監督に呼ばれたことを聞いたという。ならば、明日の自分の登板はないなと緊張することもなく早めにベッドに入って眠りにつく。なお、同じくぐっすり寝た槙原は翌8日11時過ぎに起きると、自室でのんびりテレビをつけて『笑っていいとも！』を見ていたという。それぞれ背景は違えど、意外なほど普通の精神状態であの伝説の試合に臨めていたわけである。

さて、三本柱で最も若かった桑田真澄はどうだったのだろうか？　前出の『10・8』本によると、7日午後10時過ぎに長嶋監督からの電話が鳴った。

「桑田か？　すぐにオレの部屋に来てくれ！」

最上階のスイートルームを訪ねた桑田は長嶋とふたりきりで話す。……って、槙原が自著で書いていた「三本柱が一緒に呼ばれて監督から試合を託された」という有名なエピソードは、どうやら「呼ばれたのは槙原と桑田だけ。しかも別々に1時間ごとに入れ替わりで」というのが真相のようだ。

勘違いしないで欲しいが、「マキさんマジかよ」と突っ込みたいわけではない。過去とは美化された嘘だ。人の記憶というのは、それぞれ時間とともに無意識に変わっていく。なにせ、槙原の著書も94年から17年後の２０１１年3月発売である。それだけ、あの決戦から長い時間が経ったのである。

桑田に話を戻そう。2日前の5日ヤクルト戦で見せた8回1安打11奪三振の快投をねぎらうミスターの言葉に、桑田は小さく頷く。まだ右肘手術前、ＰＬ学園時代から数々の修羅場をくぐってきた全盛期バリバリの26歳は、もちろん中2日でも投げる覚悟だった。いったい明日はどんな場面で起用されるのだろう？　その瞬間、長嶋の部屋の電話が鳴る。

「ハイハイ。ああ、ケンちゃん！　明日はやるよ。オレたちは絶対にやるから！　……ありがとう……うん、ありがとうね‼」

例のハイトーンボイスが部屋中に響きわたり、桑田がそんな会話を聞くともなく聞いていると、受話器を置いたミスターが目を見開いてこう尋ねてきた。

「ケンちゃんだよ、ケンちゃん！　判るだろ？」

「ケンちゃん？」

当然、桑田は絶望する。誰やねんと。それでも「志村……けんさんですか？」なんつって言葉を絞り出す18番。すると長嶋は驚いたようにかぶりを振った。

「ケンちゃんって言ったら高倉の健ちゃんだろう！」

知らんがな！　もしも自分が会社の社長に夜10時に呼び出されて、こんなケンちゃんトークに付き合わされたら転職を考えるかもしれない。肝心の起用法は「明日は国民的行事だから、痺れるところで行く」一辺倒のミスターワールド。それでも「痺れるとこっていうのは……」と粘る野球の求道者・桑田。

「うん？　もう痺れるところですよ。クワタ！　痺れるとこで、ね。頑張ろう！　よし！」

無茶苦茶である。しかし、ある意味三本柱それぞれが、結果的に大一番の緊張から解かれ、長嶋茂雄の掌の上で転がされているようにも思える。部屋に呼ばれた者（槙原)、呼ばれなかった者（斎藤）、なんだかよく分からない起用法を示唆された者（桑田）。だが、その翌日には彼ら3人の投手リレーで中日打線を3点に抑え、天下分け目の決戦を制することになるのだから、野球は面白い。

プロ野球史上最高の視聴率を記録した25年前の10・8決戦で主役を張った男たち。斎藤雅樹、桑田真澄、槙原寛己、全員が通算150勝以上を挙げた平成球界を代表する三本柱が過ごした「10・7の夜」の真実は、数十年後も語り継がれることだろう。『ジャイアンツ80年史』のインタビューで斎藤はこんな言葉を残している。

「僕らは3人でエースの仕事を分担し、ケガや不調のときはカバーできた。チーム内のライバルでありながら、助け合いながら投げた、信頼できる仲間。そういう〝三本柱〟だったと思います」

ガルベス「審判暴投事件 長嶋茂雄が〝坊主〟になった夏」

「あれスゲェよ！　スゲェやつだよ！」

その投手の才能に長嶋茂雄は興奮のあまりそう絶叫したという。１９９６年（平成8年）2月12日、もうすぐ32歳になる巨漢右腕が巨人トライアウト受験のために宮崎キャンプに合流した。

4日後の16日、初めてブルペンで投球を披露すると、見守っていた首脳陣や評論家は息を呑む。１５０キロ近い速球に、高速シンカーとチェンジアップ、そして内角を鋭くえぐる重いシュート。ついでにＮＢＡとスニーカーブームを巻き起こしたマイケル・ジョーダンばりの舌だし投法。

なんなんだこいつは？　何者だ？　当時の様子が『Ｇファイル　長嶋茂雄と黒衣の参謀』

に書き残されている。マスコミには「15勝はいけるでしょう」と冷静に手応えを語った長嶋監督だったが、それでも懸命に平静を装っていたのだ。夜になると、ミスターはチーム関係者に歓喜の国際電話をかける。

「あれスゲェよ！　スゲェやつだよ！　もうウチはゼッタイに必要ですからね！」

トライアウトはすぐ終わると思っていたから下着の替えがないと聞くと、「パンツなんか何枚でも用意しますよ！」なんつって笑い飛ばす。

その投手が宮崎の海で釣りをしたがっていると耳にすれば、間髪を入れず「ああ釣り竿、何本でもOKですよ！」とはしゃいでみせる。いわゆるひとつのミスターの一目惚れだった。

それがバルビーノ・ガルベスのファーストインパクトである。1年目の96年シーズンに早速16勝で最多勝のタイトルを獲得、『週刊ベースボール』のインタビューで「日本のプロ野球は自分にとってのメジャーリーグ・ベースボールさ」なんて謙虚に答え、台湾時代より数倍上がった年俸で天ぷらと寿司のグルメを味わい、秋葉原で電化製品の買い物を楽しむ一面も。

NPB通算106試合登板で34の完投数を記録したタフネスさに加え、パワフルな打撃も有名で97年に3本、99年に4本と通算10本塁打をマーク。90年代前半からチームを支えた三本柱と、99年の上原浩治入団までの〝谷間のエース〟を張ったカリブの怪人の唯一の弱点は異様にキレやすい性格だった。

特に来日3年目の98年シーズンのガルベスは春先からトラブルメーカーで、4月16日の中日戦でリー・ジョンボムのヘルメットに直撃する死球を与え、両軍ベンチから総出の騒動に。中4日で登板した次戦の4月21日広島戦でも野村謙二郎の左足へ当て、両軍揉み合いの乱闘騒ぎを引き起こしていた。5月12日の横浜戦では完投勝利を挙げるも審判の判定に腹を立て、勝利の握手やお立ち台を拒否。つまり、当時のセ各球団や審判団の間では「今年のガルベスは危ない奴」とマークされていたわけだ。

そして、あの事件が起こる。フジテレビ系列の反町隆史主演ドラマ『GTO』が大人気を博していた夏、1998年7月31日、甲子園での伝統の一戦。0対5と阪神リードで迎えた6回裏、マウンド上の巨人先発ガルベスは先頭打者のルーキー坪井智哉を2ストライクに追い込むが、決めにいった内角の際どい球を橘高淳球審はボール判定。ふざけんなよと言わんばかりに背番号59は直後の5球目で打ち頃のチェンジアップを投げ、坪井に右中間席へ本塁打を叩き込まれKOを食らう。

交代を告げられた後も、ガルベスは審判に対してスペイン語で悪態をつきヒートアップ。清原和博や元木大介といったチームメイトや長嶋監督がなだめ一旦は落ち着いたように見えたが、なんと自軍ベンチ前で振り返ると、お馴染みのベロ出し投法で手にしていたボールを橘高球審に向けて投げつけたのである。

傍らにいた同僚助っ人マリアーノ・ダンカン（たけし軍団の熱狂的阪神ファンのダンカンとは別人）の「おまえマジなにやってんの!?」的な驚愕の表情が印象的だが、もちろんカリブの怪人は即刻退場処分。しかし、180㎝、107kgの巨体でブチギレた暴走特急を誰も止められない。

一人乱闘騒動のような有様の中、止めに入った捕手の吉原孝介はバルビーノエルボーが直撃し流血。身体を張って揉みくちゃになりながら止めるミスターの姿……。この前代未聞の大暴れに翌8月1日、ガルベスに対してセ・リーグからシーズンいっぱいの出場停止処分が言い渡され、球団からは無期限出場停止と罰金4000万円とも言われる重い処分が下される。

同カードの阪神3連戦は8月2日にも両チームの死球合戦があり警告試合に。3日に巨人・阪神連名のファンへの謝罪文が出され、ミスターが大学以来という坊主頭になり男のケジメをつけた。

この夏、大学1年の自分は生まれて初めての海外旅行中で『進め！電波少年』の猿岩石ばりにバックパッカーを背負いタイのビーチにいたが、当時はネット環境も整備されておらず、海の向こうで何が起きているかもまったく分からない。そんなある日、朝食を取るために入った現地の店で、日本から来たばかりのツーリストから貰ったのはスポーツ新聞。そこで大きく報じられていたのが「長嶋茂雄の坊主頭」だ。

うわっ面白ぇ……。その詳細を読んだ直後、猛烈に日本に帰りたくなった。緩やかに時間の流れるビーチの非日常感なんかより、プロ野球に燃える都市の日常の方がいい。翌日の昼にはバンコクに戻り有り金をかき集め、成田行きの帰りの航空券を手配した。ヒリヒリするようなガチ感。背番号59の暴走とミスターの坊主には、それだけの説得力があったわけだ。

数々の乱闘騒動を巻き起こした誰よりもブチギレやすいガルベスだが、巨人助っ人ではあのクロマティ以来となる日本酪農乳業協会のテレビCMに出演すると、「カルシウムブソク、シテイマセンカ?」という台詞で話題を呼んだのも、今となっては笑い話である。

2000年ON日本シリーズ狂騒曲「20世紀のプロ野球〝最後の祭り〟」

長嶋茂雄と王貞治を知らない子どもたち。

先日、TBSテレビ系列『水曜日のダウンタウン』をなんとなく観ていたら、「日本の有名人知名度ランキングTOP100」が放送されていた。あらゆる世代に実際にアンケートを取りまくる執念を感じさせるこの企画で、長嶋と王は70代から40代の世代には認知度90%以上と圧倒的に知られていたが、30代は約85%、20代は70%台前半、そして10代の認知度が30%台前半にまで落ち込んでしまっていた。

そりゃあそうだよな……と思った。あの騒がれた「ON日本シリーズ」はもう19年前の秋。村上宗隆（ヤクルト）や藤原恭大（ロッテ）は2000年（平成12年）生まれ。思えば遠くに来たもんだ。

00年と言えば、プレイステーション2や初の内蔵型カメラ付き携帯電話が発売。ドコモの i モード契約数も1000万件を突破して、携帯電話加入者が固定電話を抜いたのもこの年のことである。

グラビア界では女子大生グラドル眞鍋かをり旋風、野球界ではシドニー五輪において国際オリンピック委員会の方針でプロ選手の出場解禁。ついに日本代表チームも当時プロ2年目の松坂大輔（西武）や全盛期バリバリの黒木知宏（ロッテ）や中村紀洋（近鉄）ら、24名中8名のプロ選手が選出され話題となった。

そんな20世紀最後の1年は世の中全体が浮かれていた印象が強い。ミレニアム？ 2000円札ってなんやねん……みたいなあの感じ。その能天気な雰囲気は翌01年9月にアメリカ同時多発テロが起きるあたりまで続く。

確か「若者の野球離れ」という言葉が頻繁に使われていたのもこの頃だと思う。サッカー業界は2年後に控えた日韓W杯に向けて盛り上がり、同時期にイタリアセリエAで活躍する中田英寿がペルージャからビッグクラブのASローマへ移籍。プレステのサッカーゲーム『ウイニングイレブン』ブームも絶妙なタイミングで来て、ニッポンは空前のサッカーバブルに突入しようとしていた。

当時ハタチそこそこの自分もスカパーのアンテナをベランダに設置し、当然のようにWOWOWにも加入し、チャンピオンズリーグ全試合観戦とわけの分からない生活を送っていた記憶がある。正直、野球を熱心に観ていた同世代は周りには皆無だった。気が付けば20世紀の終わり頃、若者にとってプロ野球は「古さ」と同義語になっていた。って冗談じゃない。50代、60代のオールド野球ファンは「何がサッカーだよ」「中田って若いのは生意気だな」と嘆く。そんな時に実現したのが、長嶋巨人と王ダイエーが対戦するON日本シリーズだったわけだ。

この瞬間のために故・根本陸夫はダイエー王監督の招聘に動いたとさえ噂される夢のカード。00年12月に発売されたFOCUS増刊号ではONの全面写真にこんなキャプションが付いている。

「その応対は実にていねいで紳士的だ。ほらっ、近頃のヒーローを思い起こせばすぐわかる。自分勝手でクールな（横柄な）、闘志あふれる（ガラの悪い）スターはいても、「おとな」ではない。20世紀最後に実現したON日本シリーズの決戦前夜。日本に本物の「おとな」が少なくなった……」

これを強引に要約すると「最近の若者はけしからん」となる。ヒデ舐めんなよと。ちなみに日本のアスリートで、マスコミを介さず自身の公式ホームページでコメントを発信したパイオニアが98年の中田英寿だ。

スポーツ選手自ら情報発信できる時代へと突入。こうなると老舗マスコミは当然面白くない。長嶋さんや王さんは自分たちを大切にしてくれたもんだと。メディアと選手の古き良き持ちつ持たれつの関係性をぶっ壊したのが若きヒデだったのである。

そんな中、久々に野球界が盛り上がる一大イベント。主役は当時60歳の王さんと64歳のミスター。まだ昭和と平成の空気が混在していた00年。まさに昭和のオヤジ系メディアの最後の祭りである。

今でこそONシリーズは伝説的に語られることも多いが、実際は野球以外で騒がしかった。なにせ「球場が使えない問題」に襲われていたのだ。日本シリーズ開幕は2000年10月21日（土）、巨人の本拠地東京ドーム。となると土、日はセ・リーグ本拠地。移動日を挟んで火、水、木はパ・リーグ本拠地というのが当然の流れ……のはずが、なんと福岡ドームは週のど真ん中10月24日、25日の2日間に渡り、球場を日本脳神経外科学会に貸し出していたのである。

今だったら炎上必至の超ミステイク。3年前の97年にドーム側が球団の許可なく承諾してしまったのが真相だったが、本拠地にも関わらず事実関係の発見が遅れたダイエーサイドにはNPBから制裁金3000万円が課せられた。

ソフトバンクが約870億円でヤフオクドームを買収した現在からは考えられない、ダイエー球団のユルい経営姿勢。これにより、日曜日の22日東京ドームで第2戦を行い、23日（月）は移動日なしの福岡で3戦目開催の強行スケジュール。24、25の両日は試合なし。中2日空けて、26日（木）の第4戦から再開して、翌日の第5戦後は再び移動日なしで週末の東京ドーム第6戦へ。

もはやなんだかよく分からないこの超変則スケジュールの影響を受けたのはやはりプレーする選手だろう。ダイエーは敵地で2連勝スタートをするも、その後4連敗でジ・エンド。本拠地のアドバンテージをほとんど生かせず終戦。仮に通常通りに開催できていたらまた違った結果になっていたかもしれない。

結局、4勝2敗で巨人が日本一に輝き、MVPは打率・381、3本塁打、8打点の活躍で〝ミレニアム打線〟の4番を張った松井秀喜。敢闘賞は3試合連続を含む4本塁打を放ったダイエーの柱・城島健司。この数年後に両者はメジャーリーグへと移籍していく。

テレビ視聴率も第6戦で36・4％を記録。なにせ両軍ベンチには戦後プロ野球を背負ったミスターと世界の王。80年代から90年代にかけて黄金時代を築いた西武ライオンズの中心メンバー秋山幸二がダイエー、清原和博と工藤公康が巨人に在籍。大型FAと逆指名ドラフトのピークを象徴するかのように、のちに侍ジャパンを率いる小久保裕紀、最後の三冠王・松中信彦、現ロッテ監督の井口資仁がスタメンに名を連ね、巨人には元広島の4番バッター江藤智や、まだ20代中盤の若き高橋由伸、上原浩治、二岡智宏ら錚々たるメンツが顔を揃えた。

まるで2000年の日本シリーズは世代を超えた超豪華な「20世紀NPBオールスター」である。逆指名ドラフトが終わり、有力FA選手はこぞってMLBを目指す昨今の移籍市場の流れを見ても、あれだけの豪華メンバーがひとつのチームに集結することは今後しばらくないだろう。

日本球界の、そしてONとともに生きたメディアとオールドファンの最後の祭り。祭りのあとで翌01年、長嶋茂雄は巨人監督の座を自ら降りた。ひとつの時代が終わり、同時にプロ野球界の21世紀が始まったのである。

【2000年巨人ミレニアム打線】

1番	仁志敏久（二塁／29歳）	打率・298	20本	58点
2番	清水隆行（左翼／27歳）	打率・271	11本	46点
3番	江藤智（三塁／30歳）	打率・256	32本	91点
4番	松井秀喜（中堅／26歳）	打率・316	42本	108点
5番	清原和博（一塁／33歳）	打率・296	16本	54点
6番	高橋由信（右翼／25歳）	打率・289	27本	74点

7番　二岡智宏（遊撃／24歳）　打率・265　10本　32点
8番　村田真一（捕手／37歳）　打率・204　7本　34点
　　※マルティネス（35歳）　打率・288　17本　64点

名スカウトとの絆

鉄の意志を持つ男　福留孝介

「高校生の選手を見るときは、母親のお尻を見ろ」

いきなり熟女パブの攻略法じゃなくて、そんなモットーでスカウト活動していたのが、戦後に選手として活躍したのち二軍監督、一軍コーチを経て阪神と近鉄でスカウトを務めた〝スッポンの河さん〟こと故・河西俊雄である。

単行本『ひとを見抜く　伝説のスカウト河西俊雄の生涯』によると、河さんは線の細い有望選手がいたら、まず母親を見る。男の子は運動能力はもちろん、お母さんが大きければ息子も必ず大きくなる。だからこそ、スカウトは母親のお尻を見るのだと。これぞ泣く子も黙るママケツ理論。入団交渉においても10代の少年にとって影響力があるのは監督や父親よりも母ちゃんだ。多かれ少なかれ、すべての男はマザコンである。辿り着いたスカウティング哲学が「お母さんを取り込め」だったという。

河西は1977年に阪神を世代交代で去った直後、56歳にして同じ関西の近鉄バファローズのスカウトに就任。しかし、当時のセとパの格差は凄まじく、近鉄と言っても「そらデパートでっか」「電車のことでっか」なんて聞き返されることもしばしば。阪神時代は選手の家に行けば応接間に通してもらえていたのに、近鉄では玄関前止まりの厳しい対応。絶対に阪神へ行かないという選手はほとんどいないが、パ・リーグの在阪球団だけは死んでも拒否という選手も珍しくはない。あの超高校級スラッガーと称された選手もそうだった。

1995年（平成7年）秋のドラフトで、高校生史上最多の7球団競合の末に近鉄が交渉権を獲得した福留孝介である。投手であれば「速い球を投げる」、野手であれば「遠くに飛ばせる」の二点を指標に選手を見る河西にとって、夏の大阪府予選であの清原和博の5本を抜く8試合で7本の本塁打を記録し、甲子園初戦でも2打席連続本塁打を放ったPL学園の主砲は、地元大阪のスター選手としても魅力的だった。

福留は事前に「巨人、中日以外なら日本生命へ」明言も、他チームが怪物清原、ゴジラ松井以来の大器と称された18歳の逸材を簡単に諦めるわけもなく、近鉄、中日、日本ハム、巨人、ロッテ、オリックス、ヤクルトが競合。意中球団は7分の2の確率だったが、「ヨッシャー!」の絶叫とともに、スーツの下に紅白のフンドシをつけるという一歩間違えば変態とも言えるスタイルでこの勝負に臨んだ近鉄の佐々木恭介監督が当たりクジを掲げた。

当然、入団交渉は難航し無謀なギャンブルと批判も受けた指名だったが、当時の近鉄バファローズはその賭けに打って出なければならない理由があった。94年から95年にかけてチームは混乱を極め、大エース野茂英雄が鈴木啓示監督とぶつかり、メジャー移籍を目指して退団。あの10・19時代の悲運のエース阿波野秀幸は巨人へトレード移籍。いてまえ打線の一角を担った金村義明もFAで中日へ。ついでに本拠地・藤井寺球場のロッカールームは選手が「ここは爆撃にでもあったのか?」なんて絶望するくらいボロボロ。追い打ちをかけるように成績不振の責任を取り、95年夏に鈴木監督が休養。水谷実雄監督代行が指揮を執るも、7月13日に単独最下位になってから一度も浮上することなく、87年以来8年ぶりの最下位に沈んだ。観客動員数は100万人の大台を割り、功労者ラルフ・ブライアントも寂しすぎる退団。そんな中、新監督に就任したのが佐々木恭介だったのである。

フロントも佐々木も、この暗い雰囲気を吹き飛ばすことのできる新たな球団の顔を欲していた。近鉄はやはり打のチーム。新・いてまえ打線の中核として、4年目で20本塁打を放った伸び盛りの中村紀洋とコンビを組めるようなスラッガーが是が非でも欲しい。いわば福留指名は、野茂も阿波野もブライアントもいなくなった球団再建への第一歩だったのである。右の中村、左の福留のNF砲実現へ。初交渉時になんと便せん5枚に及ぶ手紙を持参する、ほとんどストーカー行為一歩手前の佐々木監督のほとばしる情熱。

しかし、福留の意志は堅かった。〝スッポンの河さん〟こと河西スカウトと和やかに雑談に応じても、肝心の入団に関しては頑として首を縦に振らない。すでにスーパースターだったオリックスのイチローがメディアを通して「一緒に球界を盛り上げよう。運命に従った方がいい」と近鉄に援護射撃コメントを出すも、福留は「ドラフトでこういう結果になって、それで社会人への道を選ぶ。これも運命に従うということだと思います」と堂々と返答。河西は球界関係者や周囲の大人たちが説得しても自分の本心を明かさない福留に「賢い子やな」と思うと同時に、孫ほど歳が離れた少年の信念の強さに恐れの気持ちすら持ったという。

「な、もう一回ええやろ」「な、気持ちは傾いたか」

河さんは粘り強く語りかけ、入団交渉を12月初旬まで継続することに成功。しかし福留は初志貫徹で日本生命へ進むと、アトランタ五輪日本代表選手として野球銀メダル獲得にも貢献し、3年後に逆指名で中日ドラゴンズに入団。当初は内野守備がド下手すぎてチームメイトをドン引きさせたが、本格的に外野転向した4年目の02年には、打率・343で松井秀喜の三冠王を阻止する首位打者を獲得した。08年にはFAでシカゴ・カブスと4年総額4800万ドル（約53億円）の大型契約を結び海を渡る。メジャーで5年間プレーしたのち、阪神で日本復帰。一塁転向を拒否しながらしっかり結果を出し続け、42歳で迎える今季はセ・リーグ最年長野手である。

言いたいことも言えないこんなポイズンな世の中で、自らの意見をハッキリと主張し成績も残す男。ある意味、真のプロフェッショナルと言えるだろう。あの入団拒否から早24年。イチローとはプロ入り後に日本代表でともに戦い、06年の第1回WBC初優勝に大きく貢献する。さらに因縁のヨッシャー佐々木恭介とは巡り巡って、02年に中日打撃コーチと選手という関係で再会。福留のメジャー移籍後も、自費で渡米し応援に駆け付ける佐々木の姿があった。

そして、スッポンの河さんへ。98年冬、すでに年齢と体調面から近鉄スカウトを辞めていた河西家の電話が鳴る。福留本人から逆指名で中日入団が決まった報告だった。お会いしてご挨拶がしたいという福留に対し、河さんは「ワシは……あんたのことは少しも悪う思とらんで。だから胸張って何も気にせんと中日に入って、頑張ってください」とやさしく言うのだ。気にしなさんな、終わったことやと。

入団交渉は上手くいかなかったが、昔気質の河西はどんなにお金を出そうとしても、転ぶことなく初心を貫いた福留孝介のことを気に入っていた。電話を切ったあと、名スカウトは嬉しそうに「ワシはほんまにあの子が好きや」と言ったという。

平成名選手遊戯【投手編】

4回

1989年の斎藤雅樹「万年トレード候補から〝平成の大エース〞への覚醒」

『歓喜25号原が決めた巨人V』

今、手元に30年前のスポーツニッポンがある。1989年（平成元年）10月7日付、「歓喜の涙の王者復活。10月6日、午後9時16分。127試合、2年ぶり34度目の王座奪回」と書かれている。

驚いたことに、〝縦横無尽スルメ野球〞と称賛される一面の故・藤田元司監督の胴上げ写真はカラーではなくモノクロだ。裏一面では引退を決めた中畑清が惜別胴上げで男泣き。芸能面では映画『リーサル・ウェポン2　炎の約束』広告に桑田の恋人アニータ巨人Vの日に突如帰国の報せ……じゃなくて熱烈G党のコピーライター糸井重里が「川相こそスルメの象徴」とお祝いコメントを寄せ、「ヘイセイ球史開く元年セ界一」の小見出しが躍る

89年のプロ野球。

ジャパン・アズ・ナンバーワンを満喫するニッポン列島では、横浜ベイブリッジが開通し、『ミラクルジャイアンツ童夢くん』がテレビアニメ化され、宇野宗佑首相（中日のヘディングマン宇野勝ではない）が短期政権で終わり、ザ・ブルーハーツのギタリスト真島昌利の傑作ソロアルバム『夏のぬけがら』が鳴り響き、任天堂から初代ゲームボーイが発売された。のちに２００巻まで刊行する『こち亀』はまだ61巻だ。平成元年に生まれた赤ん坊も２０１９年には30歳になる。

そして、クロマティが打率４割に肉薄したこのシーズン、藤田巨人でひとりの若手投手が突然20勝を挙げて話題となった。当時7年目、24歳の斎藤雅樹である。

あだ名は同姓の欽ちゃんファミリー斎藤清六にちなんで〝セイロク〟。市立川口高校から82年ドラフト1位で巨人へ（早実・荒木大輔の外れ1位）。抜群の打撃センスと守備力で遊撃手コンバートも検討されたが、藤田監督の助言でオーバースローからサイドスローに転向。2年目の84年にプロ初勝利、翌85年には12勝を挙げて一躍若手の注目株となる。

しかし、あの甲子園のスター桑田真澄が入団してきて、1学年上の剛腕・槙原寛己も擡頭。斎藤は86年7勝、87年0勝に終わり、気が付けばトレード候補として毎年ストーブリーグのスポーツ新聞を賑わす。

86年オフにはロッテの三冠王・落合博満との複数トレード要員で名前が挙がり移籍を覚悟。12月末に落合の中日入り会見を生中継するテレビ番組『ニュースステーション』を見ながら、家族みんなで安堵の拍手をしたという。87年オフには南海のエース山内孝徳と斎藤＋鴻野淳基のトレードがほぼ合意しかけるも、巨人の絶対的エース江川卓の突然の現役引退により白紙に。

そのポテンシャルは高く評価されながら、メンタル面の弱さも指摘され伸び悩んでいた20代前半の斎藤。いわば、典型的な環境さえ変われば飛躍が期待できるトレード要員だったわけだ。

もちろん、加えて巨人ベテラン主力選手の「トレードに出されるくらいなら引退する」という当時のセ・パ人気格差もあり、必然的に斎藤のような1軍経験のある若手が移籍候補者として名前が挙がりやすい。FA制度がまだ存在しなかったあの頃、トレードは選手にとって（もちろんファンにとっても）今よりずっと身近でリアルな問題だった。

そんな伸び悩む崖っぷちのイチ若手投手は、二つの幸運に恵まれる。まずひとつ目は、80年代のローテを支えた江川卓（87年限りで引退）、西本聖（88年オフ中日へトレード）らがチームを去り、当時の巨人が世代交代真っ只中だったこと。さらにもうひとつラッキーだったのは、藤田監督の復帰だ。

89年5月10日の大洋戦、一打逆転のピンチでもベンチは動かず続投させ、斎藤は4失点の152球完投勝利。前回登板の広島戦で1回3失点31球KOから中2日で与えられたリベンジのチャンス。もうノミの心臓なんていわせない。断固たる藤田采配と中日からトレード移籍してきた中尾孝義の強気なリードにも引っ張られ、自信をつけた背番号41は、この試合から7月15日のヤクルト戦まで、プロ野球新記録となる破竹の11連続完投勝利を記録。最終的に20勝7敗、防御率1・62と凄まじい成績を残し、各投手タイトルに加え沢村賞にも輝いた。

7年目に覚醒して、万年トレード候補から平成の大エースへと成り上がった男は2016年（平成28年）1月に野球殿堂入り。通算180勝96敗、防御率2・77。あの11連続完投勝利を始め、沢村賞3度受賞、最多勝5度獲得、3年連続開幕戦完封はそれぞれプロ野球記録として今も破られておらず、2年連続20勝を挙げた投手も斎藤が平成では最初で最後だ。

さて、もう一度30年前のスポニチを見てみよう。89年10月6日の横浜スタジアムでの藤田監督歓喜の胴上げ……。そうか、巨人が34度目の優勝を飾った5日後に生まれたのが、現在エースナンバーを背負う菅野智之である。菅野は17年には斎藤以来セ28年振りの3試合連続完封勝利、18年には平成元年の斎藤を超えるシーズン8完封と、時間を超えて競り合う平成の大投手たち。時計は今日も進み続けている。

いったいあの時代、斎藤・桑田・槙原と球史に残る三本柱の中で、巨人のエースは誰だったのか？　当時、巨人投手コーチを務めていた堀内恒夫は、のちに雑誌『読む野球』のインタビューでこう即答している。

「誰がエースか？　そんなもの、斎藤に決まっているだろう」

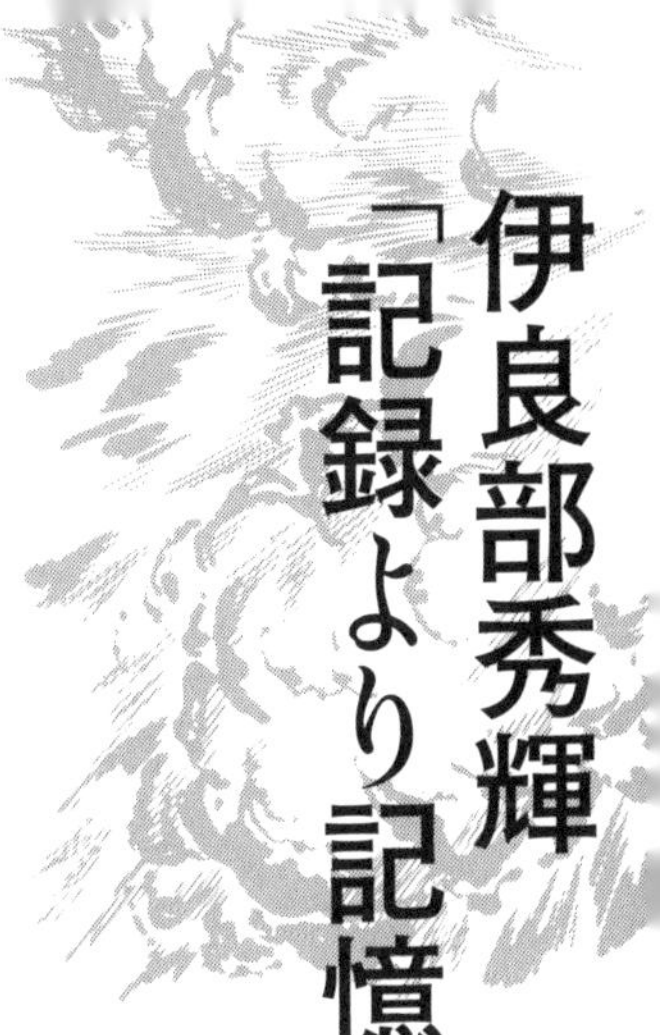

伊良部秀輝「記録より記憶に残った〝剛腕投手〟」

死ぬほど疲れている時は、トム・クルーズ映画を観ると気分が回復する。

だって、50代中盤のおじさんが『ミッション：インポッシブル』シリーズで、ヘリコプターにぶら下がり、自ら運転もこなし、特殊なパラシュート降下方法のヘイロージャンプ（高高度降下低高度開傘）撮影前には100回のジャンプ訓練を己に課す。一歩間違えば即死レベルのスタントに果敢に挑む姿に「俺もグダグダ言わんと仕事しよう」なんて素直に思わせてくれる。

格好いいんだけど、格好良すぎない男を演じさせたら天下一品。「ショーミー・ザ・マネ〜！」の台詞で有名になった1996年（平成8年）作品の『ザ・エージェント』も90年代スポーツ映画の名作だ。

トムは当時34歳、そろそろキラキラのアイドルではなく、大人の男を求められる年頃で、仕事も私生活もパッとしないスポーツ・エージェントのジェリー・マクガイアを演じる。利益より理想論にこだわり会社をクビになり、抱えていた多くの契約選手を同僚に奪われてしまう絶体絶命。唯一人残ったのは三流アメリカン・フットボール選手のロッド・ティドウェル（キューバ・グッディング・Jr.）。そしてジェリーの青臭い理想に賛同し、新たに立ち上げた事務所についてきたのは5歳の病弱な息子を抱えるシングルマザーの女性社員、ドロシー・ボイド（レニー・ゼルウィガー）のみ。恐らく、日本ではこの作品でスポーツ業界の「代理人」の仕事を知ったという人も多かったのではないだろうか？

『ザ・エージェント』が全米公開された96年冬から97年にかけて、プロ野球界は伊良部秀輝の去就で混乱していた。96年オフに悲願のメジャー移籍というより、ヤンキース移籍を主張してロッテ球団と衝突。代理人には団野村を立てるも、水面下でパドレスとのトレード話を画策するロッテとの交渉は泥沼化してしまう。

一時は浪人生活も報じられるが、最終的にロッテとパドレスとヤンキースの三角トレードという形で決着。のちにポスティング制度ができるきっかけとなった一連の騒動の果てに、28歳の伊良部は97年シーズンから憧れのピンストライプのユニフォームでプレーすることになる。

しかし、契約金を含め4年総額1250万ドル＋出来高という破格の好条件での入団に、ヤンキースのチームメイトは「3Aも経験していないのに、これだけの金をもらうのは心外だね」と表立って疑問を呈し、まずはマイナーで調整登板。だが、フラストレーションが溜まっていた伊良部は現地で日本のマスコミの取材攻勢にブチギレ、記者のボールペンをへし折り、「あんたらはおいしい田んぼに群がってすぐにいなくなるイナゴと同じじゃ」なんて吐き捨てる騒ぎを起こす。

7月10日の本拠地でのメジャーデビュー戦こそ白星で飾ったが、先発3戦目のKO時にマウンドを降りる際、敵地のスタンドのファンにツバを吐く行為でアメリカでも悪役に。7月末にはヤンキースタジアムの味方のはずの地元ファンから大ブーイングを浴びてしまう。

それにしても、伊良部はなぜあそこまで頑なにヤンキース入りにこだわったのだろうか？　〝日本のノーラン・ライアン〟がニューヨークを目指す理由……渡米する十数年前、中学生の伊良部秀輝は少年野球のチームメイトにこんな言葉を漏らしたという。

「俺のホンマの親父はアメリカ人やねん。将来、大リーグへ行って、親父を捜しに行くつもりや」

思えば、日本時代から不思議な投手だった。193cm、108kgの立派な体軀と圧倒的な球の威力を持ちながら、なかなか結果がついてこない男。沖縄生まれの兵庫県尼崎市育ち。感情の起伏が激しく、喧嘩には自信があった尽誠学園（香川）時代は、大会屈指の剛腕エースとして夏の甲子園に出場も、3回戦の常総学院戦で人さし指と中指のツメを割り敗退。

87年ドラフトでロッテから1位指名を受けプロ入り後は、制球に苦しむも3年目の90年に金田正一新監督の元で8勝を挙げ、その素質が開花したように見えたが、91年3勝、92年0勝と再び低迷。その頃、8歳年上のチームメイト牛島和彦からアドバイスを貰うようになり、飛躍のきっかけを掴む。

93年5月3日には清原和博に対し、当時の日本最速記録となる158キロを計測。なんとかファウルにした王者西武の4番は、直後に157キロの直球を弾き返し右中間二塁打を放った。これ以降しばらく、伊良部と清原の対決は〝平成の名勝負〟として定着することになる。

ロッテ千葉移転後の新エースを期待された男はこの93年シーズン、8月から9月にかけて7連勝を記録。9月の月間MVPにも選出され、伊良部を苦手としていた日本ハムの故・大沢啓二監督は「幕張の海を泳いでいたら〝イラブ〟っていう電気クラゲに刺されちまったよ。イテエのなんのって」「幕張だけかと思ったら、東京ドームにもクラゲがいやがったな」と度々脱帽。

これらの発言が話題となり、ロッテ球団はすかさず『イラブクラゲ人形』をグッズ展開する。翌94年にはオールスター戦で松井秀喜に対して159キロを計測し、15勝、239奪三振で二冠獲得。伊良部は名実ともに一気に球界を代表する投手へと登り詰めて行くことになる。

チームがボビー・バレンタイン新監督を招聘し、2位に躍進した95年は防御率2・53、239奪三振で再び二冠。96年も防御率2・40で2年連続の最優秀防御率に輝くが、バレンタインを解任した当時の広岡達朗GMや江尻亮監督と衝突。8月の試合では降板を命じられると、帽子やグローブを1塁側スタンドに投げ入れ、采配批判として罰金処分を受けたこともあった。

平成初期を代表する真のパワーピッチャー。時に圧倒的な能力を持て余し自滅しているかのような印象さえあったロッテ時代の伊良部からすると、やはりメジャーでの投球内容は寂しかった。98年と99年にはヤンキースで2年連続二桁勝利を記録。だが好不調の波が激しく、ワールドシリーズでは出番がなく、世界一のチャンピオンリングを手土産にチームを去ることになる。

その後、飲酒問題やエコノミークラス症候群に悩まされ、モントリオールやテキサスを転々として、03年に日本球界復帰。13勝を挙げ星野阪神のリーグ優勝に貢献すると、翌04年限りで現役引退した。

17年間のプロ生活で日米通算106勝104敗27セーブ、防御率はNPB3・55、MLB5・15。引退後は一時期ロサンゼルスでうどん屋を経営、09年には独立リーグで現役復帰を果たすも右手首の故障で断念。2011年にアメリカの自宅で首を吊り、自らその命を絶っている。

今振り返れば、90年代日本最速投手のターニングポイントはやはりメジャー移籍騒動だったように思う。あの時、夢の実現と引き換えに背負ったトラブルメーカーのイメージが、その後のキャリアに暗い影を落としてしまった感は否めない。見ているファンも、伊良部がアメリカでやりたい気持ちは分かるけど、さすがにFAでもないのに特定球団のみに好条件を求めるのは強引すぎでは……といまいち乗り切れなかったのは事実だ。

映画『ザ・エージェント』にはこんな印象的なシーンがある。フットボール選手のロッドは自身のチーム環境について愚痴をこぼすが、トム・クルーズ演ずる代理人マクガイアは「俺らが親友なら言わせてもらう」とこう忠告するわけだ。

「おまえがなぜ1000万ドル稼げないか？　小切手選手だからだ。私生活にはハートがあるが、フィールドでは頭だけ。契約への不満でいっぱい。〝チームが悪い〟、〝パスが悪い〟、〝アイツに馬鹿にされた〟。ファンはそういうプレーを見ても何も感動しない。何も言わずハートでプレーするんだ」

上原浩治「〝雑草魂〟衝撃デビューを振り返る」

あの若者たちが、44歳と38歳のベテラン選手になった。

上原浩治は20勝、松坂大輔も16勝。セ・パ両リーグの最多勝がともに新人投手で、〝雑草魂〟と〝リベンジ〟でそれぞれ流行語大賞を獲得したのが、１９９９年（平成11年）シーズンの出来事だ。あれから20年が経ったのである。

ちなみに、音楽界では99年3月発売の宇多田ヒカルのファーストアルバム『Ｆｉｒｓｔ Ｌｏｖｅ』が年間８００万枚以上売れる大ヒットを記録し、この年から逸材・後藤真希が加わったモーニング娘。の代表曲『ＬＯＶＥマシーン』が世紀末の日本中のカラオケボックスで歌われまくった。いわば21世紀を目前に各業界とも新たな若い才能を欲していたわけだ。

それにしても、大学日本代表でも活躍、ドラフト1位で巨人入りして即20勝を挙げた上原がなんで〝雑草魂〟なのか？

遠征時に紙袋に荷物の一部を詰めていたから……っていやそこではない。上原は東海大付属仰星高時代は建山義紀（元日本ハム）の控え投手で、さらに体育教師を目指した大阪体育大の受験にも失敗してしまう。推薦入学を狙っていたら、野球部のチームメイトにその枠を奪われ慌てて受験勉強に励むも英語でしくじり撃沈したのだ。そうして94年春からの浪人生活へと突入する。

予備校では格好付けずにレベルが最も低いクラスを選択、朝9時から午後4時までがっつり勉強する日々。家に帰ると晩ご飯を食べたあと2時間ほど勉強して就寝。凄い、同じく浪人生活を送った俺が、大宮駅前のゲーセンと本屋とエロDVD屋の絶望的なルーティーンで毎日10時間過ごしていたのとは雲泥の差だ。

上原は身体がなまらないように週3回の筋トレを欠かさなかったが、大好きな野球は月に1回、近所のおっちゃんの草野球に混じらせてもらう程度だった。そんな気分転換の遊びの野球をしている自分とは対照的に、同い年の選手はプロ野球や大学球界に飛び込み、高橋由伸（慶応大）や川上憲伸（明治大）らが神宮球場で華々しい活躍をしている。だが、ここで腐るのではなく、「ちきしょう……いつか自分も彼らに追いついてやるぞ」と対抗心を燃え上がらせる反骨の上原青年。ちなみにあの巨人と中日の伝説の優勝決定戦10・8が行われていた頃、のちのジャイアンツのエースは浪人生活真っ只中である。

さて、見事に希望の大阪体育大学にリベンジ合格を果たした上原は束の間のアルバイトに励む。受験が終わり、二カ月ほど工事現場で大声を出して「バック、バック！」なんて元気ハツラツで誘導していたら、社長から「兄ちゃん、ええ声してんな。晩飯食いに行こか」と誘われるようになる。いつもやるべきことを精一杯頑張っていれば、その姿をどこかで誰かが見ていてくれる。チャンスはどこで巡って来るか分からへん。

19歳が垣間見る大人社会のリアル。貴重な人生経験を積んだ上原は、地道な筋トレの効果か、大学入学後は高校時代より球速が10キロ以上もアップして優に140キロを超えていたという。1年生の6月に出場した全日本大学野球選手権で当時プロ注目の門倉健（東北福祉大）と投げ合い、初回に1点を失うも、15奪三振を奪う快投で上級生の門倉と互角に渡り合う。思わず、プロのスカウトも「あの1年坊主は誰だ？」と驚いたわけだ。

浪人生活を経て大学球界№1投手へと成り上がった男は、98年秋に逆指名で巨人入りをするといきなり1軍ローテを勝ち取り、99年開幕3試合目の阪神戦に東京ドームでプロ初先発、6回2/3を投げて4安打4失点で敗戦投手に。

5月下旬まで最下位に沈むチームで7試合4勝3敗、防御率2・05とまずまずの成績だったが、5月30日阪神戦から9月21日阪神戦まで破竹の15連勝を記録。毎週日曜日に投げる〝サンデー上原〟は、チームを2位に押し上げる原動力となり、最終的に20勝4敗、防御率2・09、179奪三振という驚異的な数字を残し、最多勝、防御率、最多奪三振、最高勝率、新人王、そして沢村賞とあらゆるタイトルを独占してみせた。


ルーキーイヤーの上原を語る上で外せないのは、やはり10月5日ヤクルト戦（神宮球場）での〝涙のペタジーニ敬遠事件〟だろう。

7回裏、チームメイトの松井秀喜と僅差の本塁打王争いをしていたペタジーニに対して巨人ベンチは敬遠を指示。その直前の6回表に1本差で追う松井が勝負を避けられ四球で歩かされていたこともあり、これもシーズン終盤のよくある四球合戦の風景……と思いきや、マウンド上の上原は外角に大きく外す一球を投じた直後にマウンドを蹴り上げ、涙を流したのだ。

当時のテレビ中継ではその表情をアップで映し、「汗と涙が混じっています」なんて実況アナの声も確認できる。オレなら抑えてみせる、なんで信用してくれないんや……と言わんばかりの涙の抗議。一歩間違えばチームの戦術批判とも受け取れる行動だが、嫌なものは嫌だと自分の感情をハッキリと示す上原らしいシーンだった。

今振り返ると、入団時から規格外の選手だ。江川卓や桑田真澄にしても、昭和の時代から多くのアマ球界の大物投手たちは、子どもの頃から憧れた巨人入りをするためにドラフトで大きな騒動を起こしていたものだ。

それが上原の場合は、当時のスポーツニュースで最後の最後までアナハイム・エンゼルス（現ロサンゼルス・エンゼルス）との二択に悩む心境を吐露しており、もしかしたら巨人の先にメジャーリーグという目標があると公然と口にした最初の新人選手がこの男だったのかもしれない。代理人交渉、ポスティング直訴、これまでの球団の慣習に縛られないゴーイングマイウェイのスタンスは異質であり、異端だった。

結果的に受験失敗からの浪人生活が野球人生の転機となった雑草魂。のちのワールドシリーズ日本人初の胴上げ投手も、すべてはあの1年から始まったのだ。

上原が平成最後のシーズンに再び背負うことになった「背番号19」は、浪人時代の19歳の気持ちを忘れないためだという。

佐々木主浩「脱走に規則無視 若手時代の豪快すぎる伝説」

日本最高のエースは誰か議論が分かれても、日本最強のクローザーはあの男しかいない。

泣く子も黙るハマの大魔神・佐々木主浩である。伝家の宝刀フォークボールを武器にＮＰＢ２５２セーブ、ＭＬＢ１２９セーブの日米通算３８１セーブの金字塔（２０１３年に中日・岩瀬仁紀に破られるまで日本記録）。１９９５年（平成７年）から98年まで４年連続最多セーブを獲得し、横浜が38年ぶりの優勝に輝いた98年は51試合で45セーブを挙げ、驚異の防御率０・64でＭＶＰと正力松太郎賞をダブル受賞。横浜駅東口の地下街には「ハマの大魔神社」まで作られるフィーバーぶり。

年俸も5億円を突破し、もはや日本にやり残したことがなくなった佐々木は、99年オフにＦＡでシアトル・マリナーズへ移籍する。そこでもいきなり37セーブでア・リーグ新人王を獲得すると、01年にも日本人最多記録の45セーブ。オールスターにも出場した〝DAIMAJIN〟は、04年に横浜に復帰すると翌05年限りで現役引退。同学年・清原和博に対するペナント真っ只中の8月の引退登板は物議を醸した。

……と、ここまでは野球ファンなら誰もが知ってる佐々木主浩のサクセスストーリーだと思う。でも、これより前のまだ〝大魔神〟と呼ばれる前の背番号22の素顔は意外と知られていない。無名の若手ピッチャー時代、この男は数々の逸話を残している。佐々木が引退してから世に出たぶっ飛んだ著書『奮起力。』でカミングアウトされた、とんでもない豪快伝説を振り返ってみよう。

東北高校でエースとして甲子園に出場した佐々木少年は、バブリーな東京生活を夢見る18歳。ここでオシャレな青山学院大学や立教大学の進学を希望するも、高校の野球部監督から猛烈なダメ出し。理由は「東京へ行ったらお前は遊ぶ」から。これに対して、佐々木本人も「確かに、東京の大学へ行ったら私は間違いなく遊んだはずだ。この問題は国語のテストのように曖昧なものではなく、白黒はっきりしている。東京へ出なかったのは〝正解〟だった。もし東京に行っていたら……今の私はない」と躊躇なく認める潔さ。まさに人生のターニングポイント。結局、地元の東北福祉大学の野球部へ進むことになる。

「もう面倒くさい。辞める」

って早すぎるよっ！　理不尽な体育会系の縦関係に馴染めず、1年時にいきなり先輩とケンカして寮を飛び出し、友達の家へ逃避行（その後あっさり連れ戻される）。そんな事件を幾度となく起こし、その度に連れ戻されるパターンの繰り返し。「私は大学時代に懲罰で八回も坊主になっているが、その記録はいまだに破られていない」なんて誇らしげな大魔神。つまり、セーブ記録だけでなく、坊主記録も保持していたわけだ。8度も坊主になるって、もはやそのペース、普通の散髪なんじゃや……なんて突っ込みは野暮だろう。

2年生の終わり頃には、もはや恒例行事の理不尽な先輩とぶつかり寮を飛び出すと、その足で仙台市内の親戚の家や友人宅を転々とし、東京の女友達のアパートの家に転がり込む。この時、同級生は監督の指示の元、東北自動車道の仙台宮城インターチェンジで佐々木が運転する車が来ないか張り込みまでしたという。

こんな場所で捕まってたまるかよ、それに負けじと大学を辞めることを想定して遠く東京でアパートまで借りていた佐々木の驚くべき〝奮起力〟。結局、この1カ月に及ぶ大脱走劇は佐々木の両親がアパートに踏み込んで、強引に連れ戻すことで終わりを告げる。

これだけしょうもない事件を連発して、さらに持病の腰の故障も抱え、「大学時代にまともにプレーしたのは4年生の時だけ」と回想しつつも89年ドラフトで大洋ホエールズから1位指名を受けるのだから、やはり野球の実力は図抜けていたのだろう。

ただ、このドラフト会議では1位指名を確約していた大洋が、いきなり野茂英雄を1位入札したことに「大人ってきったないなあ。言っていたことと違う！」と激怒。ハズレ1位となったわけだが、なんと日本ハムの故・大沢啓二常務が強引に佐々木を1位指名する寸前だったという。子どもの頃からジャイアンツファンだったが、12球団中で巨人のスカウトだけは挨拶に来なかったので、ファンとプレーするのとは別とすっぱり割り切った。

そんな紆余曲折ありながらも、大洋入団を決意。しかし、当時のチームはベテランが多く、ことあるごとに文句を付けてくる。しかも小言が中堅どころを媒介して回ってくる窮屈さ。人間関係に疲れたルーキー佐々木は右足小指を骨折しての2軍落ちを内心喜んだ。

やがてドラ1の多額の契約金で佐々木は念願のポルシェ928を購入。もちろん新人は入団1年間運転禁止という球団規則はガン無視して、寮の外に個人で駐車場を借りる荒技だ。先輩選手に注意されると「自分のお金で買った車だからいいじゃないですか」なんつって逆ギレ。この時期、佐々木は球団の寮には帰らず、横浜市内にマンションを借りて寝起きしていた（もちろん規則違反）。そして翌91年シーズン、付き合っていた彼女が佐々木の愛車ポルシェで事故を起こし、住まいに車とあらゆることがバレるも、当時の須藤監督はこう言ったという。

「まあ、ええか」

ってええんかいっ！　一応断っておくと、これは昭和50年ではなく、すべて平成に起こった話である。ユルユルでおおらかな時代にも助けられ、本業の野球では2年目に早くも頭角を現し、58試合に登板して17セーブ。やがて〝ハマの大魔神〟と呼ばれる球界最強クローザーへと変貌していくことになる。

まるでガキ大将がそのまま大人になったような古き良き野球選手像。豪快なエピソードと同時に、筋の通らない後輩いじめを拒否し、解雇された先輩選手の代わりに球団とケンカする男気溢れる一面もあった。

ちなみに波乱万丈の大学時代、なんとしっかりと教職課程を修了して教員資格を取得済み。佐々木主浩、やはり底知れぬ男である。

斉藤和巳&井川慶「両リーグに20勝投手が誕生した2003年」

平成球界において、「20勝投手」はどれだけ凄いことなのだろうか？

例えば、平成で250万枚以上売り上げたシングルCDは『TSUNAMI』『だんご3兄弟』『君がいるだけで／愛してる』『SAY YES』『Tomorrow never knows』『Oh! Yeah!／ラブ・ストーリーは突然に』『世界に一つだけの花』の計7枚。同じように平成30年間の日本球界で年間20勝達成者も計7名だ。かなり強引だが、レベル的には誰もが知ってる時代を代表するヒット曲と同等のレアさである。

1989年（平成元年）の斎藤雅樹（巨人／翌90年にも達成）と西本聖（中日）から始まり、

99年のゴールデンルーキー上原浩治（巨人）や08年の岩隈久志（楽天）を挟み、24連勝が話題になった13年の田中将大（楽天）が現時点でラスト。近年はだいたい5年に1度ペースの20勝投手が出現しているが、現メジャーリーガーのダルビッシュ有や前田健太でさえもＮＰＢ時代に一度も超えられなかった高い壁だ。

そんな中、平成で一度だけ、両リーグ同時に20勝投手が誕生したシーズンがある。第65代横綱・貴乃花が引退、六本木ヒルズがグランドオープンし、世の中は大晦日夜の民放3局格闘技中継で盛り上がった２００３年（平成15年）の斉藤和巳と井川慶だ。

斉藤は95年ドラフト1位指名でダイエー入り。身長１９２㎝の大型右腕は、右肩痛に苦しみ一時は野手転向も報じられながらも、5年目の00年にようやくプロ初勝利を記録。20勝前年の02年もわずか4勝だったが、和田毅や杉内俊哉といった有望な後輩投手たちの出現で尻に火がつき、03年に王監督から開幕投手に抜擢されたことで奮起する。

プロ8年目、25歳の遅咲きエースは先発で怒濤の16連勝という快記録を樹立し、19勝で迎えた10月7日の本拠地最終戦で1失点完投勝利を挙げ、パ18年ぶりの20勝投手に。最終的に20勝3敗という堂々たる成績で最多勝、最優秀防御率、最高勝率、ベストナインと投手タイトルを総なめにした。まだ何の実績もなかった斉藤自身はこれが野球人生ラストチャンスと思って気力を振り絞り投げ続け、シーズンだけで体重が8キロも減ったという。

この年のダイエーはあの〝ダイハード打線〟を擁し、とにかく点を取りまくってくれた。3番井口資仁、4番松中信彦、5番城島健司、6番バルデスの驚異の100打点カルテット。さらに柴原洋が打率・333、村松有人は打率・324、当時22歳の川﨑宗則も3割手前と打ちまくり、その上パナマの怪人フリオ・ズレータも途中加入。そりゃあ「チョップ、チョップ、パナマウンガー！」なんて絶叫したくなる破壊力だ。

なにせ規定打席に到達した3割打者が6人で史上最高のチーム打率・297。147盗塁もリーグトップと打って、走って、圧倒してパ・リーグを制した。やはり、年間20数試合の先発登板が基本の現代野球では、20勝達成には本人の実力だけでなく、自チームの打線の援護という要素が大きなウエイトを占める。

同年の井川慶のケースも斉藤のチーム状況に近い。03年の星野阪神は序盤から首位独走して18年ぶりのセ界制覇。プロ6年目でまだ20代前半のサウスポーは開幕戦こそ敗れたが、4月30日から12連勝。優勝しても翌日の先発登板に備え、チームメイト達のビールかけをファンのようにテレビ観戦するマイペース男は、10月10日の最終戦で6回3失点ながらも勝利投手となり、阪神では24年ぶりの20勝到達となった。

ちなみに井川と言えば、尊敬する人を聞かれ「ミシェル・プロドーム」とサッカーベルギー代表の往年の名GKの名を挙げるほどのフットボールマニアで知られ、02年の日韓W

杯グループリーグ初戦で日本がベルギーに引き分けた翌日、野球選手のサッカーファン代表として井川のコメントもスポーツ新聞に掲載されている。

「もちろん（練習から）帰って見ましたよ」

そ、そうか……。プロ野球とワールドカップの二刀流で翌年の20勝に繋げたのか……。こちらもセ・リーグ最多勝や最優秀防御率といった主要投手タイトルを独占し、MVPに選出されている。

猛虎打線はリーグトップのチーム打率・287、728得点と攻撃陣が好調なシーズンだったが、これだけ味方が打ってくれても、井川も斉藤も最終戦で大台到達のリアル。平成でわずか7名の難関、20勝投手への挑戦。最近の球界は通算2000安打達成者は急増しているが、200勝投手はすっかり貴重な存在となったのも頷ける。

本格派右腕の斉藤和巳とタフネスサウスポー井川慶。03年秋の日本シリーズではこの両エースが第1戦で投げ合い、ともに7回まで持たずに降板。シリーズは第7戦までもつれ、それぞれ2試合ずつ先発したが両者に勝ち星はつかなかった。

なおこの年、2人の20勝投手は史上初の沢村賞両リーグ同時受賞をしている。

【2003年投手成績】

斉藤和巳（25歳／ダイエー）　26試合（194回）　20勝3敗　防御率2・83　160奪三振

井川慶（24歳／阪神）　29試合（206回）　20勝5敗　防御率2・80　179奪三振

黒田博樹「神ってる広島25年ぶりV 広島愛を貫いたガチな〝男気〟」

1位から4位をＡＫＢ48が独占、5位と6位が乃木坂46。7位の嵐を挟んで、8位も再び乃木坂46。

２０１６年（平成28年）の年間ＣＤ売上げランキングである。欅坂46も4月6日に1ｓｔシングル『サイレントマジョリティー』を発売してオリコン1位を獲得。そんな神ってるアイドルたちが時代を駆け抜けたこの年、ひとりの中年男が広島を熱狂させる。カープを25年ぶりのリーグ優勝に導いた黒田博樹だ。

黒田のキャリアは、若いプロ野球選手の憧れと言っても過言ではない。まずはＮＰＢで充分な実績を積み、メジャー移籍したらコンスタントに活躍してウン十億円稼ぎ、40歳目前に古巣で日本復帰。ファンから熱狂的に歓迎され大団円の有終の美を飾る。ヒロイックでロマンチック。もはや嫉妬する気にもなれないビューティフルな野球人生である。

近年の野球界の傾向として、メジャーで活躍した日本人選手は、引退後もすぐ帰国して現場復帰することなく、自由に過ごすケースも増えてきた。地元で自身の釣り番組を持つ城島健司、大魔神・佐々木主浩は馬主として有名になり、いまやヤンキースのGM特別補佐を務める松井秀喜にしても、一昔前なら巨人で青年監督になっていたのではないだろうか。斎藤隆のようにパドレスでフロント入りという選択肢もできた。

もちろんメジャー時代に貰った高給で、別に急いでフルタイムのコーチ職や野球解説をしなくても食うには困らないという余裕もあるだろう。彼らのキャリアは日本の野球選手の新たなロールモデルとなるはずだ。

しかも黒田は帰国前年もヤンキースの主力投手として32試合で11勝9敗、199回を投げ防御率3・71。メジャー球団から提示された推定1800万ドル(約21億6000万円)を蹴って、4億円の広島愛を貫いた漢・黒田。金より思い出。僕はニューヨークで死にません。

これまでの出戻り選手のような衰えまくった姿ではなく、バリバリの状態でNPBに帰ってきた。移籍初年度から11勝、ラストイヤーの16年シーズンは日米通算200勝を達成し、チームの優勝を見届け、二桁の10勝を挙げたにもかかわらず引退を決意。

黒田の新しさは日米を股にかけた劇的なストーリーはもちろん、現代では珍しい特殊なキャラにある。常に今日が人生最後の試合的な野武士のような空気をまといマウンドへ。〝男気〟とは、一種の〝切実〟さとも言い換えられる。黒田博樹はガチだ。いくつになってもガチンコのアスリート。まるで、ランニング中に「我慢、忍耐、辛抱、根気」と呟きながら走り、驚いて振り返る若手投手には「ただ今、我慢中だ！」とビビらせる往年の村田兆治のような昭和の大エース感である。

今の日本球界からは周囲に緊張感を与える怖い先輩が消えつつある。さらばモラハラ、パワハラダメ絶対。気が付けばベテラン選手は、そのほとんどが良き兄貴分。オフには合同自主トレで後輩の面倒を見て、一緒に温泉つかっておやすみなさい。

だが、メジャーでシビアなサバイバルに揉まれた背番号15は歳を重ね丸くなるどころか、鋭さを増して帰ってきた。グラウンドに立てば、20歳近く年下の阪神・藤浪晋太郎に内角を抉られ一喝してみせる。愛嬌のある番長でも親しみやすいアニキでもない。いつまでたっても職人肌の近寄りがたい怖い先輩のままである。あの野球の求道者イチローでさえ、シアトルでは若い選手に慕われる愛すべきおっちゃんとしてプレーしているのに。

それは例えば前田健太が旧来のエース像を崩そうと、自主トレでお揃いのチームマエケンTシャツを作って、マスコミに笑顔で披露みたいな哲学とは両極端にある。90年代のカープを支えた孤高の天才バッター前田智徳だって、いまや解説席で甘いスイーツを嬉しそうに頬ばる愉快なおじさんだ。ここ数年〝カープ女子〟と呼ばれる女性ファンが急増し、最新のボールパーク・マツダスタジアムは昭和の広島市民球場とは雰囲気が一変した。けど、男気だけは変わらなかった。

勘違いしないでほしいが、黒田をディスっているわけじゃない。それどころか尊敬すらしている。だって良い兄貴分になった方がラクに決まってるから。やさしい先輩？　違うよ、面倒くさいんだよ。いつまでも一定の距離感と緊張感を保って強面でいることが。昭和の頑固オヤジは大変だったと思うよ。

黒田と同じシーズンに古巣復帰した2学年下の新井貴浩は「カープはファミリー」と名言を残したが、新井さんが〝みんなでイジるお兄ちゃん〟で、神ってる鈴木誠也が〝ヤンチャな末っ子〟なら、黒田は〝家庭に緊張感をもたらす親父〟だった。

そんな絶妙なバランスで成立していた平成後期の広島カープは、16年から球団初のV3を達成することになる。

もしも20年前にWBCがあったら？
史上最強「1997年の侍ジャパン」

平成に入り、急に世界が近くなった気がしたものだ。

1989年（平成元年）にベルリンの壁が崩壊し、マルタ会談の米ソ首脳会談で東西冷戦終結（91年12月にソ連は解体）。お茶の間は8ビットのファミコンから16ビットのスーパーファミコンへ。街ではナイキのエアジョーダンが流行り、イタリアンデザートのティラミスも大人気。忘れた頃にダッダーンボヨヨンボヨヨン。テレビでそんな映像が流れる度に、世界との距離が縮まったなんて人々は思ったものだが、90年代の日本スポーツ界の流れも〝国際化〟だった。

F1の鈴木亜久里が90年日本GPで3位入賞、日本人ドライバー初の表彰台へ。93年春には大相撲の曙が外国出身初の横綱に昇進。女子テニスの伊達公子が全豪オープンで初のベスト4進出。Jリーグが始まったサッカー界ではW杯予選でアジア各国を飛び回り、94年にはデカビタ片手に三浦知良がイタリア・セリエAのジェノアへ移籍。野球界でもまだ10代のマック鈴木がアメリカ球界でプレーし、90年には広島カープがドミニカ共和国にカープアカデミーを開校していた。

対照的に国内のプロ野球はまだゆっくりと時間が流れていた。「ハドソンの『スーパーパワーリーグ』のリアルさが完全に『燃えプロ』を超えた」なんつって無邪気に喜ぶ子どもたち。移籍のほとんどがセ・パ12球団内で完結する、いわば日本球界開国前夜だ。

今で言えば、大谷もダルビッシュもマー君もNPBにいるみたいな状況。ならば、もし90年代にWBCがあれば小難しい契約の縛りもなく最強の日本代表ドリームチームが実現していたのではないだろうか？　よく酒の席で話題になる野球ファンの定番妄想トーク。というわけで、2017年開催の第4回WBCから20年前の大会という設定で、「97年版侍ジャパンチーム」を選出してみよう。

1997年（平成9年）春の大会なので、選考基準になるのは96年シーズンの成績だ。オリックスが初の日本一に輝き、長嶋巨人がメークドラマを完遂させたこの年、セMVPは初の3割、30本をクリアした22歳の松井秀喜。もちろんパ・リーグは23歳のイチローが3年連続MVP&首位打者獲得と絶頂期にあった。侍ジャパンでも3番イチロー、4番松井が組む、若く夢溢れる〝IMコンビ〟結成は間違いないところだ。

もちろん監督は「いわゆるひとつの国民的行事ですねぇ」と当時61歳で元気ハツラツ長嶋茂雄が日本代表を指揮。それを「なんでワシやないんや」なんて神宮からボヤくヤクルト野村克也監督。もうこのメンツだけでテレビ視聴率50％突破は固い。

野手陣スタメンで1番を打つのは、50盗塁でタイトルに輝いた赤ヘルの核弾頭・緒方孝市。パ・リーグで58盗塁の村松有人（ダイエー）も捨てがたいが、村松が本塁打0に対して緒方は23発と今で言う秋山翔吾のような走攻守バランスの取れた外野手だった。

2番ショートは当時売り出し中で50盗塁を記録した若武者・松井稼頭央（西武）。90年代最多の1527安打を放った野村謙二郎（広島）と迷ったが、ここは前年秋の日米野球でメジャーリーガー達相手に臆することなく打率・556、5盗塁と大活躍したリトルマツイの若さと勢いに懸けよう。1番緒方との計100盗塁コンビは〝ニンジャ・タートルズ〟と他国の脅威となりそうだ。

3番イチロー、4番ゴジラ松井のスーパースターコンビは不動。ちなみに96年の巨人では、大ベテラン落合博満が打率・301、21本と43歳シーズンで驚異的な成績を残していたが、8月末に左手首への死球で骨折。そして、落合と並んで「天才バッター」と評された前田智徳（広島）も95年に右アキレス腱断裂の大怪我を負っていたため、大事を取って97年春のＷＢＣも不参加が濃厚である。

となると5番には日本シリーズやオールスターの大舞台で無類の強さを誇っていた、96年オフに西武から巨人へＦＡ移籍したばかりの清原和博。6番には39本塁打で松井を抑え、初タイトルを獲得した山﨑武司（中日）。7番は90年代計２４８本塁打を放ったスラッガー江藤智（広島）と超重量級打線が完成。

捕手は城島こそまだ2軍生活が続くダイエーのイチ若手だったが、34歳伊東勤（西武）、31歳古田敦也（ヤクルト）、29歳中村武志（中日）、27歳吉永幸一郎（ダイエー）、26歳谷繁元信（横浜）と充実。その強者揃いの中でも正捕手はやはり古田だろう。

二塁手も激戦区だ。96年の立浪和義（中日）は１６５安打、打率・３２３を記録。プロ3年目の小久保裕紀（ダイエー）は24本、82打点と当時の球界ではレアな「一発の打てるセカンド」として君臨。だが、すでに右の大砲タイプは充実しているため、守備面も加味し立浪を選出した。控え野手では34歳の秋山幸二（ダイエー）にチームをまとめる現代の内川聖一的な役割を託したい。

一方の投手陣だが、野茂英雄（ドジャース）は2年前のメジャー挑戦時の喧噪を考えると、まだNPBとの関係は険悪で自ら代表辞退を申し出るのではないか。となると、日本のエースは2年連続の沢村賞、最多勝獲得と絶頂期にあった斎藤雅樹（巨人）になるはずだ。他には16勝を挙げた24歳の西口文也（西武）、206三振で最多奪三振のタイトルを獲得した先発時代の斎藤隆（横浜）、左腕では14勝の今中慎二（中日）、13勝の星野伸之（オリックス）らの名前が挙がる。95、96年と最優秀防御率獲得の伊良部秀輝（ロッテ）も招集したいところだが、直前の96年オフからメジャー移籍を巡り球団と激しく衝突。とてもじゃないがWBCに、参加できるような状況ではなかった。

もちろんクローザーは、29SPで最優秀救援投手を獲得した大魔神・佐々木主浩（横浜）で決まり。ブルペンは23セーブ、防御率1・70と抜群の安定感を誇っていた佐々岡真司（広島）、30SPでパ・リーグのタイトルを分け合った赤堀元之（近鉄）と成本年秀（ロッテ）、国際大会で重宝する変則サイド枠で21セーブの高津臣吾（ヤクルト）や潮崎哲也（西武）と錚々たる陣容。もう一人、98年日米野球で9回一死まで無失点投球を披露した〝ジャイロボーラー〟川尻哲郎（阪神）の起用法も重要になってくるだろう。

左のワンポイント要員には96年から制定された「最優秀中継ぎ賞」の初代受賞者、河野博文（巨人）。球界屈指のタフさを誇る下柳剛（日本ハム）。そして一時期、何かと世間を騒がせた野村貴仁（オリックス）らが候補に挙がる。未来から使者を送り、ベンチで清原の隣に座らないよう首脳陣に目を光らせてもらおう。

こうして「1997年版侍ジャパン」を選出してみると、まだ海外移籍もほとんどなく、国内のビッグネームが順調に顔を揃えることが分かる。ちなみに96年のオールスターではあの有名な投手イチロー登板、打者松井秀喜に代打・高津が送られる事件で世の中は盛り上がった。

今思えば、平和な嵐の前の静けさ。数年後、彼らは皆、海の向こうのメジャーリーグを目指すことになる。

【1997年版侍ジャパン】

監督　長嶋茂雄（巨人／61歳）

1番　緒方孝市（中堅／広島／28歳）　打率・279　23本　71点
2番　松井稼頭央（遊撃／西武／21歳）　打率・283　1本　29点
3番　イチロー（右翼／オリックス／23歳）　打率・356　16本　84点
4番　松井秀喜（左翼／巨人／22歳）　打率・314　38本　99点
5番　清原和博（一塁／巨人／29歳）　打率・257　31本　84点

6番　山﨑武司（DH／中日／28歳）　打率・322　39本　107点
7番　江藤智　（三塁／広島／26歳）　打率・314　32本　79点
8番　古田敦也（捕手／ヤクルト／31歳）　打率・256　11本　72点
9番　立浪和義（二塁／中日／27歳）　打率・323　10本　62点
P　斎藤雅樹（投手／巨人／32歳）　16勝4敗　防御率2・36
佐々木主浩（投手／横浜／29歳）　4勝3敗25S　防御率2・90

5回

平成助っ人遊戯

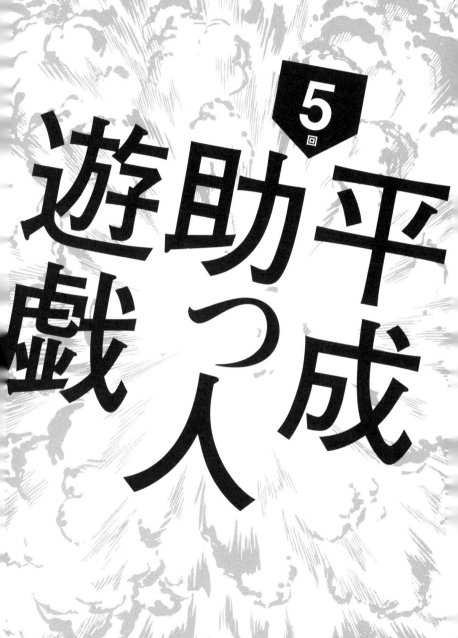

マイク・ディアズ
「川崎劇場の筋肉スター
〝ロッテのランボー〟」

子どもの頃、シュワちゃんとスタローン、どっち派だった？

30代から40代同士で一杯飲んで話題が尽きかけた深夜にたまにそんな話になる。平成初期、地上波テレビではゴールデンタイムの巨人戦ナイター中継が終わったあと、『日曜洋画劇場』や『ゴールデン洋画劇場』といった映画番組がよく放送されていた。

ＷＯＷＯＷが開局したのは１９９０年（平成2年）11月30日、まだＢＳやＣＳ放送は一般家庭にそれほど普及しておらず、もちろん動画配信サービスもない。けどレンタルビデオ屋は小遣いの少ない小中学生にはハードルが高い。だから、手軽にテレビでやってくれる『ターミネーター』や『ランボー』は貴重だった。ちなみに放送は日本語吹き替え版が当たり前だったため、大人になってから初めてシュワルツェネッガーやスタローンが喋る英語を聞いた……というのも90年代あるあるのひとつだ。

あのころのプロ野球界も登録名「ランボー」が実現しかけた外国人選手がいたのを覚えているだろうか？　アクション映画の金字塔『ダイ・ハード』が日本公開された89年春のニッポンに降り立った28歳の筋肉マン。その年にロッテ・オリオンズへ入団したマイク・ディアズである。

俳優のシルベスター・スタローンに顔も体型も似ていることから、愛称のランボーで登録が検討されるも、映画会社との交渉が不調に終わり幻に。これだけでもダメ助っ人感は強いのに、肩書きはプロ野球選手部門の〝全米腕相撲チャンピオン〟だ。すごい、もはやそれ野球と全然関係ないんじゃ……なんて突っ込みは野暮だろう。

だが、ディアズは開幕当初こそ日本のストライクゾーンに苦しむも徐々に実力で話題になり、6月には月間MVPを獲得。当時低迷期のロッテで落合博満以来の頼れる右のスラッガーとして大活躍を見せる。『斎藤雅樹（巨人）前人未到の11試合連続完投勝利！』の見出しが表紙を飾る89年7月31日号の週刊ベースボールでは、名物インタビューコーナー〝大田卓司のこの男を斬る！〟にディアズが登場。

「日本で10年はプレーしたい。だからガンガンホームランを打つよ」という言葉どおりに

7月14日現在、24本塁打はブライアント（近鉄）と並びパ・リーグのホームランダービートップ。60打点はブーマー（オリックス）に次いで2位と伝説の助っ人スラッガーたちと肩を並べる爆発力で一躍人気者に。その絶好調ぶりをディアズ本人は饒舌に語る。

「（パイレーツで2年連続2ケタ本塁打を記録した）メジャー・リーグでも12打席に1本の割合でホームランを打ってきたから、このくらいのペースで行くと思ってたよ。愛甲、水上、高沢……ほかにもいるけど、みんないろいろなことを教えてくれるんだ。あのピッチャーはこういうタイプだぞ、とかね」

オールスターにも出場した1年目は130試合フル出場、打率・301、39本塁打、105打点、OPS・967の素晴らしい成績を残した背番号4のランボーは同僚の大エース・村田兆治を尊敬し、ロッカールームに村田が200勝を達成したときの新聞を貼る意外な一面も。ついでに遠征先では片言の日本語とボディランゲージだけでオネエちゃんたちに果敢にアタック。

毎日朝起きた直後と試合後に腹筋と腕立てを200回ずつこなすマッスルスラッガーは、2年目の90年シーズンも4月月間MVPと好調な滑り出しを見せるが、夏場にはなんと〝キャッチャー転向〟が話題となる。アメリカ3A時代、捕手でオールスターに4度選出された実績もあった男だが、ゴールデンルーキー野茂英雄が表紙を飾る『週刊ベースボール』

90年8月6日号では「ブロック無用⁉ キャッチャー転向はホント？ ディアズはすっかりその気分」という記事が掲載されている。

審判に暴行して30日間の謹慎中（という無茶苦茶さに時代を感じる）の金田正一監督も「あのキャッチングは他の者がマネできんほどにうまい。一度やらせてみるかな」なんてノリ気の発言。そして、カネヤンの復帰戦となった7月28日ダイエー戦（平和台野球場）の6回途中に一塁を守っていたディアズは、福澤洋一捕手と代わり初マスクをかぶる。

結局、ディアズは無難に来日初捕手をこなし、チームは1点差ゲームで逃げ切り、この試合で帰化前の荘勝雄とのNPB28年ぶりの助っ人バッテリーも実現した。マトが大きくて投げやすいと言われた巨体に、座ったまま一塁へ牽制球を投げる意外な強肩。打撃成績も前年に引き続き、打率・311、33本塁打、101打点、OPS1・019と平成最初の打てる捕手誕生……と思いきや翌91年6月12日の捕手起用でスローイングの際に右ヒジを骨折。それが打撃にも影響を及ぼし、92年限りの解雇につながる悲運のキャッチャー挑戦である。

なお〝ランボー〟のあだ名どおりに暴れん坊ぶりでも球場を沸かせ、判定が不満でバットをグラウンドに叩き付けたらそれが審判に飛んでしまい退場。西武の若き四番バッター・清原和博が平沼定晴に当てられた死球に激怒してジャンピングニーを食らわした西武球場の乱闘騒動では、規格外の突進力と怪力で清原をグラウンドに引きずり倒している。
監督カネヤン、主演ディアズ。アクションスターばりの強烈なキャラクターと客席ガラガラのテレビじゃ見れない川崎劇場は、フジテレビの『プロ野球珍プレー好プレー大賞』の常連だった。

映画監督・北野武のデビュー作『その男、凶暴につき』が世に出た平成元年、ハリウッド製のド派手なアクション映画は根強い人気を誇っており、89年から90年にかけて『デッドフォール』『トータル・リコール』『ダイ・ハード2』といった作品が日本でも公開。
さらにテレビでは80年代の豪快な日本語吹き替え版アクション映画も頻繁に放送され、子どもたちにとってランボーやターミネーターはテレビアニメの孫悟空やケンシロウと同じく身近なヒーローだった。だから、ロッテの背番号4も会いに行ける筋肉スターとして少年たちに追いかけられたのである。ディアズは大田卓司のインタビューで、当時のすさまじいちびっ子人気をこんな風に語っている。

「電車に乗ると、日本の子どもが〝ランボー、ランボー〟って言って寄ってきて、オレの髪の毛を引っ張るんだ。これは勘弁してほしいな」

ラルフ・ブライアント
「4打数連発弾で悲願のV‼ 1989年の近鉄バファローズ」

オリックス球団・ダイエー球団が始動、羽生善治が将棋界初の10代でタイトル獲得、中畑清引退、「オバタリアン」が話題に……。

BBMベースボールカード『タイムトラベル1989』シリーズを本屋で見つけて大人買いした。1989年（平成元年）の球界、世相、直筆サインカードまで入ってる（かもしれない）夢の1BOXが8640円。さっそく箱を開けてカードを眺めていると、89年シーズンは巨人の斎藤雅樹が21完投7完封、近鉄の阿波野秀幸が21完投5完封というむちゃくちゃな投げっぷりに驚く。平成元年と言っても球界はまだ昭和の大エース感が色濃く残っていたのである。

当時、自分は小学生だったが、すでに軽くハゲかけた同級生が言うように「人生でこの頃が一番気楽」だった。まだ未来にリアリティがなく、先輩や上司みたいな面倒くさい人付き合いもない。あらゆる関係性がフラットで、誰かのウチでファミコン大会に燃えたり、クラスの男女で水風船を投げ合ったり、河原に落ちてるエロ本を拾うために探険したりしていた。そのスーパーフラットな世界は中学進学すると終わってしまうわけだが、『タイムトラベル１９８９』カードの封を開けているとあの能天気な空気を思い出す。

「よっしゃああ巨人勝ったぞぉぉ！」

89年10月25日午後、プロ野球がほとんど人生のすべてだった10歳の俺は後楽園ゆうえんちにいた。小学校の遠足である。埼玉のド田舎からバスに揺られて読売新聞社や後楽園ゆうえんちを巡る89年東京の旅。その帰りの車中でデーゲームの結果をラジオで聴いたクラスメートの誰かが叫んだ。お弁当のプチダノンっておやつ代３００円にカウントされないんですかぁー……じゃなくて、香田勲男の完封で崖っぷちの巨人が勝ったと。

そう、自分たちがジェットコースターに乗っていた頃、その隣のまだ屋根も白くピカピカだった東京ドームでは、巨人vs近鉄の89年日本シリーズ第４戦が行われていたのである。この後、藤田巨人は原辰徳の劇的な満塁弾やＭＶＰ駒田徳広の活躍で3連敗からの怒濤の4連勝で8年ぶりの日本一に輝くことになるが、すべてはあの日の完封勝利から始まったのだ。だから、30年近く経過した今でも遠足の日付までハッキリと思い出すことができる。

とは言っても、過去とは美化された嘘である。こっぴどくフラれたおネエちゃんも、いつの間にか自らフッた武勇伝になってるあの感じ。甘い記憶はいつだって時間の経過とともに自分の都合のいい事実に変えられてしまう。

『Ｎｕｍｂｅｒ　ＶＩＤＥＯ　熱闘！日本シリーズ１９８９巨人―近鉄』を見返したら、意外なほど忘れていた事実の数々に気付くことができた。このシリーズと言ったら、やはり第３戦で好投した近鉄先発・加藤哲郎の「巨人はロッテより弱い」発言を思い出すファンは多いと思う。と言っても、実際の映像を見るとお立ち台での正確な発言はこうだ。

「まぁ打たれそうな気しなかったんで。まぁたいしたことがなかったですね。もちろんシーズンの方がよっぽとしんどかったですからね。相手も強いし」

さらにベンチ裏でのコメントも「日本シリーズ、日本シリーズって言われますけど、あんまり特別かしこまった雰囲気っていうのはチーム全体にもないですし、自分でも言うたらオープン戦の延長みたいなね。そんなたいしたもんかなぁみたいな」とこの年の10月から始まった『ダウンタウンのガキの使いやあらへんで！』の浜ちゃんばりに生意気なのは確かだが、「ロッテより弱い発言」は確認できない。今のようにSNSがあれば選手自ら否定もできるが、当時は記者から例えば「ロッテより弱い？」と誘導尋問されて一度記事にされたら否定する場所すらなかった。

全7試合を通して観ると恐らく加藤だけではなく、バファローズ全体に「ジャイアンツがナンボのもんじゃい」的な空気があったのではないだろうか。第1戦のヒーローインタビューでも、近鉄の故・鈴木貴久は「(相手先発の斎藤雅樹は)今日はそんなにボールのキレがなかったと思いますね。もう打った瞬間入ると思いました」とドヤ顔でガチすぎるコメント。当時のマスコミは巨人のことばかり騒いでいる。テレビ中継も巨人戦だけ。パ・リーグを舐めんなよ。俺が近鉄の選手ならそう思うだろう。

そして、映像を確認すると驚くべきことにあの第3戦で先発した加藤哲郎は、なんと藤井寺球場での第2戦の6回表にも2番手のワンポイントとしてマウンドに上がっていた。ピンチで中尾孝義をあっさり3球で遊ゴロに打ち取り、舞台を東京ドームに移した第3戦では6回1／3を3安打無失点の好投だ。

25歳の若者が「まぁたいしたことがなかったですね」なんてイキってしまうのも無理はない。当時のチームメイト阿波野秀幸は2019年正月に放送されたBSフジの特番で「加藤のいつもの話し方が出てしまった。我々としては日常なんですけど、あの大観衆の前で言ってしまって……。近鉄側でも『もうやめとけ!』って感じはありましたよ(笑)」と30年前を振り返った。

話を10月25日の第4戦に戻そう。崖っぷちの巨人を救う3安打完封勝利、たった1日で人生を変えてみせた24歳の香田勲男だが、試合後のお立ち台で実はこんな発言をしている。

「かなりね、近鉄の選手がねぇ、ジャイアンツがちょっと弱すぎると。そういうコメントが多かったもんですからね。このままじゃジャイアンツの名がすたると思って踏ん張ってみました」

前日の加藤発言に対する巨人を舐めるなよ的なアンサーインタビュー。後年、香田は「日本シリーズで完封。おまけに次の年に二桁勝ったりしちゃった。勘違いしちゃったんです。柱の人たちと並んだつもりになっていた」と現役時代のターニングポイントとして第4戦の自身の快投を挙げた。その後、低迷した香田は95年オフに因縁の近鉄へ移籍して、2年後には初のオールスター出場まで果たすことになるのだから人生は分からない。

思えばこの89年日本シリーズ、近鉄の最注目選手はシーズン49本塁打を放ったラルフ・ブライアントだった。10月12日、リーグ4連覇中の西武ライオンズとのダブルヘッダーで4打数連続ホームランを放ち絶対王者を粉砕。当時、ビックリマンシール禁止令が出ていた小学校の教室では、渾身の直球を弾き返され呆然とマウンドに膝をつく渡辺久信のモノマネ合戦が流行ったほどだ。

ブライアント本人も「一生忘れられないゲームだよ。ワタナベから放った初めてのホームランだったから、ものすごく印象に残っている。彼だけはどうしても苦手で打てなかったんだ」と興奮気味に語る伝説の4連発。

前年の88年6月末、外国人枠の関係で中日2軍暮らしが続いていたところを、大麻所持で逮捕されたリチャード・デービスの代役を探す近鉄が金銭トレードを申し込み獲得したB砲は、74試合で34本塁打と驚異的なペースで本塁打を量産。あの10・19の悲劇で惜しくも優勝は逃したものの、規格外のパワーで翌89年の近鉄躍進の立役者に。本塁打王とMVPに輝き、ついでに最多三振記録を更新する187三振（93年には年間204三振という前人未到の大台に到達）の豪快さでファンを沸かせた。

だが、日本シリーズでは第2戦で2敬遠1死球と徹底的にマークされ、第5戦で20勝投手斎藤から1号アーチを放ったものの、6戦以降は計8打数無安打と巨人投手陣に完全に抑え込まれる。結果的に、巨人3連敗4連勝の最大の要因は「ブライアントを爆発させなかったこと」と言われるほどにシリーズの鍵を握っていたわけだ。

そのエディ・マーフィ似の明るいキャラクターは誰からも愛され、中畑清や宇野勝らとともにサッポロビールのCMにも出演。トレンディエース阿波野も思い出の助っ人選手としてブライアントの名前を挙げ、「いいヤツで面白かった。今の野球界じゃあり得ないかもしれないけど、昔はブライアントも球団の納会とかに出ていたもんね。アイツも一緒になって、寒い中でゴルフしてた」と回想。05年には恩師の故・仰木監督に誘われ、オリックスバファローズの打撃コーチに。

あの頃、プロ野球に熱狂した少年たちにとっては両腕を天空に突き上げるポーズと言えば、いまだにバリー・ボンズよりもラルフ・ブライアントだ。

なおB砲は90年6月6日に東京ドーム天井スピーカーを直撃する史上初の認定ホームランを放ったが、そのスピーカーは2016年（平成28年）の改装工事の際に撤去され、今はもうない。

ケビン・ミッチェル「史上最大のお騒がせ助っ人」

90年代中盤、雑誌が飛ぶように売れていた。

『週刊少年ジャンプ』は『ＤＲＡＧＯＮ　ＢＡＬＬ』や『ＳＬＡＭ　ＤＵＮＫ』といった看板漫画の怒濤の展開に引っ張られるように、１９９５年（平成7年）の新年３・４合併号で６５３万部発行といういまだに破られることのない大記録を打ち立てている。当時、発売日の月曜早朝には朝一番で読んで「クリリンはいいヤツだった〜！」なんつって無意味に絶叫しながら教室に駆け込んでくる男子多数。まさに雑誌黄金期で、バブル崩壊は90年代初頭でも、世の中に不景気が実感されるのはタイムラグがあり90年代後半に差し掛かったあたり。ちなみに北海道拓殖銀行の経営破綻と山一証券の自主廃業は、ともに97年11月の出来事である。

そう言えば、少年ジャンプと同じく90年代中盤のプロ野球もサッカー人気や大相撲の脅威にさらされながらも、まだ好景気の黄金時代が続いていた。94年は巨人と中日の〝10・8決戦〟がテレビ視聴率48・8％、30年ぶりのナイター開催となった巨人vs西武の日本シリーズは第3戦から3日連続の視聴率40％超えと野球人気の健在ぶりを証明。オフには94年8月12日から95年4月2日までの232日間に渡るMLB史上最長のストライキの余波で、ジャパンベースボールマネーと働き場所を求めた大物メジャーリーガーたちが続々と来日することになる。

当時のメジャー平均年俸は約1億3800万円、現在の約4億5000万円と比較するとそこまで日米格差もなかった最後の時代だ。ボビー・バレンタイン新監督が就任したロッテにはフリオ・フランコ（ホワイトソックス）やピート・インカビリア（フィリーズ）、連覇を目指す長嶋巨人には91年世界一に輝いたシェーン・マック（ツインズ）が加入。そして、ついに悲願の王貞治監督招聘を実現させたダイエーには89年ナ・リーグMVPのケビン・ミッチェル（レッズ）がやってくる。

時は95年春、小室哲哉とダウンタウン浜ちゃんがタッグを組むH Jungle with tの『WOW WAR TONIGHT〜時には起こせよムーヴメント』が大ヒットを飛ばす中、NPB史上最高の現役バリバリメジャーリーガーが福岡へ。

なにせ、33歳のミッチェルは89年に47本塁打、125打点でナ・リーグMVPに輝いている超大物。来日前年もシンシナティ・レッズに所属し、ストライキでシーズン中断するまでの成績は95試合で「打率・326　30本塁打　77打点　OPS1・110」という凄まじいものだった。

当時のダイエーは世界の王を新監督に迎え、豪州ゴールドコーストで春季キャンプを行い、西武から工藤公康や石毛宏典をFA獲得と30億円補強を敢行。なおミッチェルに付いた値段は日本人選手最高額・オレ流落合博満の3億8000万円を上回る破格の年俸4億円である。

当時の野球雑誌を見ると、ヴィトンのアタッシュケースを左手に、右肩にはボストンバッグを下げ丸々太った怪しすぎるミッチェルの来日写真が掲載されている。身長180㎝で体重100kg以上のあんこ型スラッガーはキャンプに3週間遅れで合流。メジャー通算220発の実績に加え、素行不良のトラブルメーカーとして知られる荒くれ者。

「こいつ大丈夫かよ?」と誰もが疑いの目を向ける中、開幕の西武戦でいきなり初打席満塁弾というド派手なデビューを飾り、三塁コーチャーズボックスに立っていた王新監督とハイタッチ。前途洋々のスタートと思いきや、開幕11試合目の4月14日近鉄戦で微熱を訴え欠場する。

これが終わりの見えないミッチェル騒動の始まりだった。さらに4月16日にも守備練習中に右ヒザをひねったことを理由に欠場。5月3日には幼児のようなデリケートさを発揮して、再び微熱で球場入りせず宿舎で静養。GW明けの7日には打撃練習中に右膝を痛めまたも欠場。12日からの対日本ハム遠征も膝を理由にキャンセル。しかし福岡大学の外科医がMRIをとってみても異状は見つからず、困惑する球団サイド。

「マジ、痛いんだよ」と納得のいかないミッチェルは、「セカンド・オピニオンのためにアメリカに帰りたい」なんて駄々をこねる始末。当然のことながら瀬戸山球団代表とぶつかり、怒り狂った史上最強助っ人は5月26日に膝の治療を理由に無断帰国してしまう。

この時点でわずか28試合の出場。その後、再来日して復帰第1戦の7月29日西武戦では5打数4安打の活躍。さすがメジャーリーガー……と思いきや、今度は9試合プレーしただけで、8月11日にまたもや帰国。ついでに西武戦の所沢遠征時には、試合前夜に横田米軍基地のクラブで飲みふけっている姿が写真週刊誌に登場。もはや「右ヒザを治して、すぐ帰ってくる」というミッチェルの与太話を信じる者は誰もいなかった。

結局、37試合で39安打、打率・300、8本塁打、28打点、OPS・920という中途半端な成績を残し、〝世界の王〟を欺き続けてマスコミから叩かれまくり、給料支払いを巡りダイエー球団と裁判沙汰になるオチまでつけて、ミッチェルは金と共に去る。

なお20数年前、653万部を記録した少年ジャンプはいまや200万部割れがニュースとなり、プロ野球も年俸面でMLB球団相手にマネーゲームに持ち込むのは難しくなった。恐らく、MLBで優に30発を打てる33歳のメジャーリーガーがNPBでプレーするようなケースは今後しばらくないだろう。

ストの影響で多くの一流選手が来日した95年シーズン、対照的に日本から渡米し、孤独な戦いに挑んだのが革命戦士・野茂英雄だった。アメリカのトルネード旋風とニッポンのミッチェル騒動。今思えば、日米球界ともに大きな時代の変わり目を迎えていたのである。

ホージーとマルちゃん「ダメ助っ人からVの使者へ」

プロ野球界のプリクラ王。

古本屋で雑誌『小学五年生』97年11月号を見ていたら、そんなページがあった。22年前の1997年（平成9年）秋、表紙を飾るのはジャニーズJr.の滝沢秀明と小原裕貴、中の記事には広末涼子、ともさかりえ、篠原ともえ、MAX、河相我聞、フランスW杯最終予選を戦うサッカー日本代表から岡野雅行が登場。「ポケモン超5大企画」でミュウの限定テレホンカードプレゼントもある。思えば遠くへ来たもんだ。当時、この雑誌を読んでいた小学5年生の多くがすでに子を持つ母親だったり、今はアラサーサラリーマンだろう。

そして、プロ野球選手として唯一ここに登場するのがヤクルトスワローズのドゥエイン・ホージーである。読者の小5情報部員の少年が、自身のプリクラをホージーのヘルメットに貼ってもらおうと神宮球場を訪ねるほのぼの企画。そう、この男のトレードマークと言えば、ファンからもらったプリクラをびっしりと貼ったド派手な練習用ヘルメットだった。安室奈美恵の『CAN YOU CELEBRATE?』がカラオケで歌われまくり、ルーズソックス、ポケベル、プリクラが女子高生三種の神器と呼ばれた時代。最初は「そんなもの貼るな」と怒る野村克也監督だったが、ファンからの贈り物を大切にしたい気持ちを伝えると、やがて何も言わなくなったという。

その〝野村再生工場〟と称されたノムさんでさえ、ホージーの才能は見抜けなかった。178cm、80kgの筋肉質の30歳はいかにもアスリートと思いきや、来日初年度の97年春のユマキャンプでは、あまりの弱肩ぶりに加え、打撃練習において極端なアッパースイングでポップフライを連発。なのに背番号10は悪びれることなく、流れてくる音楽に乗って腰をフリフリしながら練習を続ける。

「なんやアイツは、真面目に野球をやってるんかい?」「誰や、こんな使いものにならん選手を獲ってきたんは。わしは4番が欲しかったんや」なんてボヤく名将の姿。

ダメ外国人、史上最低の助っ人……いきなり内外で酷評の嵐。同じ頃、パ・リーグの西武ライオンズでも開幕前に真剣に解雇が検討された新外国人選手がいた。FAで巨人へ移籍した清原和博の後釜を期待されるも、キャンプ合流数日後に普通に歩いただけでアキレス腱を痛め、腹筋すらまともにできない太鼓腹に東尾修監督もあきれ顔。そのクビ寸前の男は、〝マルちゃん〟ことドミンゴ・マルティネスである。

ホージーとマルちゃんにはいくつかの共通点がある。ともにメジャー実績はほとんどなく97年に来日、キャンプからオープン戦にかけてボロクソにディスられ、自軍のボスからもサジを投げられる。だが、彼らは前向きで、なにより野球に対して真面目だった。

背番号10のユニフォームのポケットには、表紙にカタカナで『デュウェイン・ホージー』と書かれたメモ帳をいつも忍ばせ、打席が終わると配球を熱心にメモ。神宮球場で試合がある日は、主力選手の中では一番早く球場に現れ、入念に打ち込み。若松勉打撃コーチや金森栄治打撃コーチ補佐の助言にも素直に耳を傾ける。5月末からは3番に定着。6月には月間MVP受賞。これには野村監督も「研究熱心さは買えるな。2度続けて空振りしても、3度目は当てよる」と徐々に評価を上げていく。

同じくマルちゃんも試合前ミーティングではナインより20分前に現れ、担当スコアラーから相手投手のクセや特徴を細かく聞き出し入念な準備。土井正博打撃コーチが「あんなに研究熱心な助っ人は見たことがない」と絶賛するドミニカンは、スペイン語以外は日本語はまったくできず、英語も片言。西武球場への行き帰りの電車の乗り換えにも四苦八苦していたが、DH起用で守備の負担から解放され、4月初旬に奥さんと長男が来日すると、その打棒がついに爆発する。5月5日のロッテ戦で来日初の1試合2発をマーク、5月月間MVPに選出され、新4番バッターとして本塁打と打点のタイトル争いにも顔を出す。

彼らは野球の成績だけでなく、とにかくキャラが立った。チーム内の呼び名はホージーが大ファンの横綱・曙太郎からとって〝タロー〟。練習中には「タケヤー、サオダケー」の掛け声で盛り上げるムードメーカーは、夏のオールスターにも初選出され、第2戦では2安打に2盗塁も決め優秀選手賞を獲得。なんと最終的にゴジラ松井とのデッドヒートを制しホームラン王に輝くビッグサプライズ。なお私生活は真面目で、酒・タバコは一切やらず、ヌードが出ている雑誌のインタビューは受けない意外な一面も持つ、愛すべきプリクラキングだった。

かたや所沢の救世主となった背番号60は、打ったらチームも負けない神話が誕生し、それに目をつけた大手食品メーカーが「マルちゃん賞」を新設。本塁打を一本打つ度に主力商品10ケース（240個）が本人に贈られる大盤振る舞い。いや、それまた太るんじゃ……なんて心配もどこ吹く風。さらにタイトル獲得なら100万円、三冠王なら500万円のボーナスまで付くマルちゃんバブルの到来だ。営業面でもマルティネスはスター選手の清原が抜けた穴を見事に埋めてみせたのである。

さて、それぞれチームの主軸として優勝の原動力となり、日本シリーズでも対戦した両雄だが、もうひとつの共通点は憎めない「ツメの甘さ」だった。

日本シリーズで止めたバットのグリップエンドにボールが当たる超ラッキータイムリー(記録は捕手の野選)を放ち、ヤクルト日本一に貢献した男は、翌98年は左肩亜脱きゅうや両膝痛に悩まされ満足にプレーできず、オフに早くも解雇。

マルティネスも遠征先で〝ナニワの豊満美女にホームラン!〟が撮られちゃって……じゃなくて、守備と脚力の不安から、勝負所の日本シリーズでDH制度がないセ・リーグ本拠地では出場できないマイナス面もクローズアップされ、わずか2年で西武を追われてしまう(99年途中に巨人へ入団)。

それでも、野球ファンはアラサーの崖っぷち助っ人たちが、両リーグでVの使者となった97年の奇跡を忘れることはないだろう。本格的に野球を始めたのは19歳と遅く、メジャーではたったの通算52試合の出場に終わったホージー。MLB通算はわずか2本塁打のみで、出口の見えないマイナー生活とメキシカン・リーグでのプレーに行き詰まりを感じ、来日を決意したマルちゃん。

オレはこのままじゃ終われない。彼らは野球人生最後のチャンスに懸けて、異国の地で戦い、強烈な光を放ってみせた。世紀末が近付き混沌とする平成9年のニッポンで展開された、時代遅れのハングリーでクレイジーな成り上がりストーリー。それは、まだ何者でもなかった彼らが、何者かになろうと日々を生きた物語である。

【1997年打撃成績】

ホージー(ヤクルト) 137試合 打率・289 38本(本塁打王) 100打点 20盗 OPS・965
ベストナイン

マルティネス(西武) 130試合 打率・305 31本 108打点 3盗 OPS・933
ベストナイン

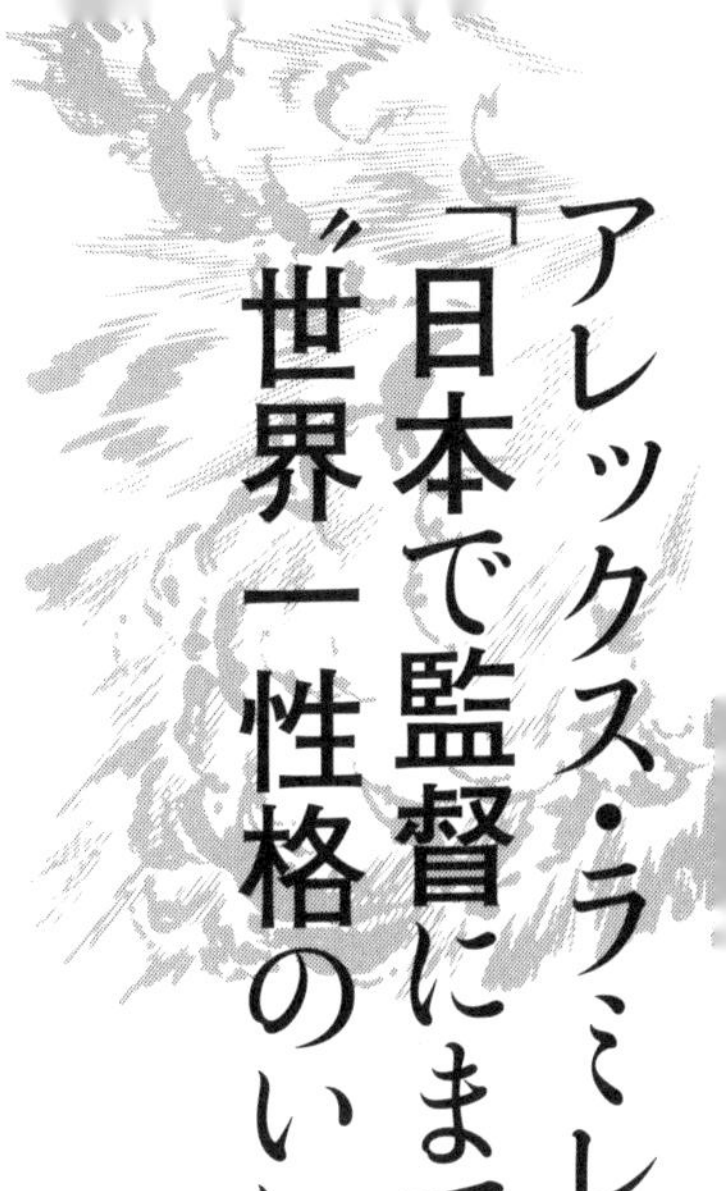

アレックス・ラミレス「日本で監督にまで登り詰めた〝世界一性格のいい男〟」

90年代は昭和にケリをつける、昭和を終わらせるための時間でもあったように思う。

プロ野球、映画、音楽、ゲーム、あらゆるジャンルがそうだ。前時代的な方法論や価値観との別れ。ある意味、21世紀に入り、リアルな平成という時代が始まったのかもしれない。

プロ野球も〝20世紀最後の祭り〟２０００年ON日本シリーズを終え、新章へと突入した。２００１年（平成13年）1月にジョージ・ブッシュが米大統領に就任、4月には第一次小泉内閣が発足、当時のグラビア雑誌『ｓａｂｒａ』の表紙を飾っていたのは井川遥や佐藤江梨子、さらには仲根かすみ（現ソフトバンク和田毅夫人）で、あの小向美奈子もまだバリバリの清純派グラビアアイドルだった。

現在、誰もが当たり前のように使用しているＳｕｉｃａがＪＲ東日本で導入されたのも、ネット百科事典『ウィキペディア日本語版』の開始も、デジタルオーディオプレーヤーｉＰｏｄの発売も01年の出来事である。もはや電車に乗る度に切符を買うなんて不便すぎるし、分厚い事典やＭＤウォークマンを使いこなす時間も場所もない。

最近、たまに街でガラケー使ってるオジサンを見ると懐かしく思うけど、俺らもついこの間までは嬉しそうにａｕのＩＮＦＯＢＡＲとか使ってたからね。信じられないことにまだ携帯電話にカメラが付く前は、合コンに80万画素のデジカメ持ってくと「えー凄いデジカメ～」って浜崎あゆみみたいなメイクしたおネエちゃんたちは盛り上がる20世紀ノスタルジア。今、相席居酒屋で「これスマホの最新機種！　カメラはＦ値２・２の４０００万画素」なんて登場しても誰からも相手にされないだろう。

そんな時代の変わり目の01年。ベネズエラ出身のひとりの助っ人選手がひっそりと来日する。〝ラミちゃん〟ことアレックス・ラミレスである。90年代後半、若かりし頃のラミレスはメジャーでも将来を嘱望された選手だった。元ヤクルト国際スカウト中島国章氏は自著『プロ野球　最強の助っ人論』の中で、その獲得の経緯を明かしているが、最初は所属球団のインディアンス関係者から「この選手は出さない」と断言されたという。

そんなある日、他の選手のスカウティング目的でキャンプ視察に通う中島氏に対して、ラミレスの方から笑顔で声をかけてきた。見ず知らずの東洋人に対して異様にフレンドリーなその性格。これが例えばチャンスに恵まれず日本行きを希望する中堅マイナーリーガーなら、自分を売り込む目的も兼ねて挨拶して来るのも分かる。だが、当時のラミレスは98年にインディアンス傘下の3Aバッファロー・バイソンズで打率・299、34本、103打点の成績を残し、9月にはメジャー昇格した23歳の有望若手選手だ。いったいなぜそんなプロスペクトが自分に興味を持つのか？　日本が好きなのか？　それともオレに気が……ってなんでやねん。なんかこいつとは気が合うな。その記憶が数年後のラミレス獲得に繋がっていくことになる。

00年シーズン途中、ラミレスがパイレーツへトレードされ、ペナント終盤の重要な試合で落球してから首脳陣の信頼を失い干されていると情報を得た中島氏は、ここぞとばかりにラミレス獲りへ動く。だが、同時期にもう一人。独自のルートからダイヤモンドバックスのマイナーに規格外のパワーヒッターがいることを知り悩む。正直、ふたりとも欲しい。けど、当時のヤクルト助っ人には〝松井秀喜のライバル〟と呼ばれたロベルト・ペタジーニがいた。

日本に連れて行くのはどちらかひとり、そして中島はそのパワーヒッターが「ちょっとわがままでキレやすい」と聞いて、だったら自分にいつも笑顔で挨拶してくれた性格的にもナイスガイのラミレスにしようと決断するわけだ。ちなみにそのもう1人の逸材というのは、直後に西武入りして年間55本塁打を放ったアレックス・カブレラである。

ＮＰＢの外国人枠が現行の〝野手3名、投手1名〟も可能になったのはこの1年後の2002年のことだった。もしも、制度が1年早く変わっていたら、神宮球場で「3番左翼ペタジーニ、4番一塁カブレラ、5番右翼ラミレス」というＮＰＢ史上最強の助っ人クリーンナップが実現していたかもしれない。

とは言っても、ラミレスも最初は日本では1年プレーしてアメリカへ戻る気だった。自著『ラミ流』の中で、前の年にフロリダに家を買ったばかりで月々のローン（ついでに2台の車のローンも含む）が残っていて、当時の年俸では払いきれなかったとリアルなカミングアウト。「だから、日本でプレーしたら、この家のローンも車の残金も払えるよ」と奥さんを説得する。

その後、「アイーン」や「ラミちゃんペッ」のパフォーマンスで人気者となり、ヤクルト、巨人、ＤｅＮＡとＮＰＢ3球団計13シーズンに加え、独立リーグの群馬と渡り歩くラミレスのキャリアを考えると意外だが、思いっきりお金のため〝1年のビジネス〟と割り切っての来日だ。

当時まだ26歳。いわば、日本球界は半年間のアルバイトのつもりだった。それが外国人選手として初めての通算2000安打達成。首位打者1回、本塁打王2回、打点王4回、MVP2回。ついにはDeNAの監督へ。

気が付けば、その短期バイトの青年は、やがて正社員となり、圧倒的な成績を残し転職。出世街道を驀進して、ついに社長に成り上がったみたいなラミちゃんのジャパニーズドリーム。2015年（平成27年）に日本人女性と再婚し、2人の子宝にも恵まれ、19年には日本国籍を取得。侍ジャパン監督の座にも意欲を見せている。

ちなみにあの来日の大きな動機になったフロリダの家はすでに売ったという。

バレンティン「日本球界初!! 神宮60本塁打狂騒曲」

あの頃、牛丼ばかり食っていた。

2001年（平成13年）に「吉野家」の牛丼並盛りが280円になって、「マクドナルド」では00年に平日バーガー65円という価格破壊。とにかく腹を膨らませたい青い春。みんなで誰かの部屋に無意味に集まる学生時代は死ぬほど通った気がする。

やがてBSE騒動で米国産牛肉の調達が不可能に。04年2月11日には日本の吉野家から牛丼が消えたが、販売再開されてからは時々ひとりでオレンジ色のネオン煌めく、真夜中の店へ行った。

終電までの労働でクタクタの深夜1時、野郎どもが等間隔に座り、黙々と牛丼をかきこむ男ぼっちの世界。嫌でも自分自身と向き合う空間。このままウチに帰っても冷蔵庫にはレッドブルと賞味期限切れのブルガリアヨーグルトしかない。今日もパッとしねぇ1日だぜこんちきしょうと思いながら、かき込むメシは悔しいけど美味い。俺らは20代の頃にいったい何百杯の〝こんちきしょう牛丼〟を食ったのだろうか？

だが、悲しいことにアラフォーになるとさすがにミッドナイト牛丼はキツイ。翌朝もたれちゃうし。気が付けば、一昔前のスタン・ハンセンとかビッグバン・ベイダーとか、ランディ・バースとかブーマー・ウェルズとか、あの手の大型外国人プレーヤーが持つ大味かつ豪快なエンタメ性は近年どのジャンルでも薄れてきた。優先されるのはインパクトよりバランス。だから、牛丼特盛り級の規格外のスケールを誇る篠崎愛のグラビアとかウラディミール・バレンティンのような選手は貴重なのである。

身長185㎝、体重100㎏のヤクルトの大砲は来日9年目のシーズンを迎えている。先日、神宮球場の三塁側ブルペン前席でSG戦を観戦したが、ファールボールが飛ぶ度にレフトを守るバレンティンがライン際に突進してきて凄まじい迫力だった。冗談抜きで前方席の子どもはビビっていた。まるで、ブルーザー・ブロディの場外乱闘に巻き込まれ泣き叫ぶ少年のようにだ。興行において迫力とデカさは客を呼べる。都丸紗也華のパイオツ……じゃなくて、バレンティンの特大弾のようにだ。

日本球界初の60本塁打を放った2013年（平成25年）は、本塁打率7・32と全盛期の王貞治や落合博満を上回る数字を記録し、8月には月間18発の日本新、夏場と本拠地に滅法強く60本中38本を神宮球場でかっ飛ばした。

計3度の本塁打王、7度の30本塁打越えといまや21世紀を代表するスラッガーであり、平成最強クラスの息の長い助っ人だ。時折見せる屁みたいな外野守備はご愛嬌。オランダ代表の主砲としてもWBCベストナインに選ばれ、現役の通算本塁打数では255本で第4位（2019年開幕前）。上位には阿部慎之助399本、中村剛也385本、福留孝介270本と錚々たる面子が並ぶが、現在34歳のバレンティンは順調に行けば2020年シーズンには外国人枠から外れることになる。

自分は30数年来の超巨人ファンだが、56本塁打狂騒曲の時は神宮球場に何試合か続けて通ったほどバレンティンにハマっていた時期がある。プロスポーツ選手は、他球団ファンから拍手とブーイングをされたらモノホンだ。当時やっていたブログ『プロ野球死亡遊戯』で誰に頼まれたわけでもないのに連日リポートを書いたし、日に日に客が増えるスタンドの風景はまさに祭りそのものだった。

神宮の杜は人で溢れ、9月10日の広島戦でマエケンから54号、11日には連日の55号。15日の阪神戦でついに日本新記録の56号、アジア新記録の57号連弾。スタンドは一昔前のような殺伐とした雰囲気は薄く、老若男女みんなで楽しむバレンティン祭り。ヤクルトファンはもちろん、バックネット裏のバレ母ちゃんも三塁側の阪神ファンも一緒になってガッツポーズだ。

「時代が変わったんだねえ」

ＣＳフジテレビＯＮＥの解説者・大矢明彦さんが、神宮球場のピースフルな雰囲気にそうつぶやいた。

まだ残暑厳しい9月中旬、会社帰りの20代後半のサラリーマン風男性が3回表あたりに到着して、隣の席に座るなり「56号、まだ出てませんよね」と汗だくのまま確認してきたのをよく覚えている。彼は自分の欲望に貪欲で、俺も何かに飢えていた。そこにいるすべての観客がただ一本の本塁打を待っていた。平成25年夏の終わり、みんな元気で楽しそうだった。それは今も変わらない。さあバレンティンと吉野家で今年も猛暑を乗り切ろう。

いつの時代も、ドでかいホームランと牛丼は俺らの明日へのガソリンなのである。

プロ野球助っ人選手の教科書
映画『ミスター・ベースボール』

「移籍先はカナダでもクリーブランドでもない、ニッポン。チュー……チュー……中日。中日ドラゴンズだ」

おいおいちょっと待ってくれよ。一流メジャーリーガーの俺に日本へ行けと言うのか？　唖然とするベテラン一塁手。公開から25年以上経過した今も、外国人選手の多くが来日前にこの映画を観るという日本プロ野球の教科書ムービー『ミスター・ベースボール』のワンシーンである。

アメリカで1992年（平成4年）に制作された本作（日本公開は翌93年2月）の舞台は名古屋の中日ドラゴンズ。主人公のジャック・エリオット（トム・セレック）は4年前にワールドシリーズMVPを獲得した元スター選手だが、前年の打率は・235。ニューヨーク・ヤンキースでは若手の成長もあり出番を失い、ある日突然、ジャパン行きを告げられる。

来日したジャックを空港で中日球団幹部とマスコミ陣がお出迎え。入団会見ではメジャー時代の48番とは違う背番号54のユニフォームを手渡され、西村通訳に理由を聞けば「あなたに求められるホームラン数です」と即答される。まるで「背番号20と同じ20勝をしてほしい」なんてオーナーから言われた元巨人ビル・ガリクソンのようなリアルなエピソードだ。

名刺交換でヤンキース時代のベースボールカードを差し出し、日本文化を茶化した際どい発言も通訳が勝手にコメントを修正して訳すコント風会見をこなすジャック。アメリカと比較したら異様に狭い部屋に案内され、ブラウン管の向こう側のCNNニュースでは自身を追いやったヤンキースの大物新人デイビス（演じたのは当時のMLB若手スター選手フランク・トーマス）の活躍を伝えている。まだナゴヤドーム完成前で、昭和ノスタルジーが色濃く残るナゴヤ球場のボロボロのロッカールームでは、「靴を脱げ！」と怒られるお約束のシーンも。

冒頭でこれらのカルチャーギャップをテンポ良く見せると、お次は野球シーンだ。ジャックは打撃練習で〝対ガイジン兵器〟と名付けられたシュートボールに手こずり、口うるさいコーチにムカつき、ひたすら全体行動する練習法に呆れ、ついに自軍監督とも激しく衝突する。

この映画のもうひとりの主役と言っても過言ではない中日の内山監督役は、思いっきり闘将・星野監督風のキャラ作りで攻める故・高倉健（二人は明治大学の先輩後輩の関係にあたる）。そんな健さん……じゃなくて内山監督は「太りすぎだし、ヒゲを剃れ」と元メジャーリーガーに活を入れ、堪らず「体重を知ってて雇ったんだろ？ ヒゲとスイングは無関係だ」なんて反論するジャック。同僚の黒人助っ人選手マックスからは「この国に長居する気ない？ 俺もその気でもう5年だ」と笑われ、自身の立場を的確に言い表す決定的な言葉を放たれる。

「アメリカ人？ このチームではガイジンさ」

いやいや野球は万国共通のゲームだ。楽しまなきゃ。そんなスタンスでチームメイトたちと何とか打ち解けようと、メジャー流のイタズラで向井キャプテンのスパイクに火をつければ首脳陣から怒られ、審判の不可解な判定に絶望し、「送りバント？ 俺はプロだぞ」と野球とベースボールの違いにも戸惑う。

フロント陣は狂ったように「巨人戦には負けるな」と繰り返すだけ。イラついて死球を食らって乱闘すると、同僚助っ人にも「ここは日本だ。いい加減にしろ」なんつって呆れられる始末。

異国の地で孤独に打ちひしがれる元メジャーリーガー。ホームシック寸前のジャックの元に救世主が現れる。練習中にスタンドから声をかけてきた正体不明の日本人美女ヒロ子（高梨亜矢）である。彼女からビジネスの話がしたいと食事に誘われ、球団主導の健康ドリンクCM出演依頼を提示されて戸惑うジャック。

この女、何者だ？　しかし、神戸ビーフはマジ美味いぞ。なんなんだこの肉のエグいクオリティは……。で、ヒロ子はドヤ顔で言うわけだ。「日本は外国のいいところを上手に取り入れるの」と。

ヒロ子を介して数多くの日本文化に触れるジャック。彼女が唐突に風呂でジャックの背中を流すという、いや高級ソープかよ的な凄まじいトンデモ展開はとりあえず置いといて、後日ヒロ子の車に乗せられ連れて行かれた実家にいたのは、なんと健さん……じゃなくて内山監督。そう、謎の美女は内山監督の娘だったのである。そして彼らの運命は……というところで映画の前半部は終わる。

この映画は（やりすぎな日本描写はあれど）とにかく、野球のプレーシーンが素晴らしい。ナゴヤ球場に10万人以上のエキストラを動員して撮られた試合シーンの臨場感、役者たちのプレースキルの説得力、店先や空港でプロ野球に見入る人々の表情。それは例えば、邦画の『ROOKIES』（09年）とは比較にならない完成度の高さだ。

劇中、内山の持つ7試合連続本塁打の記録に挑むジャックは、王貞治の記録に挑戦したランディ・バースがモデルだろうし、ナゴヤ球場で一度ベンチに帰りかけながら、相手の野次に振り返り怒濤の勢いで詰め寄る高倉健は、元巨人のウォーレン・クロマティから「アイツは狂ってる」と評されたファイター星野仙一に完全になりきっている。

ちなみに劇中でジャックの同僚選手マックス・デュボアに扮したのは、のちに人気テレビドラマ『24─TWENTY FOUR─』でデイビッド・パーマー米大統領役を熱演したデニス・ヘイスバート。人気映画『メジャーリーグ』シリーズでもキューバから亡命した主砲ペドロ・セラノを演じるなど、インディアンスから中日ドラゴンズまで90年代の野球映画ではお馴染みの顔だった。

野茂英雄の渡米前でまだ大リーグが身近ではない、日本プロ野球が鎖国化していた最後の時代の雰囲気を感じさせてくれる一本。平成初期の再現映像としても一度は観ておいて損はない作品だ。

なお、公開から20年後の2013年、楽天イーグルスが初日本一に輝いた際は健さんから闘将に「臥薪嘗胆、おめでとう」と祝福のコメントが贈られたという。平成を生きた昭和のスターたち。高倉健は2014年11月、星野仙一は2018年1月にこの世を去っている。

6回

平成名選手遊戯

【野手編】

松井稼頭央「平成球界を駆け抜けた〝スピードスター〟」

「ルーキーながら二軍で定位置を確保するなど期待の星。今季はマウイ・キャンプに抜てきされ、開幕一軍40人枠入りを目標にする」

『週刊ベースボール』〝95年プロ野球全選手名鑑号〟の松井稼頭央の紹介文である。昔は開幕一軍40人枠に入れないとシーズン中に二軍から昇格するのは今より遥かに難しかったし、当時19歳松井の年俸は490万円で、好きな芸能人はアイドルグループＣｏＣｏの元メンバー瀬能あづさって石井琢朗の元嫁さんか……なんつって色々と時代を感じさせる四半世紀前の選手名鑑。

ちなみに同チームの先輩・鈴木健の趣味は「ファミコン、音楽鑑賞、カラオケは歌わない主義」、清原和博は「ゴルフ、車、カラオケは絶対歌わない」とあの頃の西武はカラオケに対して何かトラウマでもあったのか的な楽しみ方もできてしまう。

イチローの好きな芸能人がドラマ『あすなろ白書』や『若者のすべて』に出演の鈴木杏樹というのも1995年、平成7年ぽいし、もちろん中山美穂や西田ひかるも各球団で大人気だ。となるとハタチの松井秀喜の好きな芸能人&女性タイプは……「色白でポッチャリ型」って生々しすぎるよヤングゴジラ！


さて、PL学園のリトル松井ことカズオ君は、事前にスカウトから話があった巨人、中日、ダイエーの3球団ではなく、黄金時代の西武からのドラフト3位指名に「マジで西武か……俺の入り込む隙なんかないやろ」と絶望しつつも、プロ入り後は野手として勝負する。背番号32の18歳は3年間で一軍に上がると心に決めるも、1年目はイースタンリーグで90試合に出場して24個ものエラーを記録。遊撃守備ではとんでもない大暴投を繰り返し、走塁も投手時代はほとんど練習していなかったため、スライディング技術は素人同然だった。

それでも2年目、東尾修新監督にマウイキャンプに抜擢されると、谷沢健一打撃コーチのもとスイッチヒッターに取り組む。この男が凄いのは野手転向わずか3年で一軍レギュラーを掴み、96年はフル出場で50盗塁を記録。秋の日米野球では打率・556、5盗塁と存在感を見せ、オフのあるテレビ番組でその人気が爆発する。

97年正月、当時21歳の松井はチームメイトだった高木大成の代役として、一流アスリートたちが自慢の身体能力で競うTBS系列『スポーツマン№1決定戦』へ出演。すると、それまで球界№1の脚力の持ち主と言われていた飯田哲也（ヤクルト）に50メートル走で圧勝（記録は6秒07）。同じく瞬発系の種目ショットガンタッチでもぶっちぎりで優勝し、秋山幸二を抑え総合№1に輝いた。

今ほどパ・リーグの露出がなかった時代。この活躍は事件と言ってもいいインパクトで、女性ファンが急増。これまでの野球選手のイメージを覆す、筋肉質のイケメンスピードスター松井稼頭央の名は瞬く間に全国区となった。

本業の野球でも、あの石毛宏典が背負った栄光の背番号7を継承。62盗塁で初タイトルを獲得すると、オールスターではスピードガンコンテストで149キロを記録して盛り上げ、キャッチャー古田敦也から1試合4盗塁の新記録でMVPに輝く活躍。翌98年にはチームV2の原動力となり、パ・リーグMVPを受賞。99年まで3年連続盗塁王と走りまくり、あっという間に日本球界を代表する選手へと登り詰める。

この時期、清原和博がチームを去り、97年と98年のオフ期間には2年がかりでホームスタジアムに屋根がつけられ、名称も西武ドームへ。名実ともにひとつの時代が終わり、背番号7が新生ライオンズの顔に。

2002年には自身初のトリプルスリーを達成。193安打でリーグ最多安打、NPB新記録のシーズン88長打、さらに5試合連続本塁打、2試合連続サヨナラアーチ。秋の日米野球では日本人選手18年ぶりの1試合2本塁打でメジャーリーガーたちの度肝を抜いた。03年オフにはFAとなり、その去就に大きな注目が集まる中、ニューヨーク・メッツへ移籍。ちなみに当時は巨人入りも噂されていたが、ジャイアンツパジャマを着て寝る子どもの頃から憧れの原辰徳監督の退任で選択肢から消えたという。

NPB最強遊撃手から、日本人内野手初のメジャーリーガーへ。新天地ニューヨークでは慣れない天然芝の守備に苦しんだものの、07年のロッキーズ時代に二塁手としてワールドシリーズ出場。アメリカで7年間プレーしたのち、楽天で日本復帰。球団初の日本一に貢献すると、2018年に15年ぶりにテクニカルコーチ兼任で西武に帰還、日米通算2705安打のレジェンドはその年限りで引退して19年からは2軍監督を務めている。

まだ松井がデビュー間もない若手時代、練習で誰よりも熱心に走っていたのが、当時すでに30代半ばの伊東勤だったという。10年間で9度のリーグVと常勝西武を正捕手として支えたベテランの凄み。これが一流のプロか……。その妥協を許さない背中に衝撃を受けた金髪の若者が43歳の西武2軍監督となり、今度はあの頃生まれた若手選手たちを指導する。
平成の終焉。時代が代わり、野球界も変わった。それでも、今も「西武黄金時代の系譜」は脈々と受け継がれているのである。

【2002年打撃成績】
松井稼頭央　140試合　打率・332　36本塁打　87打点　33盗　OPS1・006
西武では89年の秋山幸二以来のトリプルスリー達成

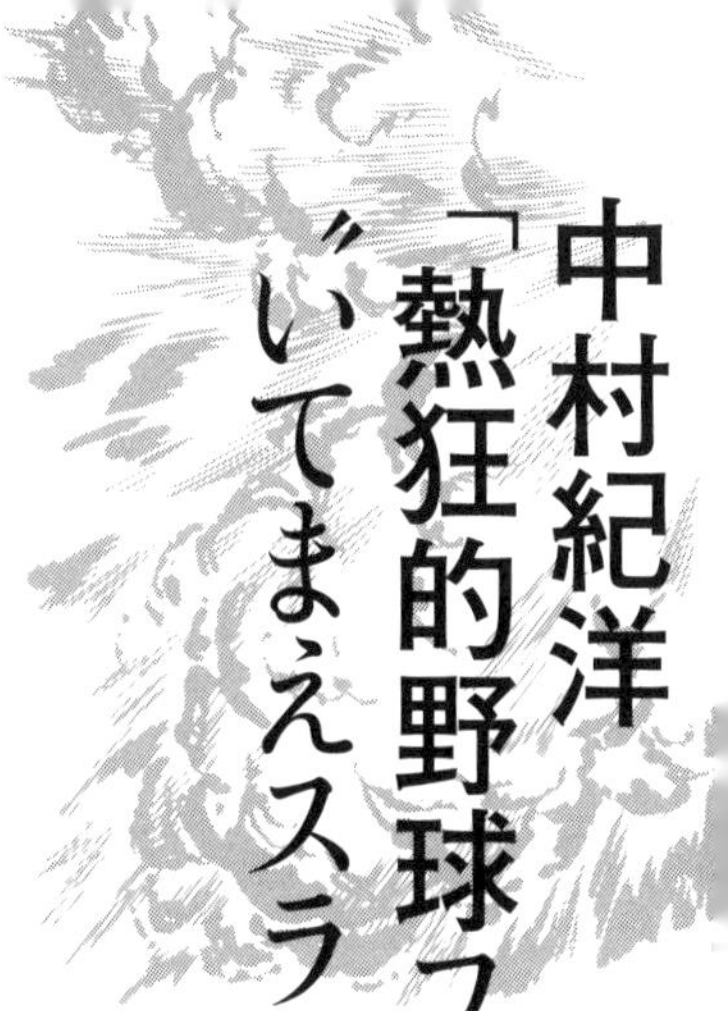

中村紀洋「熱狂的野球ファンが〝いてまえスラッガー〟になるまで」

「今日はもう厳しいかもしれませんねぇ……」

大阪ドーム三塁側内野席前方でカプセルホテルバイトの先輩と観戦していた俺は、焼きそばパン片手に思わず愚痴る。近鉄の優勝マジック1で迎えた2001年（平成13年）9月26日、オリックス戦。9回表終了時、5対2と近鉄3点ビハインド。選手みんなガチガチやで……なんて思ったら、9回裏にあっという間に無死満塁の大チャンスを作り、ここで梨田監督が送り出したのは北川博敏だ。

右打席からかっ飛ばしたのは、幸せ全部乗せの代打逆転サヨナラ満塁優勝決定本塁打。打球が飛んだ角度、絶叫に近い大歓声、超満員のスタンドの空気、そのひとつひとつを今でも鮮明に思い出せる。

この01年9月は連日のように大阪ドームへ通い詰めた。あの頃、アメリカの同時多発テロが9月11日に起こり、ニュースを見る度に気が滅入ったのをよく覚えている。先の見えない混沌とした世の中のこと、大学4年なのに就活すらしない自分のさえない未来のこと……。中村紀洋やタフィ・ローズのホームランはたとえ一瞬でもそのすべてを忘れさせてくれたのである。

近鉄最後の優勝の原動力〝いてまえ打線〟は豪快でパワフルで、隙だらけだった。中村はノビノビとバットを振り回し、55号本塁打越えに挑むローズは試合後の阿倍野橋TSUTAYAで陽気におネエちゃんに声を掛ける。いい時代だったという表現はイージーだが、ユルい時代だったことは確かだろう。

ユルいと言えば、近鉄の球団経営もユルかった。当時、阿倍野の金券ショップで近鉄株主優待券を300円で買うと、なんと大阪ドームのすべての券種は半額で購入可能。90年代の球団赤字額は年間17~18億円。2000年運営費の赤字額は35億円まで膨れ上がり、限界を迎えるのは時間の問題だった。

そんな中、02年からはチームトップの5億円の年俸を貰っていたのが、地元大阪出身のいてまえスラッガー中村紀洋だ。著書『noriの決断』の中では、少年時代の野球狂ぶりを嬉しそうにカミングアウトしまくっている。

夏休みの楽しみは、テレビで大ファンのKKコンビがいたPL学園の試合を見ながらスコアブックをつけること。84年夏にはPLと取手二高の甲子園決勝戦を雨の中、現地まで観戦に行ったという。掛布雅之の打撃に憧れ、野球を始めた頃は左打ち。あの85年甲子園でのバース掛布岡田のバックスクリーン3連発も現地のバックネット裏から生観戦。さらに篠塚利夫（現・和典）の内野守備に憧れ、大阪・淀屋橋にあったミズノ本社が開催する「ビッグ市」（プロ野球選手の新古品野球用具が売られるイベント）に篠塚のグラブを見るために駆け付けた。

野球選手には、大まかに分けて二種類のタイプがいる。小さい頃からプロ野球に憧れていたファン上がりと、自分でプレーする以外は興味がなくてプロ入りするまでほとんど選手を知らないタイプ。中村は典型的な前者である。なにせプロ入り後は、球場で子どもの頃から憧れていた清原和博のもとへ挨拶に走り、バットを貰いに行ったほどだ。

そんな純粋なる野球大好き中村少年は、高校1年生から試合に出られそうと私立の強豪校ではなく地元の府立渋谷高に進学し、1年夏から「4番サード」としてレギュラー獲得。2年夏の大阪大会決勝戦において、プロ注目の上宮高エース宮田正直から2打席連続の2ランホームランを放ち、府立校からの甲子園出場を果たす。

91年ドラフトで近鉄から4位指名を受けプロ入り。同年オリックス4位があの鈴木一朗である。ちなみにのちの『週刊ベースボール』連載企画「Ｎｏｒｉ's ＭＩＮＤ」によると、2年目シーズンのウエスタンリーグ試合前、ノリさんはトイレで偶然一緒になった同級生イチローに向かってこんなアドバイスを送ったという。

「足を上げて打ってみたら」

上げた方がタイミングが合いやすそうだし、一塁までの走り出しが早くなるよと。「振り子打法の生みの親は実は僕ですって言ったら言い過ぎですかね」なんつって、唐突に〝イチロー生みの親は中村紀洋説〟をぶっこみ、2軍コーチとは1年目から打撃フォーム変更を巡り喧嘩をするやんちゃな野球少年ぶりも健在だ。

そのお騒がせイメージとは裏腹に、プロ入り後のノリさんはまさに叩き上げの選手として一歩一歩着実に階段を上っていった。ルーキーイヤーの92年にプロ初本塁打を放ち、4年目の95年には129試合に出場して20本塁打クリア、98年には3度目の正直で30本の壁を破り32本塁打を記録。99年は三塁手で悲願のゴールデングラブ賞に輝き、9年目の00年には39本塁打、110打点で初の打撃タイトルとなる二冠獲得をした。そして、2000年シドニー五輪日本代表を経て、翌01年には相棒のタフィ・ローズとともにチームを牽引し、近鉄バファローズ最後の優勝に大きく貢献することになる。

だが、この後の21世紀の中村はまさに激動の野球人生だった。翌02年のＦＡは「中村紀洋というブランドを近鉄で終わらせていいのか」なんて台詞が一人歩きし、巨人や阪神も含む日米球団を舞台にしたニューヨークメッツ移籍騒動。一転残留も04年にはまさかの近鉄消滅。

05年はアメリカでわずか1年プレーしたのち、契約したオリックスと揉め、07年中日との育成選手契約からの日本シリーズＭＶＰ、09年楽天へのＦＡ移籍、11年シーズン途中での横浜入団。通算４０４本塁打、日米で２１０６安打と堂々たる数字を残しながらも、色々あって退団後は生涯現役宣言。浜松開誠館高（静岡）野球部非常勤コーチを務めることも話題になった。

あらためてその実績を見ると、中村の90年代後半から00年代前半の打撃成績は凄まじい。98年からの５シーズンで計１９０本塁打、５４２打点の荒稼ぎ。この数字は全盛期を迎えていた同時期の松井秀喜（巨人）の計２０４本、５１４打点と比較しても遜色のない数字だ。なお近鉄が優勝した01年オフ、キングノリは能天気なド金髪姿で当時人気絶頂のグラビアアイドル優香と並んで、『日清食品 どん兵衛』テレビＣＭ出演の偉業を達成したことも付け加えておきたい。

【2001年打撃成績】

タフィー・ローズ　140試合　打率・327　本55　点131　OPS1・083

中村紀洋　140試合　打率・320　本46　点132　OPS1・064

ローズが本塁打王、中村は打点王

同一球団の2人で年間100本塁打以上をクリアしたコンビは、長い球史において01年のローズと中村だけである

古田敦也「幻に終わった〝日本ハム古田〟ヤクルトで平成最強捕手へ」

いつから、女子アナとプロ野球選手のカップルが珍しくなくなったのだろう？

イチロー×福島弓子、石井一久×木佐彩子、元木大介×大神いずみ、松坂大輔×柴田倫世、高橋由伸×小野寺麻衣、井端弘和×河野明子、長野久義×下平さやか、堂林翔太×枡田絵理奈……。そのイメージを定着させた走りは、1995年（平成7年）に結婚したヤクルトの古田敦也と『プロ野球ニュース』メインキャスター中井美穂のカップルだと思う。ついでに古田は先輩の八重樫幸雄とはひと味違う童顔のび太君風のメガネ姿で、昭和のキャッチャーのズングリむっくりのドカベンタイプのイメージを覆した。92年に連載が開始されたあだち充の『H2』で、主人公の国見比呂の相棒・野田敦はメガネをかけたキャッチャーだ。古田の出現は野球界のあらゆる常識を変えたのである。

1988年ソウル五輪では野茂英雄や潮崎哲也とバッテリーを組み、銀メダル獲得。古田自身もトヨタ自動車から89年ドラフト2位でヤクルトに入団すると、就任1年目の野村監督から正捕手に抜擢され、いきなり106試合に出場、2年目には打率・340で捕手としてはセ・リーグ初の首位打者獲得。翌92年にはオールスター初のサイクル安打達成、ペナントでも30本塁打を放ちチームの14年ぶりのリーグ優勝に貢献した。

93年は盗塁阻止率・644（企図数45、盗塁刺29）という驚異の日本記録をマーク。自身はセリーグMVPにも選ばれ、野村ヤクルト初の日本一に輝く。中井美穂と結婚した95年、97年にも再びチームを日本一に導き、MVPと正力松太郎賞をダブル受賞。その後も、強いヤクルトをど真ん中で支え続け、プロ野球選手会長として04年球界再編では史上初のストライキを敢行し、12球団制を維持。06年にはヤクルトの選手兼任監督に就任。「代打、俺」が話題を呼んだ。

この輝かしい経歴を誇る男の根本にあったのは、あるひとつの挫折経験だった。引退後に発売された『古田の様』という本の中で当時の様子が残酷な程に書き記されている。立命館大4年時に迎えた87年ドラフト会議前日、中尾卓一野球部監督のもとに日本ハムのスカウトから連絡が入る。

「明日は古田君を上位指名で行かせてもらいますから、よろしくお願いします」

そのことを本人に伝えるともちろん大喜び、ドラフト当日は大学側が用意したひな壇に座り、多くの報道陣とともに歓喜の瞬間を待った。上位指名ということは、1巡目か2巡目。「日本ハム古田敦也」の誕生はすぐそこまで来ている。いや指名を示唆していた球団は他にもあったぞ。どうなる俺の運命……。

蓋を開けてみると、日本ハム1位は武田一浩（明治大）。ならば自分は2位か。と思ったら、日本ハム2位は小川浩一（日本鋼管）という社会人内野手。マジか……それでも中尾監督は「なんらかの事情で3位になったのか」とまだ楽観していたという。

しかし、古田の名前が呼ばれることは最後までなかった。この時、ひな壇に座っていた22歳の青年は何を思ったのだろうか？　あまりに残酷なプロ野球の現実。寮に戻った古田は打ちのめされた表情で後輩の長谷川滋利（90年オリックスドラフト1位）に「長谷川、あかんかったわ」とだけ呟いた。翌日、電話をかけて来た日本ハムスカウトは嘘か真かこう謝罪したという。

「ドラフト当日、クビにするつもりだったキャッチャーの残留が決まり、枠がなくなった」

直後に各球団が古田指名を見送った理由が聞こえて来るようになる。「あいつはメガネをかけているから」と。つまり全球団が、当時の野球界では珍しいメガネをかけた捕手を敬遠したわけだ。この問題は、トヨタ自動車でアマ球界№1捕手に成長した2年後のドラフトでも尾を引くことになる。

ヤクルトの片岡宏雄スカウトが古田指名を進言すると、就任したばかりの野村克也監督は「眼鏡のキャッチャーはいらん。大学出の日本代表と言っても所詮、アマチュア。プロはそんなに甘くない。それなら元気のいい高校生捕手を獲ってくれ。わしが育てる」と拒否。結局、ノムさんとぶつかりながらも無事2位指名を果たすわけだが、片岡は自著の中で野村監督をこう皮肉っている。

「眼鏡のキャッチャーはいらない、と言ったはずが、今では『古田はわしが育てた愛弟子』にすり替わっている」

野村監督と古田のちょっと変わった師弟関係。若手時代、打たれてベンチに戻ったら監督からどやされ、ストレスばかりが溜まっていく。だが、野村さんは日本一の実績を残してきた名捕手、新入りの自分が意見を言っても聞いてもらえるわけがない。そこで古田は現実を受け入れ「何も言わずに引き下がって耐える」方法に出る。完全なイエスマンになったのである。

とりあえず言われたことには分からなくても「ハイ!」と元気よく答える。そうして2年3年とハードワークに耐え、試合でも結果を残し始めると、徐々に「あのピッチャーはどうだ？」と監督の方から意見を求められるようになったという。聞かれて初めて意見を言う。実績に差がある上司には反発しても意味がないし、ともに働く内に時間が解決することもある。で、古田は悟るのだ。選手はボスを選べないと。

とにかく相手がどういう人か見極めてから考えて動くＩＤ野球の申し子。目上の気を遣う先輩に質問する時は、ただ「どんなバットを使っているんですか？」ではなく、「なんであんなに飛ばせるんですか？　バット見せてください」とまず相手の長所を褒めてから聞く。そのテクで中井アナを落としたのか……じゃなくてまるで敏腕営業マンのような隙のなさ。

ファンやマスコミからの厳しい声に対しては「叱責は前向きに受け止め、批判はサクサク消化する」大人のスタンスで対応するのが古田流である。一種の達観というか、20代でこの考えに辿りついた男がどれだけいるだろうか？　結局、人は人。完全に理解するのは不可能だし、自分でコントロールできないことをあれこれ考えても無駄。現状に焦らず、目の前の仕事をこなしていくだけだ。もしかしたら、この人生観にはあのドラフトの屈辱も大きく関係しているのかもしれない。

プロ野球史上最高の通算盗塁阻止率・462、打撃では通算2097安打を放った背番号27。なお同時代に阪神で正捕手を務めていた矢野輝弘との対談でキャッチング技術を褒められると、「自分で見ていてもこれだけは誰にも負けてないですね。たぶん過去をひもといてみても」と打撃や肩よりも、捕る技術に自信を見せた。

古田敦也、22歳の屈辱。あの時、プロ野球界から無視された〝メガネの捕手〟は、球史に名を残す〝平成最強捕手〟となり2015年に野球殿堂入りを果たしている。

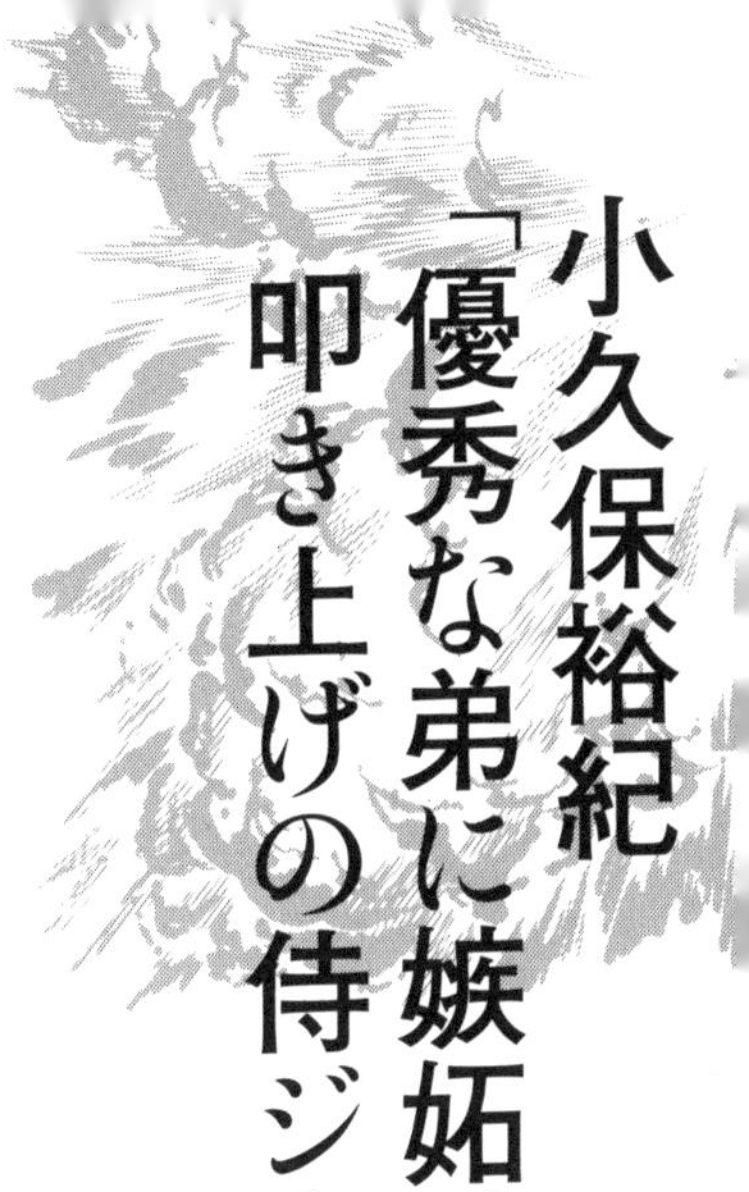

小久保裕紀「優秀な弟に嫉妬、投手クビの青学時代 叩き上げの侍ジャパン監督」

「嫌いになって別れた彼女じゃない。新しい場所で幸せになってほしい」

先日、広島ホームテレビ『カープ道』に巨人ファンの講師役で出演した際、丸佳浩のＦＡ人的補償で移籍した長野久義についてそんな話をしてきた。今まで楽しかったよありがとうなんつってさ。11年首位打者、12年最多安打の7番の凄い奴。でも意外なようだけど、長野のシーズン自己最多ホームランは19本だ。

……っていうか巨人軍の長い歴史の中で年間40本塁打をクリアした日本人右打者はたったのひとりしかいない。昭和の長嶋茂雄や原辰徳じゃなく、ＦＡ組の落合博満や清原和博でもなければ、現代の坂本勇人や岡本和真でもない。２００４年（平成16年）の小久保裕紀の41本である。しかも前年オフ、このスラッガーを巨人は無償トレードで獲得している。

平成球界の謎のひとつ、小久保無償トレード事件。引退後に出版した自著『一瞬に生きる』の中で、福岡ドームの選手サロンに球団関係者が連れ込んだ取引先の役員やホステスがいたり、試合後のヒーローインタビューにはフロント役員が酒に酔った赤ら顔で、グラウンドまで個人的な招待客を引き連れて選手に記念撮影やサインをねだることもあったと書き記す。

03年オープン戦のクロスプレーで右膝に大ケガを負いアメリカでの手術を決意した小久保に対し、規定の70万円以外の治療費は全額自己負担という球団の冷たい対応。スタンドで観戦した星野阪神との日本シリーズでは、ホークスのフロントが「今年は小久保がいなかったから優勝した」と話していたと人づてに耳にする。このチームに俺の居場所はない。とにかくどんな形でもいいのでチームから出してほしいと球団関係者に伝えた小久保は、シリーズ後に中内正オーナーから呼び出され「来年からジャイアンツへ行ってくれ」とあっさりホークスを出ることになる。

意外なことに、青学から逆指名でダイエー入りして一気に看板スターへと駆け上がり、侍ジャパン監督を務めた男の野球人生はエリートイメージが強いが、実際は想定外の出来事の連続だった。中学時代、名門・智弁和歌山高のセレクションを受けるが、「投手は不合格で野手なら合格」という通知に戸惑い、最終的に投手にこだわりを持っていた小久保は和歌山県立星林高校へ。副キャプテンとして熱血監督のもとで甲子園出場を目指すも、3年時には惜しくも県予選準決勝で敗退。しかも、この大会で2歳年下の弟・隆也は兄が入学しなかった智弁和歌山高の一員として、1年時から主戦投手で活躍し甲子園出場を果たす。のちに小久保がプロ入りしたと聞いた地元・和歌山の人々は、てっきり弟のことだと勘違いした人もいたほど、小久保兄より弟の方が有名だったという。

勝手にライバル視していた弟に先を越される屈辱……。90年に入学した青山学院大学では、投手としてのデビュー戦で1／3回を4失点と炎上。さらに、当時の東都大学野球が誇る駒澤大のスーパーエース若田部健一に特大ホームランを食らったことにより、監督室に呼ばれ「投手クビ」を通告される。

だが、小久保の心は折れなかった。投手クビの瞬間、プロに行くなら野手の方が確率が高いぜと心の中でガッツポーズをかます鋼のメンタル。その後内野手に転向すると、因縁の若田部からサヨナラアーチを含む2ホーマーを放ち、大学球界No.1スラッガーとして頭角を現し、92年バルセロナ五輪野球日本代表にチーム最年少で選出。93年ドラフトでは最注目選手として堂々とダイエーホークスを逆指名する。

プロ1年目はわずか6本塁打の小久保だったが、オフにハワイ・ウインターリーグへ参加。遠征時のホテルでは、時にセミダブルのベッドに同僚の村松有人と背中合わせで寝るようなハードな環境で野球に打ち込むハングリーな日々を生きる。王貞治が監督就任した95年の2年目シーズンは、キャンプでポジションを争うベテラン石毛宏典が小久保とダッシュ走のタイムを競う際に肉離れを起こし戦線離脱。幸運にも助けられた2年目スラッガーは28本塁打を放ち、見事イチローの三冠王を阻止して、24歳の本塁打王に輝く。

98年、小久保は信頼していた経営コンサルタントに裏切られる脱税事件を起こし8週間の出場停止と制裁金400万円を科され、右肩も手術。わずか17試合の出場に終わり、プロ入り以来初めての大きな挫折を味わうが、翌99年には24本塁打、77打点でダイエー初の日本一に大きく貢献。その後キャプテンとしてダイハード打線の中心を担い大活躍するも、03年オープン戦で前述の大怪我を負い、アメリカでのリハビリ生活を経てオフには無償トレードという形で巨人へ移籍。

新天地で41本塁打と見事復活して主将まで務めるが、06年オフに再び王監督とともに戦いたいとFA権を行使し、福岡へ舞い戻る。すでにダイエーからソフトバンクへと親会社は代わっており、フロント陣も一新された環境で、小久保はノビノビと中心選手としてチームを引っ張り、11年シーズンには40歳で日本シリーズMVPを獲得。18歳で弟に先を越され嫉妬し、19歳であっさり投手をクビになった男は、通算2041安打、413本塁打の堂々たる成績を残した。

29年前の神宮球場で、投手・小久保が野手に専念するきっかけとなる特大ホームランを放った若田部健一とは、のちにダイエーのチームメイトとして再会。若田部はことあるごとに「今のお前があるのは、俺のおかげだ」と笑うという。

小笠原道大
「高校通算0本塁打、給料10万円 2000年代最強打者の苦労人時代」

最近、よくゲーセンへ行く。

1件目の打ち合わせが終わり、次の待ち合わせ場所に移動する1~2時間くらいの空き時間。映画を観に行くには短すぎるし、買い物じゃガチすぎて疲れちまう。もっとヌルい感じがいいなということで、辿り着いたのがゲームセンターだ。

平日午後のゲーセンはカオスである。男子高校生がかったるそうにチャレンジするクレーンゲーム。明らかに営業サボってるスーツ姿のおっちゃんが燃えるメダルゲーム。出勤前と思われる夜のおねーさんが画面に向かって無表情で画面にぶっ放すマシンガン。で、コーラを飲みながらウイイレする俺。こののんびりとしたスローな時間の流れには、懐かしさすら感じる。

20数年前、地方の中学生にとって東京のゲーセンは憧れの場所だった。91年『ストリートファイターII』、93年『バーチャファイター』、94年『鉄拳』らの登場をベースにした格闘ゲームブーム。ゲーセンではストIIの筐体周りを、通称〝ベガ立ち〟と呼ばれた腕を組んで立つ男たちがぐるりと何重にも取り囲む異様な熱気で溢れていた。

100円玉1枚で見られる一瞬の夢。あの街のゲーセンに強い奴がいると噂が出ると、そいつの戦いぶりを見るためにわざわざ遠征する。どれだけヒマ人だよなんて突っ込みは野暮だろう。まだネットもスマホもない時代、自分の目と足で確かめるしか方法はなかった。何人ものスターゲーマーが登場し、その様子を報じるテレ朝系列深夜番組『トゥナイト2』を観て「いつか俺も高田馬場のゲーセンで戦ってやる」なんつって心に誓う中学生多数。受験も部活も中途半端に終わった少年たちにとって、唯一熱くなれる場所がゲーセンの格闘ゲームだったのかもしれない。

男たちの最強を決める戦い。ところで00年代のNPB最強打者は誰だろうか？　90年代の日本球界を代表する若き二大スター、イチローは01年に海を渡り、松井秀喜も03年からニューヨークへと活躍の場を移した。そんな中、ずっと日本でプレーし続け、〝サムライ〟と呼ばれた男が小笠原道大である。なんと3割、30本塁打を9度記録、本塁打王1回、首位打者2回、打点王1回。さらに日本ハム最終年の06年と巨人移籍初年度の07年に2年連続MVPを受賞（セ・パ両リーグでの受賞は江夏豊に続いて2人目）。

２００６年（平成18年）の日米野球では来日したメジャーの投手たちが、WBC日本代表優勝メンバーの「オガサワラだけには打たせない」とガチンコ勝負。それにヘルメットを吹き飛ばすフルスイングで応えるガッツ。あの時の背番号2は日本球界を代表するスラッガーとして打席に立っていた。まさにイチローと松井が去ったあとの〝２０００年代NPB最強打者〟と言っても過言ではないだろう。

そんな小笠原も90年代は不遇の時代だった。89年に暁星国際高（千葉）へ野球推薦で進学するも、「11人いた同級生で最も下手だった」と06年発売の自著『魂《ガッツ》のフルスイング』の中で振り返っている。しかも、2年時には二塁手から死んでも嫌だった捕手にコンバート。キャプテンを任せられるも、最後の3年夏の大会では2回戦であっさり敗退。当時の暁星国際高は男子校で、野球部全員が敷地内の寮住まい。周囲は木更津の山に囲まれた環境でひたすら野球に打ち込むハードボイルドな環境だったという。

ミート力には自信があったものの高校通算0本塁打に終わった小笠原だが、恩師・五島監督が「こいつは高校3年間で、ホームランを30本近く打ったんですよ」なんてとんでもないハッタリをかましてくれて、社会人野球のNTT関東に滑り込む幸運。

同学年のイチロー、中村紀洋、石井一久といった面々が高卒でプロ入りする中、小笠原は静かに社会人生活をスタートさせる。会社員としての勤務地は東京・大手町や千葉の幕張。毎日スーツ姿で、船橋にある会社寮から通勤列車ラッシュに揉みくちゃにされての出社だった。だが仕事はお茶汲みじゃなくて、お茶飲み。休憩所でダラダラして仕事熱心なタイプではなかったという。

のちの小笠原夫人、美代子さんと知り合ったのもこの頃だ。当時20歳のガッツは手取り月給10万円をやっと越えるくらいで、年上の彼女（美代子さん）の給料日になると「今日は何でも好きなものを食べていいよ」と食事をおごってもらう身分。いつの時代も経験や金がない20代前半の男は世界で最も無力だ。泣けるぜ……って、この仕事も適当で金欠のさえないハタチの青年が、やがて球界を代表する4億円プレーヤーになるのだから人生は分からないものだ。

捕手として経験を積んだ社会人4年目の秋には、もしかしたらドラフトの目玉・福留孝介との兼ね合いで中日の指名があるかも……と事前に聞かされていたものの何もなし。さすがに危機感を抱いた小笠原は、5年目となる来季がプロ入りラストチャンス。これから1年間は死に物狂いでやってやると決意し、新日鐵君津の補強選手として出場した96年都市対抗野球で松中信彦とクリーンナップを組み11打数5安打2打点の活躍。無事、日本ハムから96年ドラフト3位指名を受ける。

プロ入りすると同じ年のオフにあの落合博満も巨人から日ハム入団。誰が怖そうな超大物ベテランのキャッチボール相手を？　と他の若手選手がビビりまくる中、なんとなく空いていたルーキー小笠原が相手を務め、そのまま大役に定着する。

だが初めてのキャンプでは守るポジションすら定まらず、〝コンビニプレーヤー〟と言われる便利屋ルーキー。1年目は気管支ぜんそくに苦しみ、2年目は左手人さし指骨折と怪我に泣かされるも、骨折が完治しないまま代打本塁打をかっ飛ばす根性を見せ「ガッツ」と呼ばれるようになる。そして、落合が引退した3年目の99年に一塁固定されると、バントをしない2番打者で打率・285、25本、83打点とブレイク。ベストナインとゴールデングラブ賞も受賞した。翌年、4年目の00年には3割、30本、100打点をクリア、同時にキャリア最多の24盗塁をマーク。ここからイチローが去ったあとのパ・リーグを同学年の中村紀洋や松中らとともに支えていくことになる。

チームの北海道移転後は単身赴任生活を続けていた小笠原も30歳を過ぎ、日ハムの日本一を置き土産に07年には巨人へFA移籍。1年遅れで加入したラミレスとの〝オガラミコンビ〟は、2008年にあの王貞治・長嶋茂雄の〝ON砲〟が達成したシーズン14度を40年ぶりに超える球団新の15度のアベックアーチを記録。一時阪神に最大13ゲーム差つけられながら、〝メークミラクル〟と呼ばれた逆転優勝の立役者は彼ら最強コンビだった。

原巨人黄金時代を支え、14年から中日へFA移籍。ここで40歳を過ぎたガッツは、新人の頃キャッチボール相手を務めたあのオレ竜落合とGMと選手という形で再会。再び同じチームに所属するのだから、野球人生は不思議なものだ。90年代に社会人で下積み生活を続け、ひっそりとプロ入りしたラストサムライは00年代最強打者として通算2120安打を放ち、現在中日2軍監督を務めている。

男は黙ってフルスイング。驚くべきことに小笠原は日本ハム在籍10年間で計4813打席に立ち、なんと犠打数は「0」である。

山田哲人&柳田悠岐「〝トリプルスリー〟から見る野球選手のアスリート化」

「じぇじぇじぇ」「倍返し」「今でしょ!」

いきなりだが古い。今、相席居酒屋でいきなり「お・も・て・な・し」なんて口にしたら、ひと回りしてもはや高度なギャグとして成立すると思う。これらはすべて2013年(平成25年)のユーキャン新語・流行語大賞だ。

15年には、「爆買い」と野球界から山田哲人と柳田悠岐が同時達成した「トリプルスリー」。16年にはカープの若き主砲・鈴木誠也の代名詞「神ってる」が大賞に選ばれている。

案の定というか、世の中ではトリプルスリーも神ってるも知らないし聞いたことがないなんて疑問の声が噴出。過去最高レベルの観客動員数を記録しながらも、地上波テレビではなくBSやCSや動画配信サービスで見るプロ野球。図らずも近年のプロ野球のマニア化、サブカル化が証明されてしまったわけだが（広島におけるカープ熱のような例外もあるが）、同時に柳田、山田、鈴木誠也という面々は野球選手のアスリート化を実感させた。

子どもの頃、ナイター中継で見る選手の腹は普通に弛んでいた。80年代を代表するプレーヤーの三冠王・落合博満や怪物・江川卓も中年太り体型。腹筋バキバキのマッチョ体型の落合や江川なんか想像できない。江夏豊や門田博光系の強面の腹が出たヤバイおっちゃん感は、昭和末期の新人類やトレンディエース旋風で徐々に薄れ、90年代中盤のひとりの男の出現で完全に終わりを告げた。

1994年（平成6年）のイチローの登場である。あどけなさの残る細身のボクサーのような青年が打って走って守って大活躍。グラウンドを蝶のように舞い、蜂のように刺すレーザービーム。昭和の球界でよく語られた浴びるように酒を飲み、二日酔いでグラウンドに現れ、ランニングでアルコールを抜き、試合で結果を残すもベンチ裏で吐くみたいな野武士エピソードもイチロー以降はほとんど聞かなくなった。西武の18年ホームランキングの山川穂高や〝おかわり君〟こと中村剛也、横浜と巨人で活躍した〝芸術的ゲッツーを打つ男〟村田修一のようなワガママボディのぽっちゃり選手にはもはやノスタルジーすら感じる。それだけ背番号51のプレーは決定的に新しく、球界の風景を変えたのである。

まるで「プロレスラーは本当は強いんです」と総合格闘技のリングで証明した桜庭和志のように、鈴木一朗は「プロ野球選手は本当は凄いんです」というリアルファイトを仕掛けてみせた。のちに日本だけでなくパワー全盛の米球界すら震撼させる、ガチンコ至上主義イチローが予定調和の世界をぶっ壊して扉を開いた〝平成プロ野球〟と〝野球選手のアスリート化〟。その進化形が92年生まれの山田哲人と88年生まれの柳田悠岐だったように思う。15年にともに打率3割、30本塁打、30盗塁を記録するトリプルスリーを達成。過去に8人しかいない偉業で、02年の松井稼頭央（西武）以来13年ぶり。2人同時達成は1950年以来、65年ぶりの快挙だった。彼らがナチュラルに目標とし目指す場所は、一昔前のように巨人ではなく、海の向こうのメジャーリーグだろう。

20年前はよく見てたけど、しばらくプロ野球はご無沙汰という人はぜひソフトバンクの試合をオススメしたい。間違いなく柳田のスイングスピードと打球飛距離には度肝を抜かれるはずだ。ヤクルトも柔の山田と剛のバレンティンが並ぶクリーンナップはエンタメ度が非常に高い。もちろん選手の技術はあの頃より進化した。

大谷翔平のメジャー移籍後、NPBはついに国民的スターがいない時代を迎えている。冷静に見て、イチローのように引退がワイドショーのトップニュースで取り上げられ、ほとんどの日本人が顔と名前を認識できるような選手はゼロだ。いや、正確に言えば、スーパースターはいないけど、スーパーアスリートはいる時代と言ってもいい。
スターはテレビ映えするが、アスリートの凄さは画面越しよりも現場の方が圧倒的に分かりやすい。さあ、今夜はスマホを捨て球場へ行こう。

【2015年打撃成績】

山田哲人　143試合　打率.329　38本　100打点　34盗　OPS1.027

柳田悠岐　138試合　打率.363　34本　99打点　32盗　OPS1.101

山田は本塁打王と盗塁王、柳田は首位打者を獲得。なお山田は16年と18年にもトリプルスリーを達成している

「19歳の少年」が巨人史上最高の遊撃手になるまで
SWEET 19 BLUES 坂本勇人

突然だけど、あなたは19歳の頃を覚えているだろうか？

目の前に膨大な時間と未来への不安があり、鏡を見れば無力な何者でもない自分がそこにいる。とにかくバイトやら遊びの予定を詰め込んで、なるべく先のことは考えないようにした。もう子どもでもなければ、まだ大人にもなりきれないあの感じ。だから、10代でデビューするプロ野球選手を見る度に素直に尊敬してしまう。

「プロ2年目、初めての開幕スタメンが神宮球場だった。まだ19歳だったこともあり、並み居る先輩たちとプレーする喜びと緊張から、非常によく覚えてます」

巨人とヤクルトの『TOKYO　SERIES　2018』で球場配布パンフレットのテキストを担当した際、両軍選手数名に戦いの舞台となる「神宮球場の思い出」

の質問書を提出したら、キャプテンからそんな言葉が返ってきた。2008年（平成20年）3月28日、チームではあの松井秀喜以来となる10代の開幕スタメンを勝ち取り、19歳3カ月の坂本勇人は「8番セカンド」でグラウンドに立った。

当時のショートは二岡智宏、サードには全盛期の小笠原道大、ファーストはイ・スンヨプ、外野陣は高橋由伸、谷佳知、アレックス・ラミレスらが顔を揃え、マスクを被るのはもちろん20代の最強キャッチャー阿部慎之助だ。

他球団ファンから見ても、巨人が憎らしいほど豪華な面子を揃えていた最後の時代かもしれない。そんな超有名選手たちに並んで前年のドラフト1位とは言え、まだ背番号61をつける19歳が開幕戦に出たら、誰だって死ぬほど緊張すると思う。

選ばれし者の恍惚と不安、二つ我にあり。2戦目からは故障離脱した二岡の代わりにショート先発へ。その1週間後には本拠地・東京ドームの阪神戦でプロ初アーチとなる満塁弾を放ってみせた。しかも、セ・リーグ最年少記録となるグランドスラムだ。坂本はオールスターファン投票でも中日の井端弘和を抑え初選出。巨人野手で10代の球宴選出は45年ぶりの快挙である。

セ・リーグ会長特別表彰も受け、まさに記録ずくめのシーズンだが、あの頃の二岡智宏は由伸と並ぶチーム屈指の人気選手だった。雑誌『プロ野球ａｉ』の人気投票で数年間に渡り1位を独占していた時期もあったほどだ。
今となっては信じられないことだが、球場では背番号7のレプリカユニフォームを着た二岡ファンがショート坂本を「なんであいつなんだよ」なんて嫉妬まじりにしつこく野次るシーンにも遭遇したことがある。

驚異的なのは19歳の坂本がそんな厳しい目に晒された状態でも、オープン戦15試合から、ペナント144試合、夏のオールスター2試合、秋のクライマックスシリーズ4試合、日本シリーズ7試合までの「計172試合」すべてに出場しているという事実だ。しかもそのほとんどを遊撃手として。野球センスはもちろんだが、これだけの体力がある高卒2年目野手は稀だろう。

プロ野球選手にとってイケメンはファンを呼ぶ武器になるし、時に足枷にもなる。その風貌と忘れた頃のスキャンダルでなんか軽いイメージを持たれがちだが、ああ見えて坂本はデビュー当時から、強い身体と精神力を併せ持つ規格外にタフな選手なのである。

スペシャルワンの才能。当時のチームメイトたちにもそのポテンシャルは衝撃的だったようで、現DeNA監督ラミレスは自身の本で「2年目の彼を見て、将来はジャイアンツを代表する選手になると直感した」と書き、08年夏場に坂本がスランプに陥った際は原監督から頼まれ、自ら打撃のアドバイスを送り、手助けまでしている。そして、今は亡き木村拓也も当初エラーが多かった坂本の遊撃守備を酷評する周囲の声に対して、「勇人の守備範囲を見たことがあるのか。ほかの選手が触れないような打球まで追い付くからエラーが多いんだ」とかばったと同僚の古城茂幸は自著で明かした。

プロスポーツを見るファンの楽しみのひとつは「長年の期待が形になる」瞬間だと思う。時間をかけて追ってきた選手が、ついに理想の姿へと成長してくれた喜び。いわゆるひとつの勝手に親戚のおっちゃん目線。

背番号6は20代中盤に一流だけど超一流には何かが足りなかった数シーズンを過ごすも、主将の大役を阿部から継承して、16年にはセ・リーグ遊撃手初の首位打者に輝き、17年には28歳6カ月の右打者史上最年少で通算1500安打を達成、名実ともに〝坂本のチーム〟と呼ばれるようにまでなった。

あの11年前の開幕戦、巨人ファンが19歳の少年に見た夢を、成長した30歳の男がほとんど完璧に叶えてくれた。……わけだが、ひとつだけ大きな誤算があった。それは近年の巨人というチームそのものの低迷である。

プロ12年目、2018年の坂本は6月22日のヤクルト戦で10号ツーランを放ち、広島・野村謙二郎やヤクルト・池山隆寛といった名ショートたちを超える、セ・リーグ遊撃手初の10年連続二桁本塁打を達成。球団史上6人目の11年連続100安打もクリアした。凄い、そりゃあ同僚2軍選手にバットを売られちまうぜ……じゃなくて、球史に残る巨人史上最高のショートストップへと登り詰めたこの選手がいても、チームは首位広島に引き離され、なんとかAクラスに滑り込むのがやっとというのが現状である。

巨人は世代交代の真っ只中、圧倒的強さを誇っていたのも今は昔……それでも、相変わらず球場へ行くのが楽しみだ。岡本和真や吉川尚輝ら若手が出てきたというのもあるが、全盛期の坂本勇人を毎試合、堪能できるのだから。

ジャンルを問わず、ロックバンドでもアイドルグループでもプロ野球選手でもスーパースターの条件は「見ているファンの人生の時間軸になれること」だと思う。大人になると、あらゆる過去の出来事が5年前か、8年前なのかいまいち曖昧になってくる。そう言えば、最後にフジロックに行ったのは何年前の夏か全然分からない。それでも、例えば当時流行った歌をふと耳にすると、その前後の記憶も思い出せるわけだ。

それぞれ坂本が開幕スタメンを勝ち取った2008年春に学校を卒業したとか、31

本塁打を放った2010年におネエちゃんにフラれたとか、2012年に最多安打のタイトルを獲得した勇姿に背中を押されて転職に踏み切ったとか、そのキャリアとともに自分の人生に起こった出来事も記憶している。で、思う。坂本がもう30歳？　お互い色々あったなぁなんてね。多くの巨人ファンにとって、背番号6はそういう存在だ。

さて、10年後、坂本は40歳になっている。現在の大ベテラン阿部慎之助の立ち位置である。ショート以外のポジションを守る可能性も高い。もしかしたらNPB記録の通算3085安打超えで盛り上がっているかもしれない。50歳の白髪交じりの阿部監督が、不惑の坂本に記念の花束を渡す……なんて勝手に想像するだけで鳥肌ものだ。当然、見ている我々も10年分歳をとる。2029年、いったいどんな未来が待っているだろうか？

今、このコラムは坂本が広島戦で東京ドームのバックスクリーンに豪快な先制ツーランをかっ飛ばした夜に、病院から戻り書いている。昨日はほとんど眠れなかったが、体調が悪いわけじゃない。子どもが産まれた。父親になったのである。

19歳の頃は、まさか自分にこんな日が来るとは予想しなかった。正直、まだまったく実感はない。赤ん坊をどう抱いたらいいのかすら分からないので、これから覚えることも多そうだ。

だが、ひとつだけ決めていることがある。

いつの日か、この子を初めて東京ドームへ連れて行った時、まずは「背番号6」のキッズ用Tシャツを買ってあげようと思う。

7回

平成【21世紀編】プロ野球事件遊戯

日韓W杯サッカー「日本代表戦の日は野球はお休み？ 2002年のプロ野球」

小笠原満男が現役引退か……。

そのニュースをネットで見かけた際、ふと大学卒業後に無職だった頃、ガラガラの長居スタジアムのバックスタンドからよくJリーグの試合を眺めていたのを思い出した。確か小笠原がキレキレのパスを面白いように左右に散らしていた天皇杯準決勝や、キリンカップのアルゼンチン戦も長居開催の試合だった。あの頃、日本代表を支えた川口能活や楢崎正剛も2018年限りで引退してしまったし、フラットスリーを支えた宮本恒靖はすっかりガンバ大阪の監督姿が板に付いている。

彼ら2002年日韓W杯の代表組もすっかりアラフォー世代である。トルシエジャパンに完全密着したドキュメンタリー作品『六月の勝利の歌を忘れない』で話題になったのは、ロシア戦勝利後にロッカールームを訪れた当時の小泉純一郎首相に半裸で抱きつく勝利の立役者・稲本潤一の姿。「おまえ、すごいよ稲本」と驚愕する森岡隆三に対して、「ないで、総理と抱き合うことないで」なんつって笑う22歳の稲本は、まさに人生の絶頂で誰よりもキラキラしていた。

そして、ふと思う。あの2002年（平成14年）のプロ野球は自国開催のサッカーW杯中にどんなシーズンを送っていたのか？　無性に気になり、図書館で当時のスポーツ新聞や雑誌を確認してみることにした。

まず02年2月1日のキャンプイン当日の目玉は「阪神星野仙一&巨人原辰徳」の2人の新監督。「ダイエーホークスのゴールデンルーキー寺原隼人を警官8人でガード」や「日本初の開閉式天然芝の横浜ドーム構想」という野球ネタに交じり、日刊スポーツではすでに〝ワールドカップまであと119日〟と紙面カウントダウンも始まっており、32人の各国代表監督を紹介するサッカー専門誌のようなコアな連載もある。

ちなみに生きる上でまったく役に立たない情報を書くと、同日発売の雑誌『FRIDAY』には「酒井若菜vs乙葉　禁断のバスト対決」なんて時代を感じさせるグラビアが掲載されていた。とにかく17年前の新聞や週刊誌を見て驚いたのは、サッカー選手の登場率の高さだ。中田英寿（パルマ）や小野伸二（フェイエノールト）が頻繁に大きく取り上げられ、もちろんトルシエ監督ネタも多い。『週刊少年マガジン』では巻頭カラー66Pで漫画「小野伸二物語」まで掲載されている。

さらに2月8日にはソルトレークシティ冬季五輪が開幕。紙面を飾る「世界の本田」もプロフェッショナルのケイスケ・ホンダじゃなく、男子フィギュアスケートで4位入賞の本田武史である。

ハワイの地からグラサン姿でポーズを決めるのは当時30歳でサンフランシスコ・ジャイアンツへ移籍したばかりの新庄剛志。「（現役は）あと3年ぐらい。早いって？　野球の他にもやりたいことあるもんね」と仰天発言に周囲は笑ったが、本当に数年後に引退してしまうのはご存知の通りだ。

マスコミも世界で戦うアスリートを均等に取り上げ始めた21世紀初頭、プロ野球の報じ方も徐々に変化が見える。巨人の清原和博の新打法には「清原ボンズや」、松井秀喜がオープン戦第1号を放てば「ジオンビー流だ！できた3冠打法」の見出しが躍る。前年、イチローがシアトル・マリナーズ1年目でMVPや首位打者獲得の活躍を見せて、メジャーリーグが一気に日本の野球ファンにとって身近になった時期だ。

世の中では春から6月のW杯日本戦チケットを巡る争奪戦が始まっており、余った海外放送記者席数百枚が国内向け3次販売へ回されることに。そんな喧噪の中、プロ野球を盛り上げたのは星野阪神だった。

オープン戦で15勝3敗2分という驚異的なペースで勝ち星を重ね、ペナントレースでも開幕7連勝の快進撃スタート。3、4月は17勝8敗1分で単独首位。5月も12勝10敗で貯金を稼ぐと、関東ではデイリースポーツ売上げが前年比3割の伸びを記録する。なにせ昨年まで最下位が定位置のチームが突如優勝争いだ。4月19日に行われたシーズン初の本拠地・甲子園での阪神vs巨人戦は徹夜組300人の列、臨時電車も増発、猛虎党気合いの「オロナミンC」3本イッキ飲みとナニワの街が燃えた。

5月に入り、ついに日韓ワールドカップ開幕まで1カ月を切る中、パ・リーグでは西武とダイエーが好調で、日本ハムのガッツ小笠原が3割8分を超える打率で首位打者争いを独走。セ・リーグではGT直接対決を制した原巨人が開幕から35試合目で首位に立った。この試合、ゴジラ松井が猛打賞の活躍で打率・368でリーグトップに躍り出る。

開幕秒読み段階の5月末になると、もう紙面もサッカーサッカーまたサッカーだ。「ベッカム初戦スタメンへ」「宮本鼻骨骨折」「虫垂炎の小野強行出場」「中津江村にカメルーン代表来た！」となんか懐かしいこの感じ。どさくさに紛れて6月1日に超ド級サッカーエンターテインメント映画『少林サッカー』も公開されたことに触れておきたい。

そして、プロ野球界も日韓W杯変則スケジュールへと突入。なんと6月3日（月）から5日（水）の3日間は12球団試合なし。6月4日、9日、14日の日本戦当日のプロ野球も完全休養日だった。

チームによっては、日本戦前後は都度3日間空くこともあり、このまばらな日程に監督たちは四苦八苦。W杯期間用ローテを組み臨むも、星野阪神のように8連敗を喫し6月は4勝13敗と一気に失速する球団もあれば、対照的に西武は9連勝、近鉄も10連勝と変則日程を味方につけて優勝争いを繰り広げ明暗が分かれた。

さて、日本列島が注目したW杯の日本戦だが、試合翌日の紙面では長嶋茂雄や王貞治はもちろん、星野や原といった球界関係者の感想コメントも掲載され、西武の若きエース松坂大輔は日本vsロシアをスタジアム観戦。ヤクルトの藤井秀悟は日本vsベルギーを現地観戦して風邪を引き発熱。直後の先発予定を回避し、ロシア戦のチケットも持っていたがコーチから止められたというズンドコエピソードも残っている。大阪のスポーツ新聞の「アリアス、虎のロナウドになる」ってもはや便乗しすぎて意味不明だ。

そんな球界をも巻き込んだ02年の日韓W杯狂騒曲。決勝トーナメント1回戦の日本vsトルコが行われた6月18日（火）のプロ野球は、中日vsヤクルトの1試合だけが開催されている。練習中の15時半にキックオフとなり、ヤクルト若松監督も最初の30分はベンチ裏でテレビ観戦。選手たちも練習の合間に結果が気になりテレビの前へ走った。

結局、雨の宮城でトルコに惜敗してトルシエジャパンの戦いは終わりを告げるが、夕方のニュースも夜のテレビもその話題一色に。祭りのあとの異様な雰囲気の中で行われた試合はヤクルトが4対3で勝利し3位に浮上。お立ち台に上がったプロ野球選手会長の古田敦也は、喧噪の日々を締めくくるようにこう言った。

「今日、球場に来てくれたお客さんに本当に感謝しています」と。

2002年の松井秀喜
「50本塁打を放った
巨人の4番がメジャー移籍へ」

あの頃、デビッド・ベッカムはプロ野球選手の誰よりも人気者だった。

2002年（平成14年）、日本列島はサッカーの日韓W杯で異様な熱気に包まれていた。6月9日、グループリーグ日本vsロシア戦の視聴率はなんと66・1％を記録。さらに6月30日の決勝戦ドイツvsブラジルも65・6％とまさに空前のサッカーバブルと言っても過言ではないお祭り騒ぎだ。

女性週刊誌の表紙をベッカムのソフトモヒカンが飾り、ついでにオフィシャル・テーマソングは当時大人気バンドのＤｒａｇｏｎ Ａｓｈが奏でる『ＦＡＮＴＡＳＩＳＴＡ』。どさくさに紛れて多摩川にアゴヒゲアザラシのタマちゃん登場。全然関係ないけどグラビア界を〝エロテロリスト〟インリン・オブ・ジョイトイが席巻。今思えば、日本で〝パブリック・ビューイング〟という言葉を頻繁に聞くようになったのも、渋谷のスクランブル交差点でハイタッチをかまし出したのもこの頃からである。

大学の学食でサッカー日本代表の話題になった時、ベッカムヘアの同級生がカツカレーを頬ばりながらこんなことを言っていた。「すげーじゃん、あいつらほとんど同い年だよ」と。小野伸二や稲本らゴールデンエイジと呼ばれた79年組は当時22〜23歳。そこにあったのは圧倒的な「俺らの代表感」である。

いつからだろうか？　友達の部屋に集まって遊ぶゲームが『ファミスタ』や『パワプロ』じゃなく、『ウイイレ』になったのは……。

そんな空前のサッカー熱にうかされた02年。空気を読んだNPBはW杯日本戦開催日は基本的に試合を組まずにお休み。しっかり絶対に負けられない戦いをサポートして、W杯終了後の7月から待ってましたと言わんばかりに大暴れしたのが、プロ10年目の松井秀喜である。

当時28歳の絶頂期、シーズン前には堂々の三冠王宣言した背番号55の打棒は凄まじかった。7月は打率・379、11本塁打。8月も打率・402、13本とゴジラ大爆発の夏。打点も2カ月間で49打点と荒稼ぎをして三冠王へ驀進。

10月初旬に中日の福留孝介に打率を抜かれるも、10月10日の東京ドーム最終戦では全球ストレート勝負を挑んできたヤクルトの五十嵐亮太から、レフトスタンドへ50号ホームランをかっ飛ばす。まさにドラマの最終回にふさわしいドラマチックな一打で、チームでは1977年の王貞治以来の50本塁打を達成してみせた。4番打者として全試合全イニングフル出場。原巨人は日本シリーズでも西武を4勝0敗で下し日本一に輝くことになるが、その中心にいたのは間違いなく松井だった。

入団時に王貞治に追いつき追い越せと背番号55を与えられ、長嶋茂雄との二人三脚の末に完成したON以来の最強スラッガー松井秀喜。いわば前年に監督退任していたミスターの〝4番1000日計画〟が完遂した夢のようなシーズン。さあ、21世紀の巨人を頼んだぜゴジラよ……って多くのファンが思った直後に、あの事件が起こったわけだ。

なんと日本一を決めた2日後の02年11月1日未明、テレビのニュース速報で「松井FA宣言とメジャー移籍希望」の第一報が流れたのである。

前日深夜、ホテルオークラで土井誠球団代表、長嶋前監督、原監督らと個別会談。午前1時過ぎに部屋を訪れた原は松井の口から「夢を捨てきることができないんです。メジャーに行かせてください」という禁断の告白を聞くことになる。

元々松井のメジャー志向は知られた話で、前年契約更改の会見でも「巨人残留かメジャーの二者択一」とはっきりと口にしていたし、一足先に海を渡ったイチローの大活躍で日本人野手への評価も上がっていた時期だ。冷静に考えたらメジャー移籍も想定内。だが、球界がまだジャイアンツ・アズ・ナンバーワン時代において、「巨人の4番が絶頂期に自らチームを去る」インパクトは凄まじかった。

昭和の野球少年たちがみんな目指した巨人4番の座。平成の世の中で伝統の聖域を守り続けた男が〝その先の世界〟があることを認めてメジャー挑戦。会見に臨んだ松井はまるで自室のエロ本がオカンに見つかったかのような暗い顔で「今は何を言っても裏切り者と言われるかもしれないが」と言葉を絞り出し、焦った土井球団代表は「日本球界の大砲をメジャー・リーグに流出させたことをファンの皆さまに深くお詫びします」となんだかよく分からない謝罪をかます始末。

この年の7月1日には〝株式会社よみうり〟の一部だった巨人を〝株式会社読売巨人軍〟として独立組織にすることが決まり、9日からビジター用ユニフォームの胸文字を伝統のTOKYOからYOMIURIへと変更。さすがにそのあまりのダサさに戦慄を覚えた巨人ファンも多かったが、正直なところ21世紀初頭のプロ野球は時代の流れを読み切れず、完全に迷走状態に突入していたように思う。（数年後それが球界再編へと繋がっていく）

それにしても、なぜ松井は自ら「裏切り者」という言葉を口にしたのか？　それは、当時の巨人と言うか、プロ野球の置かれた立場が関係していたからだろう。

振り返れば、松井プロデビューの93年にサッカーJリーグが開幕。そして、巨人最終年の02年には日韓W杯フィーバーの余韻が残る中、50本塁打に挑戦した。いわば、松井のキャリアは常に「サッカー界に押され気味の球界の救世主役」を期待されてきたわけだ。

それは恐らく松井本人が最も自覚していたはずだ。プロ野球人気を支えてきた盟主の4番打者が、自らメジャーへ去ったら巨人ブランド価値は著しく低下する。ある意味、長嶋さんや王さんが築き上げた伝統を自分が終わらせてしまう。でも、長年の夢に嘘はつけない。本当に申し訳ない。だからこそ、そのすべてを飲み込んだ上でメジャー移籍会見では「裏切り者と言われるかもしれないが……」と苦渋の表情で口にしたのではないか。

もちろん松井には何の罪もない。昭和の頃とは時代が変わったのだ。だから、多くのファンは「そんなに背負う必要はない。頑張ってこい、今までありがとうゴジラ」と送り出した。

背番号55が日本球界で最後の輝きを放った2002年。なお平成30年間のNPBにおいて、シーズン50本塁打をクリアした日本人打者は、この年の松井秀喜、ただひとりである。

【2002年打撃成績】
松井秀喜　140試合　打率・334　50本　107点　OPS1・153
MVP、本塁打王、打点王、最高出塁率のタイトルを獲得。打率は首位打者の福留と9厘差でリーグ2位

球界再編の2004年「プロ野球初のスト決行と松中信彦の三冠王」

球界には平成の間で一度しか達成されていないレアな大記録がいくつかある。

その代表的なものが完全試合であり、三冠王だ。1994年（平成6年）5月18日、巨人の槙原寛己が広島戦（福岡ドーム）で平成最初にして現在まで唯一の完全試合達成。そして、三冠王は2004年（平成16年）にダイエーホークスの松中信彦が平成でただひとり獲得している。

当時の松中はプロ8年目の30歳、ギラギラの男盛り。開幕戦こそ3打数3三振だったが、直後の西武戦で自身初の3試合連発を記録し、チームも5試合目に単独首位に立つ。日刊スポーツを確認すると、同日にはヤクルトのアレックス・ラミレスが〝新ネタ〟の「ラミちゃんペッ」を披露。さらに開幕シリーズの視聴率低迷を聞かれた巨人・堀内恒夫新監督が「俺にどうしろというんだ」と報道陣を一喝。

そんな時代を感じさせる04年春の球界事情だが、4月6日の開幕10試合経過時点での松中の成績は「打率・361（8位）、4本塁打（2位）、8打点（4位タイ）」と各部門で上位につけていたものの、まだ三冠王と騒ぐ声は皆無である。

この年、春先に暴れたのが日本ハムのフェルナンド・セギノール。大型連休突入の4月29日の時点で打率・457と首位打者争いを独走していた。それが5月30日には、1位セギノールの打率・390に対し、2位松中が5厘差で猛追。同日、ダイエーの〝ダイハード打線〟はオリックス戦で5発・21安打の18得点と爆勝。のちに平成唯一の捕手メジャー移籍を実現させる城島健司が、満塁弾を含む2発で3安打6打点とリーグトップの52打点まで伸ばした。

ちなみに、その日球審に「へたくそ」と暴言を吐いてプロ13年目、1330試合にしてキャリア初の退場処分を食らったのが近鉄の主砲・中村紀洋。「仏のノリさん、キレたって書いといてください」なんて報道陣にアピールするいてまえスラッガーは相変わらず自由である。

松中は自チームのライバル城島を追いつつ、6月8日の日本ハム戦でセギノールを逆転してリーグ首位打者に躍り出るが、直後の13日にあの大騒動がついに起きてしまう。ヴィッセル神戸のイルハン・マンスズが再び故障離脱……じゃなくて、オリックスと近鉄の合併構想が表面化するわけだ。

17日にはパ・リーグ緊急理事会で合併を了承する意見で一致。1リーグ制移行が加速かと思われたが、選手だけでなく各球場の野球ファンが猛反対する。そんな中、6月30日のオリックス戦で城島が1試合3本塁打をマークし、30号に王手。29発・75打点（松中と13点差）はリーグトップ。打率・355も松中に次いで2位キープと、捕手としては野村克也以来の三冠王が現実味を帯びてくる。

しかし、すでにメディアは連日に渡りペナントレースより球界再編問題を大きく取り上げる。6月30日の日刊スポーツには「ライブドア近鉄買収表明」の見出しと、まだホリエモンと呼ばれる前の堀江貴文氏が31歳の若きIT事業家として登場。

古田敦也選手会長vsオリックス宮内義彦オーナーはバトルを繰り広げ、7月9日、巨人・渡邉恒雄オーナーの「無礼な、たかが選手が！」という、あの球史に残るパワーワードが1面を飾る。

この前日にペナント前半戦もひっそりと終了していたが、松中は「打率・355（1位）、26本（3位）、66点（5位）」で折り返す。なお、首位打者争いでは日本ハムの小笠原道大が打率・353と2厘差で松中に迫っていた。7月下旬、松中は6試合連続アーチもあって21日には打撃三部門でトップに立つが、直後にガッツ小笠原に打率を逆転され、打点は城島に追いつかれる。

しかし、8月になるとライバルたちがアテネ五輪の野球日本代表に招集され、一時ペナントから離脱。春先に長嶋茂雄が脳梗塞で倒れ、代理で中畑清が指揮を執ったジャパンは本大会で銅メダルを獲得する。その間、日本に残ったホークスの主砲は打点王争いでトップを独走。セギノールと本塁打王争いを繰り広げるが、球界再編問題は混迷を極め、アマ選手に金銭を渡していた〝一場事件〟の発覚で巨人、阪神、横浜のオーナーが立て続けに辞任。まさにカオス。8月31日の1面は「東京地裁がオリックスと近鉄の合併に待った」で、6面にようやく「ダイエー プレーオフ1位通過M14点灯」の見出しが確認できる。

夏の終わり、松中は打率・355で五輪から戻った打率・362のガッツ小笠原に再び引き離されてしまう。誰がどう見てもペナントの勝敗どころではない球界だが、9月8日には「ダイエー・ロッテのもう一つの合併が進行中」と報じられるも、臨時オーナー会議で交渉失敗が明らかになり、その頃にはどこの球場でも戦う選手会長・古田が打席に立つと大きな拍手が送られるようになった。

苦渋のストライキ決行か、回避かで揺れる9月11日。松中は近鉄戦でセギノールに並ぶ42号を含む3安打をマークすると、打率・355で2位の小笠原をわずか1厘差でリード。

ついにペナント終盤、7月24日以来の打撃3部門トップに立つ。

……が、直後の9月18・19日にプロ野球史上初のスト決行。この04年シーズンは、海の向こうでシアトル・マリナーズのイチローがメジャー最多安打記録257本の更新に挑んでいたが、各紙面を今になって見てみると、球界再編とアテネ五輪に押されてリアルタイムのイチローの扱いは驚くほど小さい。

雑誌『Number』611号は「ガンバレ、ガンバレ、野球！」の見出し。9月の時点で「2005年からはセ6球団、パ5球団という少しいびつな形になりそうだ」という切実なキャプションに驚くし、9月下旬発売の『スポルティーバ』11月号にはデカデカと表紙全面に「野球を救え！」の文字が確認できる。このプロ野球史上最大の危機に、土壇場で選手とファンがスクラムを組んで、日に日に1リーグ制阻止の気運が高まっていく。

結局、6月中旬からの球史に残る激動の3カ月が過ぎ去り、古田会長がテレビで涙を流し世論も味方につけ、NPB側が大幅譲歩して労使交渉が妥結。ライブドア・堀江社長に遅れること1週間、楽天・三木谷浩史社長も仙台をフランチャイズにNPB新規参入を申請へ。

スポーツ各紙で「オリ近鉄134選手 2球団に分配 来季も12球団」と報じられた9月24日、前日に松中が〝暫定三冠王〟で全日程を終えたことがベタ記事で触れられている。

ストで中止の試合が行われず、セギノールが残り1戦で本塁打を打たなければ18年ぶり史上7人目の三冠王という説明付きだ。

27日、パ・リーグは全日程を終了。今度こそ翌日の日刊スポーツ1面はもちろん松中……と思いきや、オリックスとの最終戦を終えた中村ノリさんの怒り「メジャー公言 最後の爆弾要求 社長よ謝れ！」、3面には大阪近鉄バファローズ最後の一戦で指揮を執った梨田昌孝監督による独占手記の〝さよなら近鉄〟ネタに挟まれ、2面でひっそりと「代替試合なし パ04年シーズン終了 松中 晴れて三冠王」が報じられた。

記事内では、中日・落合博満監督から「これで18年ぶりにオレの三冠王も日の目を見るな（笑）。簡単に三冠王って言うけど、3つ獲るのはそれだけ難しいってこと。実力もそうだけど、運も必要なんだ」というオレ流の祝福コメントも寄せられている。なお、チームはシーズン1位も、この年から導入されたプレーオフで西武に敗れ、秋にはダイエーが自主再建を断念。ホークスもソフトバンクに買収され、〝ダイハード打線〟は姿を消す。

同年のセ・リーグでは堀内巨人がプロ野球新の259本塁打を記録。中軸はタフィ・ローズ、小久保裕紀、ロベルト・ペタジーニら移籍組が担い、ローズは45本塁打で両リーグでのホームラン王を獲得。彼ら大砲を並べた「史上最強打線」は猛威を振るったが、肝心の投手陣がチーム防御率4・50と投壊して、首位中日に8ゲーム差をつけられ3位キープがやっと。

……でも、やっぱりペナントレースはほとんど記憶にない。それだけあのシーズンはやる方も見る方も「野球どころじゃなかった」わけだ。11月2日のオーナー会議で東北楽天ゴールデンイーグルスが誕生し、翌年からセ・パ交流戦もスタートする。

球界再編の喧噪の中で、ひっそりと達成された松中信彦の平成唯一の偉業。我々が次に三冠王を見られるのはいつになるのだろうか？

【2004年打撃成績】
松中信彦　130試合　打率.358　44本　120打点　OPS1.179
史上7人目の三冠王。最高出塁率、最多安打、MVPも獲得

賭博事件で巨人激震「高橋由伸、引退即監督に」

「少年野球で、高橋由伸さんに憧れて左バッターになる人がたくさんいて、僕もその１人でした」

テレビ朝日系列『ＧＥＴ　ＳＰＯＲＴＳ』にて楽天の田中和基がそう話していた。２０１８年パ・リーグ新人王の田中と同じ94年生まれの大谷翔平や鈴木誠也も、子どもの頃は由伸に憧れていたとコメント。ＦＡで広島から巨人へ移籍した丸佳浩は、初めてプロ野球観戦をしたのは小３時の98年８月４日の巨人vs広島で、由伸が大野豊から本塁打を放った一戦だったとスポーツ報知でカミングアウトしている。背番号24の全盛期に野球を始めた世代にとって高橋由伸はそういう存在だったんだろう。

２０１３年（平成25年）正月、前年５月に開業したばかりの東京スカイツリーソラマチ内にまだジャイアンツオフィシャルストアがあった頃の話だ。いったい誰がこんなダサいジャビットダルマを買うのだろうと思っていたら、気が付けば自分が買ってた諸行無常。もちろん東京ドーム内とソラマチの巨人ストアの客層は全く違う。ドームは巨人戦を見に来るくらいだから、もちろんプロ野球好きが多い。対照的にソラマチは、初詣や観光がてらの巨人軍ライト・ユーザー層が中心。ピンポイントの〝巨人ファン〟ではなく、曖昧な〝ニッポン国民〟相手にセイハロー。となると、ぶっちぎりに強いのはあの男だ。巨人地上波中継最後のスーパースター高橋由伸。冷静に成績を見ちゃうと主要打撃タイトルの獲得経験はないが圧倒的な知名度を誇り、選手キーホルダーで唯一人の完売をかました背番号24。棚には「入荷待ち」の札が誇らしげに揺れるソラマチのリアル。

恐らく、高橋由伸のようなプロ野球選手は今後二度と出現しないだろう。年間130試合、地上波ゴールデンタイムのど真ん中で主役を張り、ニッポンの日常の風景として存在した選手。だって、視聴率20％近く稼ぐ番組に毎日のように出演する芸能人なんて、朝の連ドラのヒロインくらいだぜ。

古き良きプロ野球黄金時代の風景。巨人ファンはワッショイし、アンチ巨人は容赦なくディスりまくって生まれる熱狂の渦。いわゆるひとつのジャイアンツ・メディアスターの系譜。長嶋茂雄から始まり、王貞治、原辰徳、松井秀喜、そして大トリを飾るのが俺らの高橋由伸。年末の忘年会で、普段は野球を見なそうな老若男女十数人に聞きました。

「今の巨人で知っている選手いますか？」

もうぶっちぎりだよね。答えは阿部でも坂本でもなく、断トツで高橋由伸ぶっこみ。それくらいスマホもネットもない、あの頃の地上波放送の破壊力はデカかった。90年代中盤生まれの選手が野球を始めた頃、すでにイチローも松井も日本にいなかった。テレビの中にいたのは、いつだって高橋由伸。なら今は？　テレビを付けたら、そこに誰がいるだろう？


ジャビットダルマを買った後、ソラマチ31階のとあるレストランで目の前のおネエちゃんは申し訳なさそうに言ったよ。

「うーんゴメン、野球選手とかあんま知らないかも」

平成元年の89年生まれなら中田翔とか菅野智之と同い年でしょ、って聞いたらその答え。終わったな、完全プロ野球死亡遊戯。KOされた直後の杉内俊哉みたいな顔でほとんど不貞腐れながら夜景を眺めてビールを口にしてたら、彼女は言ったんだ。でも、あの人なら好きだったと。

「タカハシ。高橋由伸。小学生の頃、お父さんとよく見てたし、お母さんも好きだったから」

……だろ、昔聞いたその台詞を読売フロント陣に聞かせたいよ。本当に巨人軍は高橋由伸をこのまま終わらせてしまっていいのだろうか？　だって、アメリカにいる松井秀喜は今はヤンキースの人間だし、44歳の由伸も球団が何らかのポストを用意して再登板のチャンスを、ってそうシナリオ通りに上手くいくのか？

小宮山悟が早大野球部監督に就任するご時世、いつか由伸の慶大監督も実現するかもしれない。なんか似合いそう……じゃなくて、そうなったら巨人はゴジラ松井とプリンス由伸を同時に失うことになる。軽いよ、引退の時も監督の終わり方も由伸の扱いが軽い。球団特別顧問とか意味不明なポストより、簡単に新外国人投手に渡してしまった背番号24を大事にしてやってくれよ。

なんだかんだ、この3年間、賭博事件や多くの不祥事でボロボロの巨人をボロクソ言われながら根っこで支えていたのは高橋由伸じゃねえか。しかも、己の現役生活と引き換えにだ。どれだけ時間が経って事件が風化しようが、その事実は忘れないでいたい。

スーツ姿の由伸さんが生まれて初めて12球団やメジャーのキャンプを巡り、穏やかに原野球を解説する風景。今、巨人ファンは21世紀に入って初めて球場で「高橋由伸のいない巨人軍」を見ている。

違和感というより、妙な気分だ。ゴジラ松井も上原も桑田もメジャーリーグを目指し海を渡ったが、背番号24は20年間、東京ドームのど真ん中に立ち続けた。

とどのつまり、〝平成の巨人軍〟とは、高橋由伸だったのである。

平成球界のクレイジージャーニー
大谷翔平と菅野智之

「あんたキクチの何や？」

映画『モヒカン故郷に帰る』（16年）の中で元祖カープ女子で菊池涼介ファンの妻に向かって、旦那がそう突っ込む。一打サヨナラの場面で菊池が打席に入ると、見ていられないからとテレビを消す。でも気になってすぐつける。どっちゃねん的な野球ファン特有の行動。沖田修一監督は生活の中のプロ野球の描き方が上手い。1987年を舞台にした心のベストテン第1位級の傑作『横道世之介』（13年）でも、主人公の父が西武ライオンズ伊東勤の大ファンという設定だった。伊東がホームランを打てば絶叫してビールで乾杯するオヤジさん。あぁなんか分かるわその感じ。

だって、自分も菅野智之の投球をルーキー時代からそんな気持ちで見ていたから。別にガースーが完封勝利を挙げたところで近所のラーメン屋が半額になるわけじゃないのに。それでも、可能な限り菅野の先発試合は球場で観戦した。

巨人入り当初の菅野はドラフトでの指名拒否からの浪人生活もあり、逆風の中でのプロ生活のスタート。開幕ローテに入れば原監督の甥っ子だからと言われ、2年目に内海哲也から開幕投手の座を奪うと贔屓だなんだと突っ込まれる諸行無常。逆だよ。他の期待の若手のように我慢してもらえない。すぐ周囲から贔屓とか言われちゃうから。つまり、菅野には〝期待の若手〟なんてヌルいポジションはハナから用意されていなかった。入団即主力投手になれなきゃ終わり。普通のドラ1投手のように呑気に育てるなんて周りの目が許さへん。そんな超シビアな環境で菅野は巨人のスーパーエースへと登り詰めたわけだ。本当にたいした男だと思う。


大谷翔平も同じだ。菅野が一浪の末に悲願の巨人から指名された2012年（平成24年）ドラフトで、日本ハムは今度は高校卒業後の米球界挑戦を表明していた大谷を強行指名する。球団から育成プランのプレゼンを受けて急転直下で入団を決断するも、二刀流という球界の慣習を無視したチャレンジに、多くの野球解説者たちは大谷を批判した。二刀流？　野手肩と投手肩は違う。左打者なので利き腕の右手に死球を食らいやすい。で、根本にあるのは「プロ野球を舐めんなよ」という怒り。

つまり、大谷も早い段階でそんな外野の声を黙らせる必要があった。俺はどっちもやれるぞと。1年目から交流戦のビジター広島戦に「5番投手」で先発出場、2年目には二桁勝利&二桁本塁打、3年目には最多勝を含む投手三冠、4年目にはMVPと史上初の投手&指名打者でベストナイン同時受賞。日本最速の165㎞/hも記録した。いわば絶対に負けられない戦いに勝ち続けて、周囲の否定的な声を黙らせたわけだ。

それはメジャーリーグでも同じだった。17年オフ、ポスティング制度を利用しての移籍の際、あのニューヨーク・ヤンキースの面談前に契約の意志がないことを告げ選択肢から外す。ニューヨークメディアでは「なんてチキンだ!」なんつって、相思相愛と勝手に思い込んでいたおネエちゃんに相手にされなかったおじさんみたいな八つ当たり的な見出しが躍った。過去に多くの日本人選手がMLBのキャリアの始まりにピンストライプのユニフォームを選択してきた。今度もなんだかんだ言ってウチに来るはず。事前にマスコミにはそんな空気すら流れていたが、23歳の大谷はヤンキースブランドやカネよりも、自らが野球をプレーしやすい環境を選んだわけだ。

エンゼルス1年目のオープン戦で結果が出ないと気の早い批判にさらされたが、18年開幕後は投打で結果を残し、終わってみれば日本人4人目のア・リーグ新人王を獲得する。世界の球界の常識すらも変えようとしている100年に1人の逸材は、これからどんな奇跡を見せてくれるだろうか？

さて、菅野は2年連続沢村賞に輝き、2019年からエースナンバーの背番号18を託された。気が付けば、球界最高の年俸6億5000万円。もはやNPBではライバルと呼べる投手は存在せず、今後は江川卓や斎藤雅樹といった巨人歴代エースたちと闘うことになるだろう。

いつの時代も危険な賭けに勝った男たちが、新時代の扉を開くのである。そう言えば、菅野は独自の視点やこだわりを持って世界&日本を巡るTBS系列番組『クレイジージャーニー』の大ファンで、毎週欠かさず見てシリーズDVDも全部買い、ロッカールームでチームメイトたちに貸すという。

大谷翔平は過去の常識を破壊し未来に進み、菅野智之は過去と闘い未来を作る。無謀な旅をいかに楽しむか。彼らもまた立派な〝球界のクレイジージャーニー〟なのである。

平成名監督遊戯

8回

森祇晶「理想の上司が作り上げた〝西武黄金時代〟」

V9時代の巨人ってどれくらい強かったの？

子どもの頃、周囲の大人によくそんな質問をした記憶がある。長嶋茂雄の現役どころか、1回目の監督時代にも間に合わなかった。王貞治の現役の記憶もまったくない。物心ついてからそれらをすべて野球史というより、〝戦後昭和史の一部〟として学んだ。

小学3年の夏に読書感想文の課題本に選んだのは、親にねだって買ってもらった長嶋さんの自伝『燃えた、打った、走った！』だ。マジかよ……テレビで〝ヘイ！　カール〟とか叫んでたおじさんは伝説の男だった。あの衝撃は今でもよく覚えている。

そして、自分がアラフォー世代に差し掛かった今、年下の野球好きから「黄金時代の西武ってどれくらい強かったんですか？」と聞かれることが度々ある。残念ながら、岡崎郁の顔マネをしながら「野球観が変わるくらい強かったネ」とか言ってもいまいち通じない。ライオンズレジェンドOBイベントの一環で、オレステス・デストラーデが来日すると、そのあまりのオールドファンの熱狂ぶりに、94年生まれで20代前半の編集者はスマホを見ながら、「このデストラーデと秋山幸二と清原和博って誰が一番凄かったんですか?」なんて不思議そうだった。

自分たちがONをニッポン昭和史として知ったように、彼らにとっては生まれていない30年近く前のAKD砲や西武黄金時代は完全に〝平成史の一部〟だろう。ならば、今こそ西武ライオンズの黄金時代を率いた森祇晶元監督と中心選手たちの著書を両サイドから熟読し、当時の〝最強西武〟の姿を検証してみようと思う。

ちなみに80〜90年代のプロ野球本は名監督=管理職に見立てたビジネス書が本当に多い。多すぎて、異なる本かと思ったらタイトルだけ変えた文庫版だったりするから油断できない。バブル経済を根っこで支えた部長や課長たちのバイブル。まだプロ野球の結果が、オヤジたちの間で毎朝の挨拶代わりの国民的娯楽だった頃の話だ。

86年からの9年間で5連覇を含む8度のリーグ優勝、6度の日本一に輝いた名将・森祇晶本もその手の構成が多く、例えば西武監督を辞任した直後に出版された『「勝ち続ける」ために何をすべきか—強い集団は、こう作る』の帯には、「闘いに勝つ「指導者」はいかにあるべきか！」と〝24時間戦えますか？〟風なテンションで書かれている。

その昔、テレビ埼玉で毎日見ていた西武の背番号81と言えば、とにかくコメントは手堅く地味で寡黙なイメージがあった。だが、大人になった今、その哲学に触れるとまったく古びていないことに驚かされる。

選手時代は泣く子も黙る巨人V９時代の正捕手なわけだが、森監督は若い選手たちに対して、ジャイアンツで築き上げた栄光の過去を「オレたちの時代はこうだった」的に話すようなことだけはしないと決めていたという。

行き過ぎたノスタルジーは時にクレイジー。思い出話はOB会でゆっくり楽しめばいい。年寄りの戯れ言のようなことは、若い人の前で言わないことだ。この人生観は、監督退任後もいわゆる〝球界のご意見番〟にはならず、ハワイに移住した現在の生活スタイルとも通じるものがある。

当時の黄金時代の西武には〝派閥〟がなかったという。森自ら石毛、辻、清原らあらゆる世代の中心選手たちにことあるごとに「派閥のないチーム作り」の必要性を話していたため、移籍組の選手もすぐチームに溶け込めた。

コーチにも選手を飲みに連れ出さないことを徹底させる。自由時間は個人で好きなように過ごし、バットを振ってもデートしてもいい。試合のない月曜日はチーム練習が当たり前だった時代に、あえて1日完全オフを定着させた。負けたからといって激しい練習をしても疲れが溜まるばかりで効果はない。集中する時はする、休む時はしっかり休む。その方が選手の動きはよくなってお客さんは面白いし、選手寿命も延びる。昭和から続く根性論や精神論が蔓延するスポーツ界において森監督の決断は革命的ですらあった。やがて月曜定休の概念は球界全体に浸透していく。

派閥のないチーム――。森西武の正捕手として活躍した伊東勤も自著『勝負師』の中で「派閥がなかったため、チームはひとつにまとまりやすかった」と書く。個人事業主同士、遠慮はいらない。

まずいプレーが出てもコーチに注意される前に、選手同士で指摘しあうケースも多かった。選手に先に言われると、コーチは何も言えない。森自身も「試合中のミスはなまじ首脳陣が注意せず、選手同士の管理に任せておいた方が効果的」だと彼らを信頼していた。主力打者の秋山幸二が明かしていたが、年上の石毛宏典や辻発彦が負傷しても「まさかそれで休むわけじゃないですよね」「いや、出るよ」なんて言い合える関係性だという。いわばプロの集団だ。森監督が作り上げたのは、まさにそういう大人の常勝チームだったのである。

2018年(平成30年)に10年ぶりのパ・リーグ制覇を成し遂げた埼玉西武ライオンズ

の辻発彦監督も、自著『プロ野球 勝ち続ける意識改革』の中で森采配に大きな影響を受けたことを明かしている。

遠征先のホテルの食事も「こんなんじゃダメだ。もっと温かいものを出してやれ」と選手に対する細かい気配りを忘れず、前任者の厳しい広岡管理野球に選手の不満が溜まっていたことを冷静に分析し、ミーティングでもあえて名指しで選手を褒めた。若手に対してあれをやってはいけない。これをやってはいけないなんて押さえつけることは指導者として絶対にあってはならないと選手に接する監督の下、野球をのびのびプレーできたと振り返る。

ある年のシーズン終盤、優勝争いをする試合で辻が痛恨のゲッツーを打ってしまう。最終的に勝つことはできたが、試合後のロッカールームで背番号5は涙を流す。もし自分のミスが原因でチームが失速し、優勝を逃すようなことがあったら、これまでチーム全員で努力し、築き上げてきたものがいっぺんに吹き飛んでしまう。

ちくしょう、なんて俺は情けないんだ……。その日の深夜、ベッドで眠れぬ夜を過ごしていると、なんと森本人から電話がかかってくる。

「何をそんなに落ち込んでいるんだ。これまで130試合近く戦ってきて、おまえの力で何試合勝たせてもらったと思っている？　今日、たとえ負けていたとしても、おまえに文句をいうやつはだれもいないぞ」

そう言って辻を励ますのだ。仕事で大きなミスをした夜に上司からの直電。しかも叱るのではなく励まされる。そんなボスは最高だ。時は経ち、あの頃の森祇晶と同じ立場となった60歳の辻監督に森イズムは脈々と受け継がれることだろう。

さて、90年代前半の西武でその辻とロッカールームで志村けんのモノマネをして皆を笑わせていたのが、最強助っ人デストラーデだ。3年連続本塁打王に輝いた大砲は、自著『デストラーデ・西武野球の神話』の中で当時のチームを「管理野球というより、自主管理野球」と評す。

森監督は柔軟に若手が好む音楽やファッションまで理解しようと努めたが、選手個人の私生活にまで干渉するようなことはなかった。デストラーデのロッカーの両隣はキャプテン石毛と〝メジャーに最も近い男〟と称された同い年の秋山。やりやすい監督と刺激し合える一流の同僚たち。外国人、日本人を問わず、ほかのチームの選手と話していると、西武でプレーできてラッキーだねとよく言われたという。

だが、どんなに強いチームにもいつか終わりはやってくる。強すぎて勝って当たり前という風潮が蔓延し、94年にパ・リーグ5連覇を達成した直後のホテルの食堂で選手たちを待っていたのは、ビール一本ない、普段の遠征と変わらない料理だった。しかも、球団代表もすでに東京へ帰ったという。それはない……。

「それはないぞ！」

温厚な森も思わず声を荒げる。豪華な食事を用意してほしいわけじゃない。こんな時だからこそ、関係者も選手の中に入って、共に優勝を喜んでほしかった。現場の良き理解者だった球団管理部長の故・根本陸夫氏がチームを去り、野球をよく知らない代表がやって来て生じるすれ違いの数々。そうして、名将と呼ばれた男はV5を置きみやげにチームを去った。


9年間で8度のリーグ優勝と桁違いの強さを見せた森西武。デストラーデは、のちに『週刊ベースボール』のインタビューでこう答えている。

「西武の黄金時代は、マイケル・ジョーダンがいたときのシカゴ・ブルズ（2度の3連覇を果たした）のようなものだ。私は2度目の3連覇の時代に来た。毎日がエキサイティングで楽しかったよ」

長嶋巨人vs野村ヤクルト「90年代最大の因縁の対決」

「仲良し軍団になったよね。WBCでみんなで日の丸背負った影響もあるけど、普段の試合で、ツーベースを打った選手がセカンドを守っている選手に「ナイスバッティング」と言われて笑ってる。ああいうのは、お金を出して真剣勝負を見に来ているファンの方に失礼じゃないかな」

西本聖は『ベースボールマガジン』の定岡正二との対談でそう語っていた。巨人ドラフト外入団から、相手打者の内角を抉るシュートを武器にのし上がり、勝手にライバル視したエース江川卓に挑戦し続け、1989年（平成元年）にはトレード先の中日で自身初の20勝を達成した反逆の投手らしい台詞だ。

近年、この手の発言はあらゆる媒体で球界OBたちが繰り返している。代表チームや交流戦で顔を合わせる機会が増え、乱闘も減り、選手気質やファン層も大きく変化したと言えばそれまでだが、良くも悪くも近年の球場からは殺気が消えた。
平成前半の90年代には、まだ長嶋巨人と野村ヤクルトのような殺伐とした仁義なき戦いがあった。まるで、故・橋本真也vs小川直也のような不穏試合の連続。あの頃、92年、93年、95年、97年の優勝はヤクルト。90年、94年、96年、2000年は巨人と毎年のようにV争いをし続けた両チーム。現役時代からパ・リーグの南海で優勝して三冠王を取ろうとも、常に満員の球場でマスコミの注目を集めるのは巨人の長嶋茂雄と王貞治。そこで出た生涯一捕手・野村克也の有名な台詞が「ONがヒマワリなら、ボクはひっそりと咲く月見草」というわけだ。

毎年のように僅差の優勝争いを繰り広げるライバル球団同士、もちろん投手陣は厳しい内角攻めを連発。ミスターが12年ぶりに現場復帰した1993年（平成5年）シーズン、5月27日のヤクルト戦で大久保博元が高津臣吾から左手首に死球を受け骨折。すると2週間後の6月8日富山市民球場。野村監督の「古田が当てられても周囲は何も言わないのに、大久保が当てられたくらいでガタガタ言うな！」発言がスポーツ紙の一面に躍り緊張感が高まる中、宮本和知がそのID野球の申し子古田敦也の内角をしつこく突き肩口へ死球を与え両軍睨み合いに。次打者が放った適時打で本塁突入した古田に、返球をキャッチした捕手の吉原孝介がダメ押しエルボーで応戦。ネクストサークルにいたジャック・ハウエルが激怒、川相昌弘の華麗なヒップアタックも炸裂し、両軍入り乱れる大乱闘に発展する。

やられたらやり返す、潰し合いのようなセメントマッチ。翌94年5月11日の神宮球場では、2回表に西村龍次の速球がバッターボックスの村田真一の側頭部を直撃、一度は立ち上がりマウンドへ向かおうとするも、その場に昏倒して担架で運び出されるアクシデント。すると今度は3回裏に巨人・木田優夫が打席に入った西村の尻にぶつけ返し騒然とする球場。迎えた7回表、再び西村がダン・グラッデン（ちょいハルク・ホーガン似）の顔面付近にブラッシュボールを投げてしまう。

ここでカリフォルニアの暴れ馬の闘志に火が付いた。西村を威嚇して、止めに入った捕手・中西親志に右アッパーを食らわせ殴り合いに。結局、グラッデン、西村、中西と当事者は全員退場処分。しかもグラッデンは出場停止処分12日間と同時に両手の指を骨折して長期戦線離脱というあまりに大きな代償を払った。後日、セ・リーグアグリーメントが現代まで続く「頭部顔面死球があれば、投手は即退場」と改められたわけだが、いわば因縁の東京ダービーは球史を変えたのである。

ミスターの「目には目をですよ」発言も物議を醸し、のちにノムさんは「あれ（挑発）は球界を盛り上げるためにやっていた」とか「巨人人気、長嶋人気を利用しない手はない。アンチ巨人が喜ぶように巨人批判、長嶋批判をドンドンしますから」なんつってごまかしていたが、なぜ二人はここまで仲が悪いのか？

やはり息子・長嶋一茂の一件が尾を引いている説も強い。一茂は立教大学から87年ヤクルトのドラ1として指名されるも、プロ3年目の90年に野村監督が就任。やがて出場機会を失い、92年には逃げるようにアメリカへ野球留学。そんな息子を不憫に思ったか、翌年のミスター復帰とともに紆余曲折の末に巨人へ無償トレードで移籍することになる。

94年に発売された番記者達による『長嶋巨人　ここまで暴露《バラ》せば殺される』という時代を感じさせるタイトルの書籍で、信じるか信じないかはあなた次第のネタの数々が書かれている。92年秋、宮崎で行われたセ・リーグ東西対抗戦で、真新しい背番号33のユニフォームに身を包んだ長嶋監督がセ・リーグの故・川島廣守会長を訪問。しかし、その際に傍らにいた野村監督を完全に無視して川島会長にだけ挨拶をしたという。試合前のセレモニーで花束贈呈があっても、両者は握手どころか視線すら合わせない。これ以降、野村監督はマスコミを通じて口撃を繰り返し、長嶋監督は表面上それを無視し続けるという危険な関係が始まる。

94年オールスター戦では、全セ野村監督が春から挑発をし続けた巨人の落合博満を監督推薦から外す荒技に出る。「長年の夢がかなった。やっと休めるよ。さびしさ？　そんなのないよ」とオレ流節で煙に巻く落合だったが、親しい評論家には「オレの何が気に入らないのかな。（野村監督に）やられちまったよ」なんて吐き捨てたという。

当然、巨人首脳陣もこの仕打ちには怒った。のちに故障で出場辞退した選手に代わる球宴出場依頼を受けるも断固拒否。結果的に野村監督は休ませたいと思っていた自チームの広澤克実を出場させるハメになる。ほとんど子供のケンカレベルの意地の張り合い。もはや修復不可能な世紀末の遺恨戦争だ。

その野球人生において、愛妻サッチーとナガシマにこだわり続けたノムさん。後年、出版した自著『プロ野球重大事件　誰も知らない〝あの真相〟』の中で非常に興味深い記述がある。

立教大学の先輩、故・大沢親分に誘われ、ほとんど南海入りが決まりかけていたミスターだったが、直前で巨人入り。もし長嶋が南海に入団していたらどうなっていたか、とノムさんは残念そうに言うのだ。

「当然のことながらON砲は誕生していない。そうなれば巨人の九連覇もありえなかっただろうし、逆に長嶋と私の〝NN砲〟を擁することになった南海が球界の盟主の座をほしいままにしたかもしれない。江川卓がそうだったように、長嶋にあこがれて南海入りを希望する高校生や大学生も続出したはずだ。長嶋の突然の進路変更は、巨人と南海、ひいてはセ・リーグとパ・リーグの、いやプロ野球の運命を変えたといっても過言ではない」

要は自分の相棒にスーパースター長嶋がいれば球史を変えられた。今頃、南海が球界の中心に君臨していたはずだ。なんでアイツは直前で裏切って巨人に行ったんだ……という若かりし日の恨みが、90年代の監督になってからの行き過ぎたライバル関係へ持ち込まれたというのは勘繰り過ぎだろうか。

もしかしたら、誰よりも長嶋茂雄を評価していたのは野村克也なのかもしれない。2018年開催の巨人と南海のOB戦で、ミスターは愛妻を亡くしたばかりのノムさんの肩に左手を置き、穏やかな笑顔で1枚の写真に納まっている。

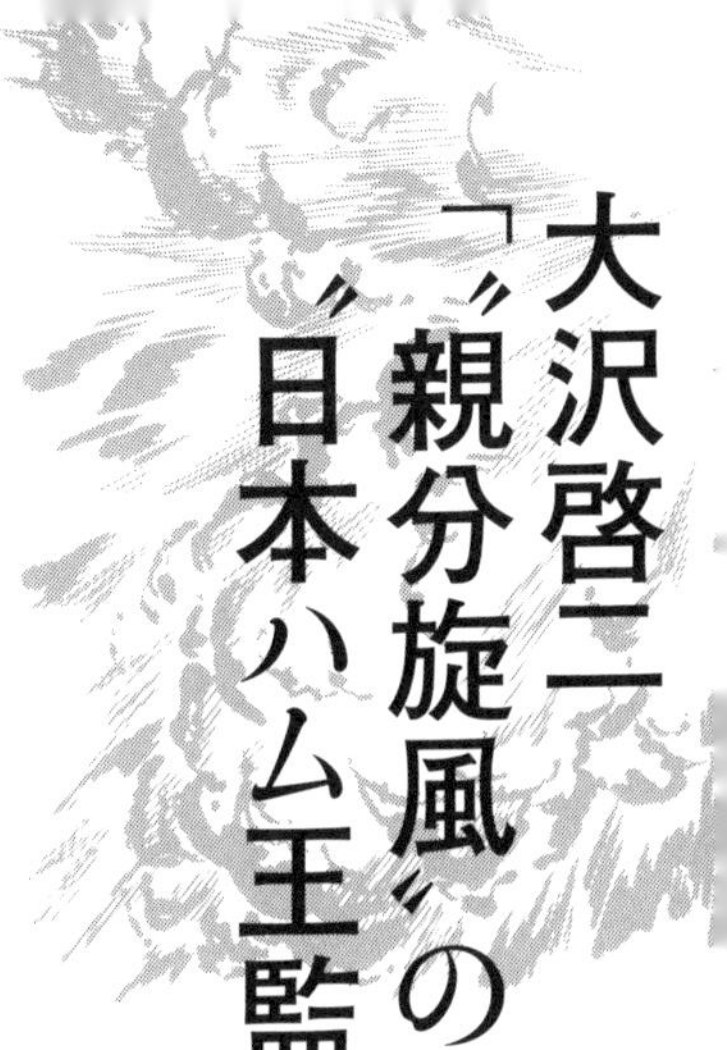

大沢啓二「〝親分旋風〟のきっかけは〝日本ハム王監督〟プラン？」

ネットもスマホもない時代、夜中にムラムラとプロ野球の試合結果が知りたくなったときはどうしていたのだろうか？

そんな疑問を抱きながら、平成初期の『週刊ベースボール』を見ていたら、ページの片隅にこんな広告を見つけた。ニッポン放送ショウアップナイターステーションのプロ野球・ダイヤルＱ２速報である。

「プロ野球の試合経過・結果が今すぐ聞ける！　全ての試合の試合経過・結果を、選手のコメントなども交えて、24時間お届けします」の紹介文と電話番号が書かれている。で、よく見ると広告下部に「このサービスは通話料の他に、３分あたり約２１０円がかかります」という一文もさりげなく記載。通話代別で３分２１０円か……。毎試合利用していたら月額6000円越えで結構高い。もちろん子どもには手が出せず、明細を見た母ちゃんから激怒されること必至。あの頃、自分の好きな時間に情報を得る行為はそれだけハードルが高かった。

そんな懐かしい広告が掲載されている雑誌で、元大リーガー村上雅則氏に〝踊るホームラン王〟と紹介されているのが日本ハムファイターズのマット・ウインタースである。90年代前半の日ハムと言えば、この陽気な助っ人と〝親分〟と呼ばれるボスがチームの顔だ。

1993年（平成5年）から94年にかけて日本ハム監督を務めた故・大沢啓二の愛称「親分」は、なんと93年新語・流行語大賞大衆語部門で金賞を受賞。94年には都内の家庭教師約1000人が投票した『家庭教師が選んだ理想の家庭教師像』に国会議員の田中眞紀子とトップ選出。95年には『日本メガネベストドレッサー賞』にも輝き、さらに理想の上司としてビジネス系の著書を立て続けに出版する空前の親分ブームが到来していた。

まさに60歳を過ぎてから野球人として絶頂期を迎えた大沢啓二は1932年神奈川県に生まれ、立教大学野球部で活躍後、56年に南海ホークスへ入団。ちなみに立大ではあの長嶋茂雄や杉浦忠を2学年下の後輩として可愛がり二人を南海に勧誘するが、スーパースター長嶋は「申し訳ありません」と大粒の涙を流しながら謝り、土壇場で巨人へ。ドリームチーム結成は幻と消える。

現役時代は好守がウリの外野手としてホークスで9年プレー。東京オリオンズ（現千葉ロッテ）移籍後は選手兼任コーチをやったのち、引退後は2軍監督も経験。71年シーズン途中から39歳の若さで1軍監督を務め、最終的に2位で終える手腕を発揮するも、翌72年は下位に低迷し解任されてしまう。

後年、大沢は自著『「人たらし」の管理術　どんな部下でも動かせる〈オレ流〉心のつかみ方』の中で「理想をいえば、コーチ経験がちょっと短かったかもしれない」と謙虚に告白。ただ「コーチをやっていたころから、コーチには向いていない、やるんなら監督だと思っていた。その器だったから、と言うと手前味噌になるが」なんつって親分節もしっかりかましている。

その後、評論家生活を経て日本ハム監督へ。76年から84年までの9シーズンでリーグ優勝1度、Aクラス6度と名物監督として活躍したのち（84年シーズンは一時フロント入りするもチームの成績不振により再登板）、85年から92年は球団常務を務めた。

日ハム二度目の監督就任の舞台裏は興味深い。92年、なんと大沢は球団常務として、王貞治に監督就任オファーをしていたのである。この年、故・土橋正幸監督が現場で不評を買いわずか1年で解任。後任として大沢が目をつけたのが、当時巨人監督の座を退き、少年野球の伝道師として各地を飛び回っていた世界の王の存在だった。野球に取り組む姿勢はもちろん、球団の知名度アップにもこれ以上の人材はいない。

しかし、マスコミに気づかれないよう自宅に招き誘ってみるも王は最後まで首を縦に振ることはなかった。結局、「もう一度大沢常務にやっていただいたらどうか？」という周囲の声に応える形で再登板。1年やったら今度こそあいつに来てもらおうと軽い気持ちで引き受けたら、ビッグ1は94年オフにダイエー監督に就任してしまう。もしもこの時、大沢プラン通りに王が日本ハムのユニフォームを着ていたら、平成の球界勢力図は大きく変わっていたのではないだろうか。

現場復帰した61歳の大沢は血気盛んに黄金期真っ只中の西武に対して噛み付く。「西武の野球はつまらん。プロ野球は勝ちゃいいってわけじゃないだろ。なんであんなにバントばかりするのか分からん。今の俺は鬼退治に出かける桃太郎の気分だよ」と森西武を挑発。自チームがバントをして突っ込まれると「バントせんとは言ってない。無駄なバントが多いんじゃないかと言っただけだ。バカヤローが」なんて〝バント論争〟を巻き起こすが、これは注目度の低いパ・リーグに西武vs日ハムの因縁アングルを持ち込むことで盛り上げようとする大沢流の演出だった。

93年ペナントレース、前年5位の日ハムは最後までリーグ三連覇中の西武と優勝争いを繰り広げ、8月22日には東京ドームで1位西武に3連勝。ゲーム差0・5に詰め寄ると、

24日には近鉄に勝利してついに首位に立った。打線はウインタースとリック・シューの両助っ人にキャプテン広瀬哲朗が牽引。投手陣はエース西崎幸広を中心に前年のチーム防御率4・20から3・37へと改善させたが、9月10日からの西武球場での天王山で負け越すと、最後はわずか1ゲーム差で涙を飲む。

翌94年は一転して最下位に沈み、責任を取りユニフォームを脱ぐことを決めた大沢監督が、本拠地最終戦のグラウンド上でファンに向けて土下座で詫びたのが話題となった。

2度の監督就任、さらにフロントと計19年間を日本ハムで過ごした野球人生。常務時代に力を入れたのが12球団ワーストとも言われた練習環境の改善だ。当時、日本ハムの多摩川グラウンドは老朽化で水はけは悪くトイレもボロボロ、他球団の2軍からは「日ハムの多摩川グラウンドではやりたくない」とクレームを入れられる始末。

ここで親分は立ち上がる。「球団を持って、イメージアップやPRにしようなんて考えるなら金を惜しんじゃいけない」と本社と交渉。その甲斐あり、土地買収費を含め総工費約130億円を投じ、千葉県の鎌ケ谷市に2軍練習場が建設された。大沢親分も自著の中で、「この鎌ケ谷のグラウンドだけは、大沢の置きみやげと思ってもらえればありがたいね」と書き残す。

２０１０年（平成22年）に78歳でその生涯を閉じたが、「大沢の置きみやげ」の地からダルビッシュ有や大谷翔平を輩出し、今も日本ハムの選手育成のベースとして清宮幸太郎や吉田輝星が明日に向かって走っている。

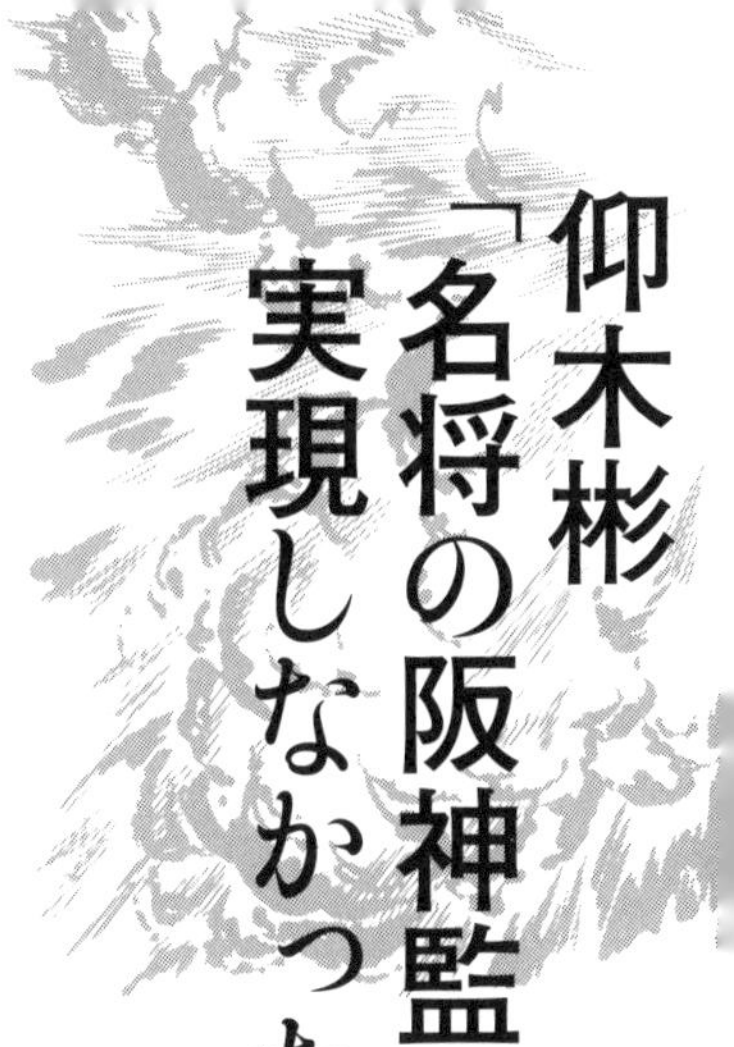

仰木彬「名将の阪神監督就任が実現しなかった意外な理由」

テレビ朝日系列の『報道ステーション』専属キャスターが監督への登竜門。

近年のプロ野球界で囁かれるこんな噂話がある。栗山英樹（日本ハム）、工藤公康（ソフトバンク）、稲葉篤紀（日本代表）と番組経験者が続々と監督就任。しかも、栗山と工藤は毎年のようにパ・リーグで優勝争いを繰り広げている。いまやあんしんの報ステブランドだ。

そう言えば、その前身番組『ニュースステーション』で生放送中にメインキャスター久米宏の隣に座った女子アナ小宮悦子を口説くプロ野球監督がいた。故・仰木彬である。

１９３５年生まれの九州男児、現役時代は〝野武士軍団〟西鉄ライオンズの二塁手として活躍。引退後は20年近いコーチ経験を積み、近鉄とオリックスで指揮を執った90年代を代表する名将だ。
1988年（昭和63年）、川崎球場での近鉄優勝を左右する伝説のダブルヘッダー「10・19」や、95年オリックス「がんばろうKOBE」の当事者。近鉄で1度、オリックスで2度と計3度のリーグ優勝（96年は日本一）に輝き、あの野茂英雄やイチローを世に出した男としても知られている。

仰木マジックと称された日替わりオーダーは「選手には安心感を与えない方がいい」という考えのため。マスコミに対する情報規制をしたがる監督が多い中で、仰木は当時注目度の低かったパ・リーグの選手を売り出すために「話題になるならコーチとも喧嘩をしましょうか」とまで言ったという。このコメントを知ったあとだと、あのオールスター戦の事件も納得がいく。

今も語り継がれる「投手イチロー登板」である。1996年（平成8年）7月21日のオールスター第2戦、パ・リーグ4点リードで迎えた9回表二死、次打者・松井秀喜のあと1人で勝利という場面で全パを指揮する仰木監督がいきなり「ピッチャー、イチロー」をコール。爆発的に盛り上がるスタンドを背にライトから駆け寄り、マウンドで西武の東尾修監督にボールを受け取る背番号51。思わず苦笑いするゴジラ松井。すると不機嫌そうにベンチを出て全セ野村克也監督は松井にこう聞く。

「お前、イヤだろう?」

そして松井がベンチに下がり、代わりにコールされたのが投手の「代打・高津」というわけだ。結局、MAX141キロをマークしたイチローは高津を遊ゴロに打ち取りゲームセット。

前年の日本シリーズからマスコミを通してやり合っていた二人の名将、「球宴を冒瀆するな」という堅ぇノムさんと、「投手イチローが最大のファンサービス」と考えた仰木監督。当時ファンの間でも、さすがにやりすぎ派と、お祭りなんだからイチローvs松井を見せてくれよ派で意見が真っ二つ。

印象的だったのが、コーチとしてベンチにいた巨人の長嶋監督が苦虫を噛み潰したような顔をしていたことだ。もしも、この年の全セ監督がミスターなら、恐らく松井はそのまま打席に入っていただろう。なおイチローはマイアミ・マーリンズ在籍時の2015年シーズン最終戦でメジャーリーグのマウンドに上がっている。早すぎた仰木マジックのひとつである。

ただ、球宴登板騒動には後日談があり、仰木監督が「素直に乗れないところがあの人らしい。だが、その言い分も分かる」と相手の心情を思いやった発言を残せば、ノムさんも仰木監督が亡くなった際は「もう一度監督として戦いたかった……」と惜別のコメント。

実は野球観の違いはあれど決して仲が悪いわけじゃなく、野村ヤクルトが西武と日本シリーズを戦う際は、近鉄監督時代の仰木が西武打線のデータを提供したこともあったという。

この数年後もふたりの名将の運命は、阪神タイガースを舞台に意外な形で絡み合う。当時の阪神は98年から4年連続最下位中の暗黒期のチーム状態。99年から知将・野村を招聘するも、全く浮上するきっかけすら見えず、ポップスター新庄はニューヨークへ去り、補強も思うようには進まない。

元阪神球団社長・野崎勝義氏の著書『ダメ虎を変えた！』では、「選手も甘いが、担当記者も悪い。ＯＢもよくない。主力選手たちはコーチの言うことを聞かず当たり前のことができないし、ファームの体質を１８０度転換させるために、2軍監督は岡田（彰布）以外の別人を連れてきた方がいい」とひたすらボヤくノムさんの姿が書かれている。ついでにサウスポーエース井川慶は趣味のラジコンヘリに熱中する危機感のなさ。

さらにダメ虎に追い打ちをかけるように、01年には野村夫人のサッチー脱税スキャンダルが襲う。すでに開幕前から一部週刊誌で脱税疑惑が報じられており、同時に野村監督の進退問題もマスコミを賑わす。阪神サイドは8月初旬に一度は続投を発表するも、直後に久万オーナーの「沙知代夫人脱税摘発なら野村続投は白紙撤回」発言が週刊誌で報じられる混乱ぶり。

もちろん球団側も万が一の事態を想定して、騒動の裏で超大物に接触していた。それが仰木彬である。もちろん関西での人気と知名度は抜群。01年限りでオリックス監督を退き、タイミングとしても申し分なし。66歳、最後の大仕事としてパ・リーグ育ちの仰木彬がついに甲子園へやってくる……のか？　調査をすると、監督としての戦略、采配、情熱はほぼ完璧。

問題はただひとつ。やはりというべきか、仰木の奔放なプライベートである。当時の仰木は九州に奥さんを残し、神戸のホテルで単身赴任生活。夜の街で見かける度に一緒にいる女性が違う遊び人。キャンプ地の沖縄宮古島では5、6人のおネエちゃんたちを引き連れて飲み歩く生涯現役ぶり。関係者は皆、苦笑いしながらこう言ったという。

「近鉄やオリックスでは問題にならなかったけれど、阪神監督となると、写真週刊誌や雑誌、スポーツ紙の格好のネタになり、野球どころではなくなるかもしれませんなあ」

結局、条件提示までしながら、電鉄役員が女性スキャンダルを嫌がり実現ならず。そこで急転、浮上したのが、水面下で接触し続けていた中日監督を退任したばかりの闘将・星野仙一というわけだ。意外にも、ノムさんもフロントに阪神再生は星野タイプの熱血監督がいいと強く進言したという。

野村、星野、仰木と名将たちの運命が交差した2001年ストーブリーグ。この後、2005年に合併球団のオリックス・バファローズで70歳にして4年ぶりの仰木監督が復活するも、体調悪化により1年限りで退任。シニア・アドバイザーの就任が発表されたが、直後の12月15日、監督退任後78日で帰らぬ人となった。

酒を愛し、女を愛し、そしてとことん野球を愛した男。仰木彬は最後まで仰木彬だった。

原巨人vs落合中日「若大将とオレ竜がしのぎを削った平成の名勝負数え唄」

棚橋弘至と中邑真輔。

2000年代の暗黒時代と呼ばれた頃の新日本プロレスをギリギリで支えたのは、ふたりのレスラーだった。ともにまだ若く経験不足だったが、棚橋には持って生まれたスター性とプロレスセンスが、中邑にはレスリング経験をベースにしたリアルファイトの強さとアーティスト性があった。彼らがメインイベンターとしてIWGPヘビー級王座を争う事で団体内の世代交代は一気に進み、プロレス人気も徐々に復活する。まだ〝レイン・メーカー〟オカダ・カズチカが凱旋帰国する前の古い話だ。

同じ頃、プロ野球のセ・リーグも原巨人と落合中日の2強時代真っ只中である。2004年（平成16年）から中日監督に就任した落合博満と、06年に2年ぶりに巨人監督へ復帰した原辰徳。現役時代、2シーズンだけ同じ巨人のユニフォームを着た両者だったが、原はFA移籍してきた元三冠王スラッガーに4番の座を奪われてユニフォームを脱ぎ、落合の方は80年代にどれだけ圧倒的な数字を残そうと、マスコミが大々的に取り上げるのはいつだって圧倒的な人気を誇る巨人の背番号8だった。

人気の原、実力の落合――。選手時代の立ち位置から、監督としての生き様まですべてが対照的な若大将とオレ竜。そんな両者が同リーグで指揮を執った06年から11年のGD決戦は、まさに〝平成の名勝負数え唄〟だ。

その6年間、リーグ優勝回数はそれぞれ3度ずつ。06年は中日が制すも、07年から09年までは原巨人が球団36年ぶりのV3を達成。しかし、10年と11年は落合中日が球団初の連覇。07年から開始されたクライマックスシリーズでも、第2ステージは4年連続で巨人と中日の対戦が続いた。07年と10年は中日が勝利。08年と09年は巨人が勝ち抜き日本シリーズへ。優勝回数に続き、CSも4年間で2勝2敗と全くの互角である。

当時の両チームには、80年代後半の王巨人vs星野中日の熱さとはまた別の重い空気があった。優勝して読売新聞の手記で「(中日の)スポーツの原点から外れた閉塞感のようなものには違和感を覚えることがある」なんて珍しくかち食らわす原に、「俺がこの状況に手をこまねいていると思うか?　見くびるなよ」と強気な姿勢を崩さない落合。このヒリヒリした関係は、当然オールスター戦のベンチでも続く。

元阪神監督の岡田彰布氏が自著『オリの中の虎』で明かしたところによると、落合、原、岡田と3人の監督がセ・リーグのベンチに揃ったシーズンに、落合が原に対して「巨人の監督は誰々に代わるはずだった」とか「FAしたあいつに巨人は本当はウン億円出した」とふざけ半分で嫌みを言い続けたという記述がある。

当然、言われた原は面白くない。大学時代からの知り合いである岡田に向かって「いったいなんですかね」なんつって嘆くわけだ（ちなみにそれに対する岡田の反応が「そんなん俺に言われても知らんやん」というのが三者三様のキャラクターを表していて興味深い）。

現役時代から続く因縁ストーリー。91年オフ、十二球団選手会労組の会長を務めていた原は、途中で選手会を脱退した落合のもとを訪ね、自分たちで作ったFA制度の概要説明に出向いている。そうして93年オフにその制度を使い移籍してきた落合が、練習中に「タツ、ノックしてやるから捕れ」と原にノックしたことがある。巨人担当が長い記者は「偉そうに」と立腹したが、若大将は「オチさんが早くチームに溶けこんだほうがいいだろ」なんて平然としていたという。

一方で、移籍間もない宮崎キャンプ中に「『正面打ち』を教えてください！」とオレ流練習法のレクチャーを申し出る原に対して、落合は「やめとけ。ケガするだけだ」とクールに言い残し立ち去ったこともあった。どちらが良い悪いではなく、人生観の違い。そんな積もり積もったわずかなズレが、両者が監督となりスパークする。

00年代中盤の中日といえば、のちにメジャーリーガーとなる川上憲伸とチェン・ウェインの両輪に、大ベテランの山本昌、09年と11年に最多勝を獲得する吉見一起といった先発陣が充実し、ブルペンには盤石の浅尾拓也に守護神・岩瀬仁紀がスタンバイ。正捕手は百戦錬磨の谷繁元信が守り、荒木雅博と井端弘和の〝アライバコンビ〟が二遊間でともに6年連続ゴールデングラブ賞を獲得。メジャー移籍前の福留孝介、勝負強い森野将彦がクリーンナップを担っていた。さらにタイロン・ウッズやトニ・ブランコといったド迫力の外国人スラッガーも打線の中心に君臨。06年のウッズは47本塁打、144打点で球団記録を更新しての二冠獲得に加え、1シーズン4本の満塁弾と大暴れ。09年にそのウッズと入れ替わりで入団したブランコも、いきなり39発でホームラン王に輝いている。

対する巨人も、06年オフの小笠原道大と谷佳知、07年オフのアレックス・ラミレスと立て続けにチームの土台となる大物の獲得に成功。高橋由伸がトップバッターとして自己最多の35本塁打と復活を果たし、全盛期を迎えつつあった阿部慎之助も球団捕手初の30発、100打点をクリア。長年エースを務めた上原浩治や高橋尚成はアメリカへと旅立ったが、当時若手だった内海哲也が左のエースに成長する。

この時期の原ジャイアンツはえげつなくイ・スンヨプやセス・グライシンガー、ディッキー・ゴンザレス、マーク・クルーンと他球団の優良助っ人を立て続けに補強する一方で、04年ドラフト4位の亀井善行が25本塁打を放ったり、育成出身の山口鉄也や松本哲也もそれぞれ新人王獲得と若手を積極的に登用。原監督はまだ10代だった坂本勇人をショートレギュラーで使い続けたが、思えばその坂本も06年高校生ドラフトで競合した堂上直倫を中日に引き当てられてのハズレ1位だった。

6シーズンに渡るふたりの監督としての公式戦対戦成績は中日75勝、巨人65勝。オレ竜は13年10月から中日GM職に就くが最下位も経験し、17年1月限りで退任。平成の終わりに異例の三度目の巨人監督として戻った若大将もすでに還暦を迎えている。サラリーマン化しつつある現在のフラットな監督業界において、あえてGM的な〝原全権監督〟での復帰。その姿を落合はネット裏からどんな気持ちで見ているのだろうか？

かつて、故・ジャイアント馬場は「ガチンコを越えたところにプロレスがある」という名言を残したが、原辰徳と落合博満のイデオロギー闘争は、まさに「ガチンコを越えたところにあったプロ野球」だったように思う。

仰木監督も出演！　究極の〝イチロー愛〟
映画『走れ！イチロー』

「ファーストベースにヘッドスライディングしてもそれが様になる日本でも珍しいプロ野球選手」

30数年前、作家・村上龍は広島カープの高橋慶彦を題材にした小説『走れ！　タカハシ』のあとがきでそう書いた。普通の人々の日常の中にある野球の魅力を軽快な文体と圧倒的な技術で切り取った傑作短編小説集。

このプロ野球小説の金字塔は多くの熱狂的ファンを生み、2001年（平成13年）4月には映画化もされたが、当時すでに高橋慶彦は引退。代わりにメインテーマとなったのは泣く子も黙る「鈴木一朗」である。

物語はイチローの日本ラストイヤーとなった00年のグリーンスタジアム神戸（現・ほっともっとフィールド神戸）を中心に展開する。主人公は3人の〝イチロー〟だ。大学野球部から大手ゼネコン会社に入社しながら突然リストラされ、妻（浅野ゆう子）を追って娘とともに神戸へ向かう石川市郎（中村雅俊）。グリーンスタジアムの売り子アルバイトをしている〝一浪中〟の望月竜介（松田龍平）。新作の執筆のため、神戸ホテルに滞在中の小説家・奥手川伊知郎（微妙に原作者・村上龍と顔が似ている石原良純）。それぞれどん詰まりの日常から脱出しようと、彼ら3人のイチローが同名のスーパースター「イチロー」を追いかける様子が描かれる。

とにかくこの映画のイチロー愛はガチだ。中村雅俊、浅野ゆう子、浅田美代子といった豪華メンツの会食でこんな会話シーンがある。

「イチローが初めて首位打者を獲った年のこと覚えてる？」

「あと5試合を残して3割8分9厘3毛。バースの日本記録を超えていたんだ。残り試合に出場しなければそのまま日本新記録。みんなそうしてるし、仰木監督も出なくていいって言ったのにイチローは残り5試合全部出て3割8分5厘で終わったんだ。その年から君はイチローのファンになった」

「だって男の子だもん」

「記録よりも自分のダイヤモンドを選んだんだ」

凄い、もはや台詞というより、ただのイチローの偉業紹介だ。このマニアックさに一般視聴者は早くも置いてきぼり。テーブルに座るひとりは筋トレした田村正和かと思ったら、かつて広島と巨人で活躍した〝ダンディ川口〟こと川口和久。劇中、野球解説者にイチローの凄さを語らせる荒技でストーリーは進んでいく。数年前、阪神・淡路大震災時のテント村で、東京から仕事でやって来た石川市郎と知り合った靴職人のジョージ爺さんも、もちろん熱狂的なイチローマニアである。

誰かが球場からパクった盗品のスパイクを手に入れ、「これイチローの本物だよ。正確に言えば、95年盗塁王を獲った年にイチローが履いていたスパイクだよ」なんつって嬉々として語るジョージ。

「もちろんこれはイチローに返すつもりだ。なんせ、あの年以来イチローは松井カズオとか小坂にやられて盗塁王は一度も獲ってないからな。このスパイクが戻ればイチローは必ず盗塁王が獲れる。でもくたびれてるから、新しく全く同じスパイクを俺が作るんだ」と無茶苦茶なイチロー愛を形にしようとするジョージの情熱は、一種の清々しさすら感じさせてくれる。

公開当時はほとんど無名の存在だったが、イチローのトレーナー妹役で当時19歳の柴咲コウ、ソフトボール部のエース役で17歳の水川あさみと現代の人気女優たちの若手時代も楽しめる豪華仕様。そしてなにより野球ファンとして嬉しいのは、当時のオリックス本拠地グリーンスタジアム神戸の様子がじっくり見られることだ。球場内ポスターや泣けるくらいガラガラのスタンドまでリアルに収録。仰木監督を始め、藤井康雄、谷佳知、田口壮、大島公一、塩崎真といった現役選手たちもちょい役で出演。やりすぎというか、もはやコアな野球ファン以外誰もついて来られないでしょ……と心配になるが、すべてはイチロー愛に捧げた渾身の内容となっている。

正直、悲しいことに野球描写のガチさが増すほど、映画の完成度は著しく低下。原作小説の良さはほとんど生かされていないし、浅野ゆう子が臨時コーチを務める東須磨学園ソフトボール部監督役の川口さんの演技はほとんどコントの領域だ。

それでも「日本球界のイチロー」を記録したという意味では、価値のある一本だと思う。近所の球場に行けば、天才バッターが普通に見られた幸せな時代。神戸でオリックス51番が打席に立つ様子、室内練習場で黙々と練習する横顔、関西空港から渡米する希望に満ち溢れた表情の27歳・鈴木一朗。周囲のファンはその姿に日々を生き抜く元気を貰う。そんな幸せな関係性が確かにそこにあった。その風景は現役晩年のイチローが『報道ステーション』で、稲葉篤紀のインタビューに対して語った言葉を思い出させる。

「ニュースとか報道番組は基本的に暗いじゃないですか。見たくないもの聞きたくないもので埋め尽くされている。あの中の何分間かのスポーツコーナーで、見ている人が少しホッとできたり、気晴らしになったりするのがスポーツの大きな意義」

劇中、来季のメジャー挑戦が噂される神戸の至宝を語る際、人々がまだ〝メジャーリーガー〟ではなく〝大リーガー〟と言っていることに驚かされる。20年近く前、まだ多くの日本の野球ファンにとってMLBは遠い大リーグだった。

振り返ると、イチローの存在が日本でメジャーを身近なものにしたとも言えるだろう。投手とは違い野手は基本的に毎日試合に出るので、マリナーズ戦の映像は日本のニュースで毎晩報道される。野茂英雄や大魔神・佐々木とはまた別のベクトルで、NPBが生み出した最高の天才打者がMLBを日本に広めたのである。

2019年3月21日、マリナーズvsアスレチックス。東京ドームの大観衆は、いや日本中のテレビの前の野球ファンが、現役最後の打席で遊ゴロを打った背番号51に対して感謝と惜別を込めて力の限りこう叫んだ。

「走れ！　イチロー」と。

9回

平成プロ野球グローバル遊戯

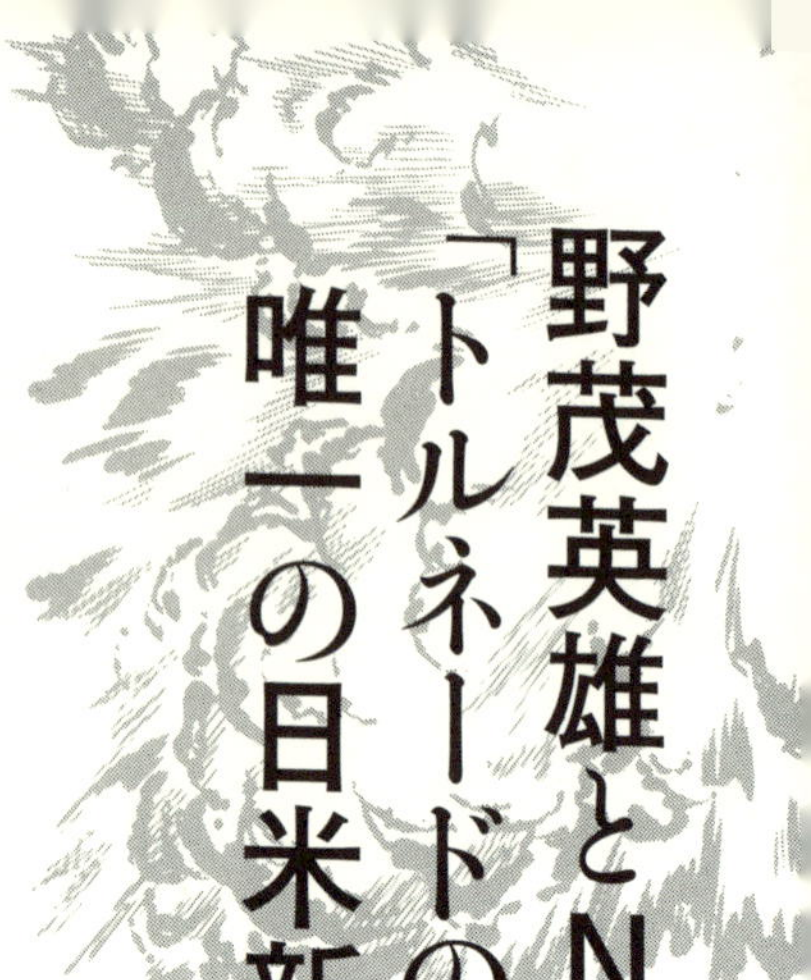

野茂英雄とＮＯＭＯ「トルネードの挑戦と開拓唯一の日米新人王」

１９９６年（平成８年）４月15日の月曜日、テレビ業界では２つの大きな出来事があった。

フジテレビ系列で21時からドラマ『ロングバケーション』の初回拡大版、22時30分からは『ＳＭＡＰ×ＳＭＡＰ』の第１回が放映されたのである。もちろんその中心にいたのは当時23歳の木村拓哉だが、キムタクはドラマ第１話で、背中に「ＮＯＭＯ」とプリントされたドジャースの背番号16Ｔシャツで登場しているところに歴史を感じさせる（今ならエンゼルス大谷翔平の17番だろうか）。

平成で総勢58名の日本人メジャーリーガーが誕生したが、すべての始まりは野茂英雄だった。平成最初のドラフト会議で史上最多８球団競合、初の契約金１億円と記録ずくめの近鉄バファローズ入り。１９９０年（平成２年）４月10日西武戦でプロ初先発デビューするもなかなか勝ち星がつかず、プロ初勝利は4試合目の登板となった4月29日オリックス戦。前年まで閑古鳥が鳴いていた西宮球場には3万人を超える観客が押し寄せ、ブーマー、門田博光、石嶺和彦、松永浩美らが並ぶブルーサンダー打線相手に当時のプロ野球記録となる17奪三振の2失点完投勝利を飾る。

なおプロ初奪三振はデビュー戦の初回無死満塁の場面で西武の4番バッター清原和博から奪ったものだが、引退後にスカパーの企画で野茂と対談した清原はゴールデンルーキーとの初対決の印象を嬉しそうに語っている。

「これが野茂か！　マウンドの立ち姿、でっかいなぁ〜と。速かったねぇやっぱ。フォークも色んな落ち方するし。ボールの出先もまったく分からなかった」

その後、5月からは順調に勝ち続け、6月には近鉄球団が打者に背中を見せる独特な投球フォームのニックネームを募集。そして決定したのが竜巻を意味する〝トルネード投法〟だったというわけだ。仰木監督は野茂をあえて宿敵・西武戦にぶつけ、8試合に先発させると4勝を挙げる活躍。当時、清原や秋山幸二とAKD砲を形成したデストラーデはのちに「トルネード投法はタイミングが合わせづらくて仕方がなかった。最初の頃は全然打てなくて、三振しまくったはずさ。あれほど苦労した投手はいなかった」と怪物ルーキーの衝撃を語った。

結局、野茂は1年目から年間21完投と恐るべきタフさを発揮し、最多勝、最優秀防御率、最多奪三振、最高勝率、ベストナイン、新人王、MVP、沢村賞と怒濤の8冠獲得（奪三振率は脅威の10・99）。メジャー移籍時のマスコミ不信から寡黙なイメージが強い男だが、当時はまだ無防備で大阪人らしいノリのよさも度々見られた。

1年目の前半戦終了時には雑誌『Number』のインタビュー企画で近鉄OB梨田昌孝から「（三振を避けて当てにくる）そんな打ち方をされると、堂々と向かって来い、と思うだろ?」と聞かれ、野茂は冗談めかしてこんな発言をしている。

「小さいのを並べてこられてバントとかやられると、「なんや、こいつらプロのくせにレベルの低いことやりやがって」と。ちゃんと勝負してくれよ、と思います」

趣味はファミコンという意外な一面もあり、新日鉄堺時代には都市対抗の準決勝で対戦した東芝のマスコットガールに一目ぼれ。恋に狂ったトルネードはチラチラと東芝ベンチの片隅に立つ彼女を見ながらのピッチングに終始し、メッタ打ちのKOを食らったという微笑ましいエピソードも残っている（90年11月20日に二人は婚約発表）。

4年連続最多勝と圧倒的な成績を残し続けた背番号11は、鈴木啓示監督との確執もあり8勝に終わった94年の契約更改で複数年契約や代理人制度を希望するも交渉決裂。結果的に海の向こうを目指す事になる。NHKスペシャル平成史第1回『大リーガー NOMO

〜トルネード・日米の衝撃』のインタビューでは、近鉄との最初の交渉から任意引退書にサインして、もうこれで野球が終わってもいいと腹を括っていたことを明かしている。

年が明けた2月にはメジャー未経験者として過去最高の契約金200万ドル（約1億7000万円）でロサンゼルス・ドジャースと契約。年俸はわずか980万円だったが、1995年（平成7年）5月2日、26歳の野茂英雄はサンフランシスコ・ジャイアンツ戦の先発マウンドに上がり、5回1安打7奪三振の無失点で堂々のメジャーデビューを飾ったのである。過去にマッシー村上というパイオニアはいたが、現在進行形の〝日本のエース〟が遠くアメリカの強打者たちをフォークボールで三振に斬って取るインパクトは凄まじいものがあった。

地元ロサンゼルスで「NOMOマニア」と呼ばれる現象を生み、オールスター戦にも先発登板。最終的にシーズン13勝を挙げ、リーグトップの236奪三振を記録し新人王に輝いたトルネード。開幕前は激しくバッシングしていた日本のマスコミも連日トップニュースとして報じ、埼玉の大宮駅前あたりで普通の兄ちゃんが、なぜかドジャースの背番号16Tシャツを着て街を歩くという何だかよく分からないほどのブームを巻き起こしてみせたのである。

ある意味、95年はNPBにとってターニングポイントとなる1年だった。シーズン終了後に発売された『ベースボールマガジン　1995年プロ野球総決算号』掲載の「スポーツ新聞6紙一面徹底分析」という名物コーナーを確認してみると興味深いデータが掲載されている。もちろん、まだインターネットが一般に普及していなかった90年代中盤は今より圧倒的に新聞のパワーが強いのは言うまでもない。

野茂渡米前の94年、主要スポーツ紙年間一面回数で大リーグネタはたったの3回、それが95年は野茂旋風で一気に178回へと大幅アップである。日本の人々はそれほどまでにアメリカで活躍する野茂の記事を求めていた。ちなみに若貴人気が落ち着き出した大相撲は92年104回から95年13回へとダウン。サッカーはJリーグブームだった前年の94年110回から95年19回へと激減している。

野球界を見ると、一面回数トップはやはり長嶋巨人で152回。イチローが大活躍した「がんばろうKOBE」のオリックスも104回と健闘。意外なのは、広島7回と最近のビジター三塁側も真っ赤に染めるカープ人気からは考えられない注目度の低さだ。バレンタイン新監督のロッテも2位と躍進しながらわずか9回の登場（それでもパ・リーグ3位の一面回数だが……）。

ちなみに94年は日本一に輝いた巨人がなんと一面登場回数411回のひとり勝ち状態。2位阪神の93回に大差をつけて12球団ぶっちぎりのトップだった。つまり、わずか1年後の95年には「巨人152回、大リーグ178回」とこの大差を逆転されたわけだ。

阪神大震災、地下鉄サリン事件と重いニュースが続いた1995年、ニッポン列島は野茂英雄のトルネードに暗い現実を吹き飛ばしてもらったというのは決して言い過ぎではないだろう。

【野茂英雄　日米1年目の成績】

1990年（近鉄／22歳）
29試合（235回）　18勝8敗　防御率2・91　287奪三振

1995年（ドジャース／27歳）
28試合（191回1／3）　13勝6敗　防御率2・54　236奪三振

日米での新人王獲得は長い球史において野茂ただひとり。メジャー7球団を渡り歩き、2度のノーヒットノーランを含む123勝を挙げ、日米通算201勝で名球会入り。2014年には日本の野球殿堂入りも果たしている

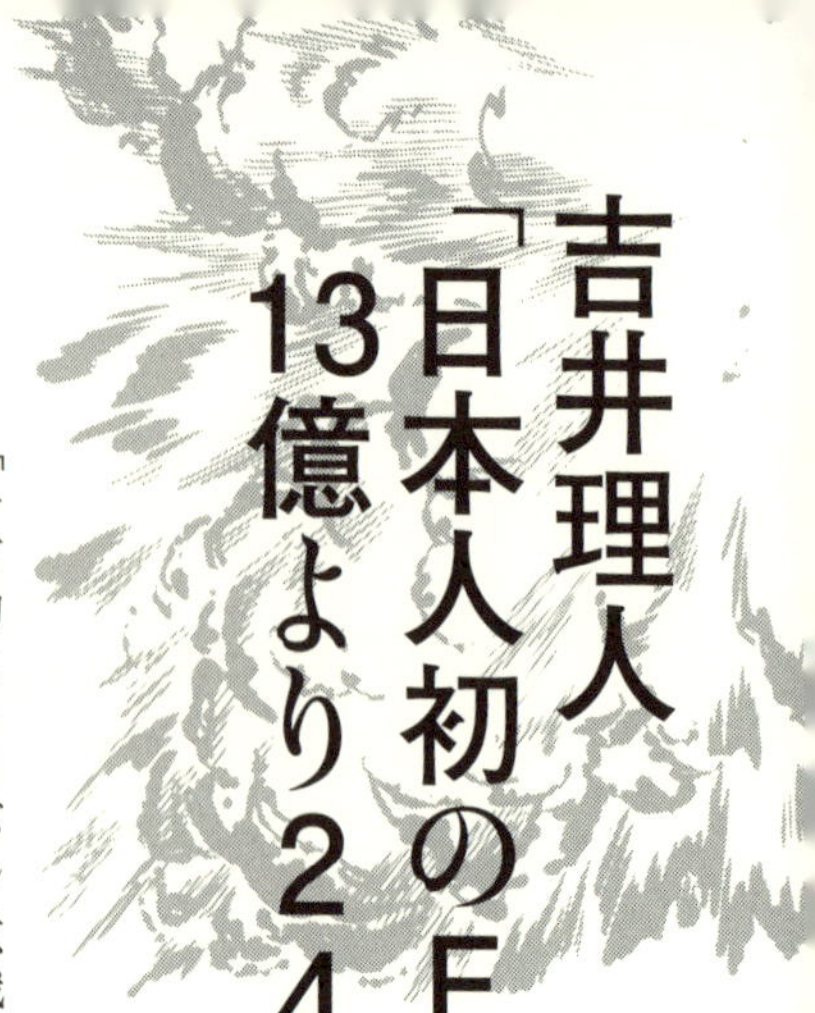

吉井理人
「日本人初のFAメジャー移籍！
13億より2400万を選んだ男」

「一方的にライバル意識がありました（笑）。井上さんも僕も手塚賞出身なんですが、僕は4回出して2回佳作が精いっぱいだったのに、井上さんは一発で入選して……」

『週刊少年ジャンプ展　VOL．2』公式図録収録のインタビューで、人気漫画『ろくでなしBLUES』の作者・森田まさのりは、『SLAM　DUNK』の井上雄彦を同い年なので勝手にライバル視していたと明かす。連載は自分が半年くらい早く始めているから、ちょっとだけ先輩だと笑う森田。井上の方も「同い年でこんなに描ける人がいるんだと常に刺激を受けていた」という。

どの世界にも同学年の繋がりというのはある。実は球界でも90年代からすでに球団を超えた付き合いは存在していて、例えば１９６５年生まれの選手たちの〝昭和40年会〟という同世代の集まりがあった。古田敦也、池山隆寛、渡辺久信、山本昌、小宮山悟といった豪華ゴールデンエイジで集合。その様子は度々テレビの特番として放送されていたが、彼らビッグネームにどれだけ誘われても頑なに参加を拒んだ選手がいることはあまり知られていない。

昭和40年4月20日生まれの吉井理人である。自著『投手論』の中で、吉井はその理由を「自分の中に、球界にいる選手はみんな敵だという意識が強くあった」と告白している。仲間として酒を飲んだり、ゴルフをすると次のシーズンに響く。相手が嫌がる内角にシュートは投げにくいというわけだ。当時ですら珍しい、昭和の香り漂う一匹狼。ひと呼んで〝投げるスペース・ローンウルフ〟。いったい吉井理人とはどんな投手だったのだろうか？

あの名球会投手・東尾修の出身校でもある和歌山県立箕島高校を卒業した吉井は、83年ドラフト2位で近鉄バファローズへ入団。希望に胸を膨らませた18歳のはずが、1年目にいきなりコーチから投球フォームを指摘され、大混乱してしまい投げるコツを思い出そうと吉井が辿り着いたのは〝人からの指示を待つのではなく、自分で考えること〟だった。

5年目の88年シーズンには、就任したばかりの故・仰木彬監督からクローザーに抜擢される。この年から3シーズンで計59セーブを記録。吉井はあのロッテとの10・19川崎決戦や、翌89年のリーグVといった近鉄が最もギラギラしていた時代の抑え投手として君臨。

当然、絶頂期の西武ライオンズに対しては常にギリギリのシュートマッチを挑み、相手4番バッター清原和博に対して「死球でブツブツ言うならもう一球投げたろうか」なんて狂犬発言をかまして物議を醸した。

とにかく、この頃の吉井の印象と言えばよくキレてるヤバイ奴。投手交代を告げられると、マウンドを降りる際にボールをボレーキックして2軍落ちというガチで危険な暴れ馬ぶりだった。結局、先発転向後は鈴木啓示監督と衝突し、95年に30歳でヤクルトへトレード。だが、結果的にこの移籍が運命を大きく変えることになる。当時ヤクルト監督の野村克也との出会いである。

「ミーティングなんかアホちゃうか」と馬鹿にしていた一匹狼が、ノムさんの野球論に触れているうちに熱心にミーティングでノートを取るようになったという。ちなみに最後までノートを取らなかったのが長嶋一茂というお約束のネタは置いといて、クレバーさを身につけた吉井は見事新天地で先発投手として開花。「野茂に教わったフォークがあるので、セ・リーグでも抑える自信があります」なんてフォークを意識させておいて、実際はシュートばかり。時にマウンド上で雷に怖がったり、ベンチ裏で派手に暴れることも忘れずに3年連続二桁勝利を挙げ、97年オフ、海外FA権を行使する。

もちろん複数球団の争奪戦に。その中でも熱心なのは、やはり巨人だった。ヤクルトでの年俸9500万円の吉井に対して、なんと4年12億円という破格の条件提示。これにはさすがにメジャー志望の吉井もグラつく。するとその様子を見た長嶋監督から「分かった。それなら私のポケットマネーでもう1億出しましょう」の一言。さすがミスター、近所の子どもに1000円のお年玉をあげる口調で1億円をぶっこんでくる規格外のスケール。65年生まれの吉井は長嶋茂雄の現役時代をリアルタイムで知る最後の世代だ。

栄光の背番号33が自分のためにここまで言ってくれている、総額13億円やで、もう巨人に行こか……。そう決めかけた時、とんねるず主催の忘年会の席で近鉄時代の盟友・野茂英雄が「吉井さんビビってるでしょう。思い通りにやった方が後悔しませんよ」と元先輩の尻を叩いた。よし行くぞアメリカ。こうして、吉井は日本人選手として史上初めてFA権を行使して、ニューヨーク・メッツへ入団する。しかもメディカルチェックで右肘の状態が引っ掛かり、わずか年俸20万ドル（約2400万円）での再出発だ。

ロッテでも指揮を執ったボビー・バレンタイン監督の元、渡米2年目の99年には12勝を記録。リーグチャンピオンシップシリーズ第1戦ではブレーブスのメジャーを代表する右腕グレッグ・マダックスと投げ合った。凄い、なんてドラマティックな野球人生だろう。劇場というより若き激情型クローザーは近鉄で一時代を築き、監督とぶつかり移籍した先のヤクルトでアラサー先発投手として活躍。32歳で海を渡り、ニューヨークでアメリカンドリームを手にした男。

あの殿堂入り捕手マイク・ピアザに対しマウンド上で「しっかりするのはおまえじゃ」なんてどついたり、突然のローテ降格にブチギレて監督の目の前でヘルメットをバットで叩き割ってみせる相変わらずのテンションで、メジャー3球団を渡り歩き、2003年（平成15年）から日本復帰へ。オリックスとロッテで42歳まで投げ、日米通算121勝129敗62Sの成績を残し現役引退。

日本ハムやソフトバンクで投手コーチを務め、14年には筑波大学大学院でスポーツ健康システムマネジメントを学び、19年からはロッテ1軍投手コーチに就任。昔は、誰よりもキレやすい若者が、いまやロジカルさと熱さを併せ持つ球界を代表する名コーチである。

なお、吉井流の喧嘩の鉄則として、監督との口論は選手に見えないところでやるものだという。なぜならチーム全体の士気を下げてしまうから。とりあえずあなたも、会社にムカつく上司がいたら会議室に呼び出してタイマンだ。健闘を祈る。

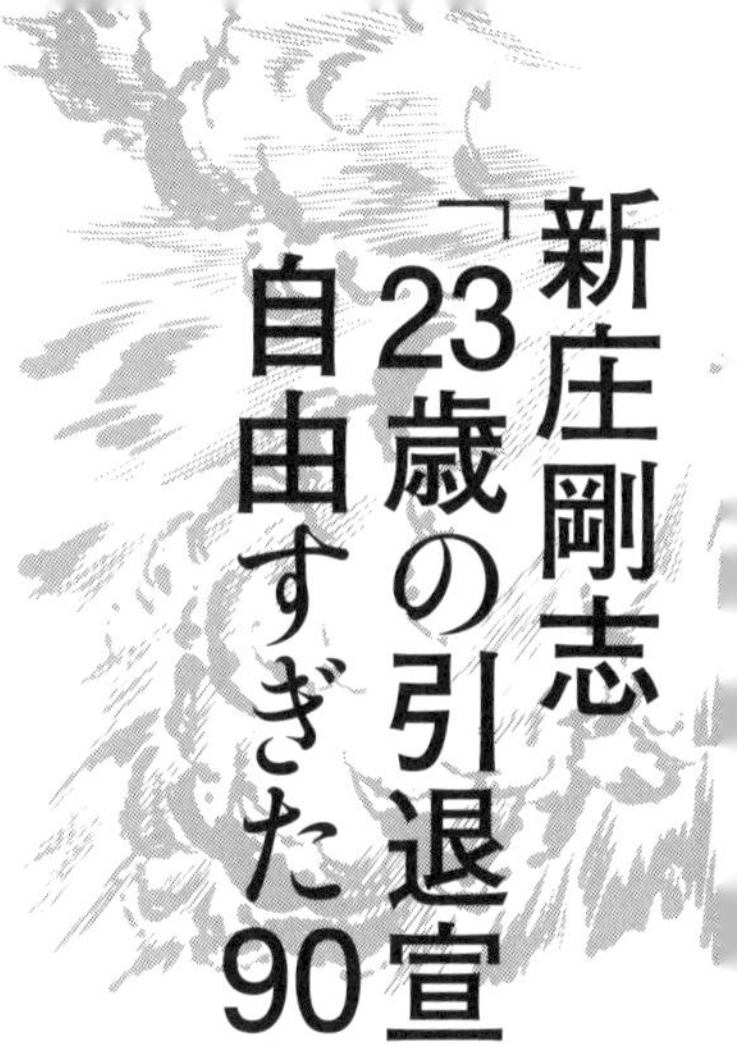

新庄剛志「23歳の引退宣言、二刀流挑戦 自由すぎた90年代」

ここでいきなり問題です。日本人選手初のメジャー4番打者は誰でしょう?

ヒントはニューヨーク。ハイッ松井秀喜と即答したくなるけど、正解は「2001年（平成13年）8月3日のダイヤモンドバックス戦で4番スタメン出場のメッツ新庄剛志」である。00年オフにFA宣言すると、阪神から5年12億円の大型契約が提示され、ヤクルト、横浜も巻き込んだ争奪戦に……と思ったら、新庄は突然「やっと自分に合った野球をできる環境が見つかりました。その球団はニューヨーク・メッツです!」なんて電撃発表。契約書に記載されている年俸は2億2000万円、まあこんなもんかな……と思ってよく数えてみたら0の数が一個少ねぇ!　マジかよ2200万円じゃんと新庄自身が驚くが、うまくいかない事があると逆に燃える性格にスイッチが入る。よし、この逆風こそオレが求めていた環境じゃねえか。いくぞ、アメリカンドリーム。

そのキャリアを振り返ると、若手時代から規格外の男だった。プロ2年目の1991年（平成3年）9月10日の巨人戦に初出場。代打で初打席初安打初打点を記録するも、1軍13試合で打率・118と苦戦。だが、その強肩はレベルの違いを見せつけ、自チームの新人選手が、センター新庄からの送球のスピードと威力に「アカン、捕るのが怖い……」と震えた逸話が残っている。

3年目の92年ペナント序盤に4番オマリーが右手首骨折で離脱、代わりに1軍昇格した背番号63の新庄は5月26日の大洋戦（甲子園）で「7番サード」として出場即、第1打席で初球をいきなりプロ初本塁打の衝撃再デビュー。真っ赤なリストバンドをつけた若者はオマリー復帰後もセンター定着すると、この年からメガネをかけてボールがよく見えるようになったという亀山努と〝亀新コンビ〟を結成。勢いに乗ったチームは、1985年以来の優勝争いを繰り広げる（最終順位は首位ヤクルトにわずか2差で巨人と同率2位）。

新庄は95試合で打率・278、11本塁打、46打点と高卒3年目野手としては充分すぎる数字を残し、翌93年には背番号5を託され、23本塁打を放ちベストナインとゴールデングラブ賞を初受賞。華のある見た目と派手なプレースタイルに加え、在阪メディアの猛プッシュもあり一気にスター選手へと駆け上がった。

だが、皮肉にも当時の新庄は阪神選手だけを過剰に取り上げる関西マスコミに窮屈さを感じていたという。さらに故・中村勝広からシーズン途中にチームを引き継いだ〝鬼平〟こと厳しすぎる藤田平代理監督とは野球観の違いからぶつかり、95年は打率・225、7本塁打のレギュラー定着以来最低の成績。そして、12月5日の契約更改の席上で事件は起きた。

「このままじゃどうしても納得できない。監督が辞めるか、僕が辞めるか。どっちかはっきりしてほしい」

この年の夏、練習時間に遅刻すると、藤田からグラウンドで1時間の正座を命じられ、さらに激しいアメリカンノックまで課せられる。右足首の捻挫でトレーナー室へ行っていたのに、そもそも足首を痛めている選手に対して正座はないんじゃないのか……と新庄は怒り、藤田監督のもとでは野球ができへん。というトレード志願のはずが、12月19日には「自分には野球のセンスと能力がない」なんつって唐突すぎる引退宣言。当時の新庄はすでにチームの顔とも言える看板選手で、圧倒的な人気を誇るプロ6年目の23歳だ。大騒動に発展するが、家族とのやり取りもあり、2日後の21日にはあっさり引退を撤回。阪神と契約した。

今思えば、〝90年代の新庄剛志〟は誰よりも自由だった。圧倒的な身体能力と守備力を誇りながらも、打率3割や30本塁打も一度もクリアしたことがない。それでいて、常に異常な注目を浴び続けるトリックスター。

野村克也監督が阪神にやって来た1999年（平成11年）には、ノムさんからマンツーマンで打撃指導されるも「いっぺんに聞くと分からないので、今日はこのくらいでいいです」と立ち去り、一番やりたいポジションを聞かれると「そりゃピッチャーですよ」なんて即答。本当に巨人とのオープン戦で投手としてリリーフ登板すると1回を三者凡退。テレビ解説の中畑清を「意外にカーブ、曲がってますよ〜」と喜ばせるお祭り騒ぎに。

その後、下半身の故障もあり二刀流は断念するが、同年6月12日の巨人戦では延長12回に敬遠球を強引に三遊間に引っ張りサヨナラ打。お立ち台で「明日も勝つ！」と格好良く決めるも、翌日から首位争いをしていたチームは大失速というオチもつけた。

あのロジカルモンスター野村克也をして「私は理をもって選手と接するが、そんなことをしても新庄には通じないと思った」と自著内でボヤかせた男は、亀新フィーバー、引退騒動、早すぎる二刀流挑戦、敬遠球サヨナラ打……と派手に暴れ、21世紀のアメリカと北海道での活躍はご存知の通りだ。

もしも95年12月、新庄が本当に引退していたら、その後のプロ野球界は大きく変わっていただろう。球界再編時、新庄の「これからはパ・リーグです！」というあの台詞がなければ、北海道日本ハムの成功やパ・リーグの現状もまた違う形になっていた可能性も高い。10数年前、プロ野球の危機を救った男は、引退後にバリ島が気に入り離婚して突然移住を決断。テレビ朝日系列の『しくじり先生』では、信頼していた人に20億円をだまし取られた過去のカミングアウトで世間を騒がせた。

で、新庄はバリ島でなにをやってるのか？　自著『わいたこら。』によると、一時期エアブラシアートやモトクロスバイクに熱中していたらしい。モトクロスにハマった時期、新庄はバイクの乗り方について送られたアドバイスに、自身の生き方を重ねている。

「バイクってさ、こけそうになるとき、思わずブレーキをかけたくなるだろ？　それが間違いなんだ。こけそうなときこそ、むしろ加速してバランスを取ったほうが安全なんだ」

ダルビッシュ有vs田中将大「〝最強投手〟決定戦が東京ドームで実現した夜」

かつて、東京ドームは〝最強の男〟を決めるコロシアムだった。

平成に突入して間もない１９８９年4月24日に新日本プロレスが、日本プロレス界で初めて東京ドームで『格闘衛星☆闘強導夢』を開催。ソ連のレッドブル軍団が来日、アントニオ猪木と五輪金メダリストの柔道家ショータ・チョチョシビリが異種格闘技戦を行い、獣神ライガー（＝獣神サンダー・ライガー）もデビューし、事前の不安を吹き飛ばす5万３８００人を集めた。

90年2月11日にはプロボクシングの世界ヘビー級王座マイク・タイソンが、挑戦者のジェームス・ダグラスと戦うが、37戦全勝、33ＫＯ勝ちの最強王者タイソンがまさかの10回ＫＯ負けで沈む。ちなみにこの日、前座でリングに上がったのは当時19歳の辰吉丈一郎だ。

2000年（平成12年）5月1日には、『PRIDE GRANDPRIX 2000』で桜庭和志がホイス・グレイシーを90分の激闘の果てに撃破。本格的な格闘技ブームが到来し、02年12月7日に東京ドームで開催された『K－1 WORLD GP 2002 決勝戦』では7万4500人の観客動員を記録する。

そして、野球界でも11年7月20日に東京ドームの日本ハムvs楽天において「最強投手決定戦」が行われた。絶頂期のダルビッシュ有（日本ハム）と田中将大（楽天）が先発で投げ合ったのである。この試合は平日ナイター、さらに台風6号接近の悪条件にもかかわらず、なんと全席種完売。満員御礼となる4万4826人の大観衆が詰めかけた。

肉体改造で増量し大エースの風格を漂わせる北海道の背番号11と、恐ろしいスピードで成長していたプロ5年目の神の子・マー君のマッチアップ。グダグダ言わんと誰が一番強いのか決めたらええんやと実現した真夏の直接対決だ。

11年シーズンは両者ともに絶好調で、ダルビッシュは開幕前から「過去最高に状態はいい」と公言した通り、46回2／3連続無失点を記録し、10完投、6完封。田中も14完投、6完封で防御率も1点台前半とそれぞれ驚異的な安定感を誇っていた。2人は終盤まで最多勝争いも繰り広げ、9月29日にダルビッシュが17勝目を挙げて「生意気にもマー君が近づいてきたので、少し焦ったかな」なんて笑えば、田中も負けじと「ダルさんに離されないよう頑張るだけ」と2日後の10月1日に17勝目で並ぶ。お互いバリバリに意識し合い、まさに野球界のど真ん中でしのぎを削ったあの攻防戦。

結局、2年ぶり4度目の〝7・20〟の投げ合いはダルビッシュが9回4安打1失点の貫禄勝ち。しかし、シーズントータルで見ると、田中が初の最多勝に最優秀防御率、沢村賞と投手タイトルを独占してみせた。

そのオフ、ダルビッシュはポスティングシステムでメジャー移籍へ。そして、田中も2年後には24勝0敗の金字塔と楽天初日本一を手土産に、同じくポスティングを申請しあとを追うことになる。もはや、ヤンキースとの総額161億円の大型契約を勝ち取った田中には〝メジャー挑戦〟と言うより、メジャーリーガー達が24連勝右腕に挑戦するような雰囲気すら感じたのも事実だ。

通用するか？　って、通用して当たり前。彼らにとってはメジャーリーグは特別な夢の舞台ではなく、キャリアのステップアップのステージ。日本球界にやり残したことがないから、向こうへ行く。Twitterで自分の意見を遠慮なく発信するダルに、あの名将ノムさんと萎縮することなく会話して、アイドル好きを公言するマー君。SNSを使い、アイドルも追っかける飾らないプロ野球選手の出現。半端ない威圧感と迫力で人を寄せ付けなかった一昔前の大エースとは違う、新世代のスーパーエース像の誕生だ。

当時のパ・リーグには他にも、ソフトバンクの杉内俊哉と和田毅、西武の涌井秀章と岸孝之、オリックスの金子千尋、楽天の岩隈久志ら若き好投手たちが集結していた。00年代に松坂大輔や斉藤和巳の背中を追った若者たちが各チームのローテの柱となり、新人もそんな先輩投手の背中を超えようと切磋琢磨する雰囲気。もう人気のセ、実力のパなんて時代じゃない。すべての課題をクリアしたら、メジャーへGO。あの頃のパ・リーグはまさに好投手が好投手を生む理想的なサイクルが存在したように思う。

平成最後のストーブリーグでも、埼玉西武の菊池雄星がポスティングでシアトル・マリナーズへ移籍したが、報道量は少なかった。アメリカ国務次官補までもがその交渉の行方を報道陣に逆取材したという06年12月の松坂のケースは特殊だとしても、ダルビッシュや田中の行き先は野球ファンを超えた注目を集めたし、現エンゼルスの大谷翔平の去就もNHKがトップニュースで報じるレベルで社会的な関心事だった。それなのになぜ……って要は日本人選手のメジャー移籍にも、ポスティングにも、大型契約にも、我々は「慣れた」のである。平成30年間を使って慣れた。

ついでにドーム球場にも慣れた。NPB各球団本拠地のボールパーク化が進む中、88年3月の開場から30年以上が経過した東京ドームはいまやオールドタイプの球場だ。

昭和の終わりに東京に現れた最先端の巨大イベント会場も、真っ白な屋根が気が付けば埃まみれで黄ばんでいる。スポーツ選手もロックバンドもアイドルグループも皆、この場所に夢を見た。狂乱と情熱とノスタルジアが渦巻く現代のコロシアム。

ある意味、東京ドームは平成ニッポンの記念碑でもある。

【2011年投手成績】

ダルビッシュ有（25歳／日ハム）　28試合（232回）　18勝6敗　防御率1・44　276奪三振

田中将大（23歳／楽天）　27試合（226回1／3）　19勝5敗　防御率1・27　241奪三振

ダルビッシュが最多奪三振獲得で一矢報いるも、田中がキャリア初の最多勝利、最優秀防御率、最高勝率、沢村賞と投手タイトルを独占

侍ジャパンWBC連覇！「孤高の天才から〝人間イチロー〟へ」

「自分は小学生で、学校のテレビは普段使えないんですけど、先生がつけさせてくれて超盛り上がったのを今でも覚えてます」

2019年、メキシコ代表との強化試合で日本代表に初選出されたオリックスの山本由伸（98年8月生まれ）は伝説の試合についてそうコメントした。NHK『サンデースポーツ2020』の〝プロが選んだ平成の名場面〟で、第1位に輝いたのはWBC決勝戦でのイチローの決勝タイムリーだ。2009年（平成21年）3月23日、ロサンゼルスのドジャー・スタジアムで行われた第2回WBC決勝戦の日本vs韓国。平日昼間にもかかわらずテレビ視聴率は最高で45・6％まで跳ね上がり、学校や会社を熱狂の渦に巻き込んだ。

当時、自分が勤務していた化粧品会社でも、日頃はプロ野球にほとんど関心を示さない人たちが、この日ばかりは社内でそれぞれ携帯電話のワンセグ片手に野球観戦。普段なら

「就業中のケータイ使用禁止」なんつって叱り役の上司も一球ごとに声を上げて声援を送る風景。3対3の同点で迎えた延長10回表二死2、3塁でイチローがセンター前へ2点タイムリーを放った瞬間は、部署の垣根を越えフロア全体から拍手と歓声が鳴り響いた。

「オレ、WBCの準決勝に行ってるの。でもどうしても仕事で『笑っていいとも!』の友だちの輪のゲストに呼ばれちゃって、ええっその日決勝あるのにつって……。準決勝終わってすぐ次の日に飛行機乗って、結果一切聞かずに成田空港着いたら、JALのお出迎えの人が『イチローさんすごかったですね~』って。えっ? ええっ?(笑)」

自身のテレビ番組内で当時のエピソードを披露していたのは、とんねるずの石橋貴明だ。

そんな野球版ワールドカップも06年の第1回大会の船出は前途多難だった。16の国と地域が参加して世界一を争う『ワールド・ベースボール・クラシック(WBC)』。もちろん日本代表の指揮官は王貞治。そんな夢溢れるコンセプトも、3月という開催期間の問題もあり選手選考は難航。各国代表の中心選手たちがシーズン優先で続々と出場辞退、大会へのバックアップ体制も不十分だった。

WBC後に出版された『王の道』によると、第2ラウンドが行われたアメリカでの食事はミールクーポン(食券)が1人100ドル支給されたのみ。独立リーグの話ではなく、国を背負って戦う代表チームの悲しいリアルだ。初めて全選手プロで編成された04年のアテネ五輪では現地に日本の食材を大量に輸送し、同行した一流シェフ達が和食を作ったことを考えると、WBCの微妙な立ち位置がよく分かる。

それでも、指揮官の王には「決勝リーグからはミールクーポンが150ドルに上がったんだよ」なんて笑い飛ばす器のデカさがあった。選手の決起集会では当時32歳のイチローが自腹を切って焼肉をふるまいチームを鼓舞。日本代表は、世界中の野球関係者からリスペクトを受ける〝世界の王〟と、04年にメジャー新記録の262安打を放った〝天才イチロー〟を中心に回っていたと言っても過言ではないだろう。

東京ドームで行われたアジアラウンド、初戦は観客1万5869人と空席が目立つ中、中国と台湾にコールド勝ちするも3戦目に韓国に敗れて2位通過。戦前、イチローが「相手に30年は勝てないと思わせるような戦い方をしたい」のガチンコ発言で不穏な雰囲気になるが、皮肉にもこのコメントによりWBCに対する注目度は上がった。

アメリカに舞台を移した第2ラウンド、初戦のアメリカ戦で国際大会に無類の強さを見せる先発・上原浩治が好投するも、西岡剛のタッチアップを巡り、デービッドソン球審は離塁が早かったとしてアウトの宣告。この世紀の誤審にたまらずベンチを飛び出す王監督。ちなみに某巨大電気屋のテレビ売り場のコーナーで観ていた客たち（俺）も疑惑のシーンには1億総突っ込み。いつの時代も人は理不尽な何かに怒った時に団結する。もちろん判定は覆らず試合にも3対4で敗れたものの、この事件がチームと日本の視聴者に一体感をもたらした。

続くメキシコ戦は先発・松坂大輔の好投もあり勝利すると、第2ラウンド3戦目はまたもや韓国戦。しかし、8回表に藤川球児が決勝タイムリーを浴び1対2で競り負ける。勝利直後、マウンドに突き刺した韓国国旗が物議を醸した屈辱の敗戦。これで終わりか……。誰もがそう思った翌日、なんとすでに敗退が決まり前日はディズニーランド観光していたメキシコ代表がアメリカ代表に競り勝ち、失点率でアメリカを0・01上回った日本代表は奇跡の決勝トーナメント進出。こうなると、勢いに乗った王ジャパンは準決勝で三度対峙した韓国を破り、決勝でキューバを圧倒して、最後はクローザー大塚晶則が締めて第1回大会の優勝を決めた。

イチローにとってもこの大会は大きな意味を持つものになった。MVPこそ3勝を挙げた松坂大輔に譲ったものの、33打数12安打の打率・364、1本塁打、5打点、4盗塁の堂々たる成績で大会ベストナインに選出。これまでその圧倒的な実力から野球の求道者イメージの強かった男が、時に感情を露わにチームを鼓舞する人間くさい姿は日本のファンの51番像を大きく変えた。まさにキャリアの分岐点。〝孤高の天才バッター〟から、〝新時代のリーダー〟へ。そして3年後、平成史に残るあの伝説のヒットを放つことになる。

09年の第2回大会は東京での第1ラウンド、サンディエゴの第2ラウンド、そして決勝ラウンドと全9戦中5試合で日本代表と韓国代表が対戦する大会システムが議論を呼んだが、戦前は監督問題も二転三転。ボスしけてるぜ。有力視されたオリンピック代表監督・星野仙一ではなく、原辰徳（当時巨人監督）が就任。しかし、前回大会に続きニューヨーク・ヤンキースの松井秀喜が代表を辞退する。最終メンバー選考を代表合宿最終日まで引き延ばし、結果的に合宿参加選手5名が落選。少なからずそのギリギリまで迷った選考方法がチーム内に動揺を走らせた。

さらに解説者・野村克也が正捕手の城島健司のリードを結果論で事あるごとにボヤきディスりまくり、これに対して城島も第2ラウンド初戦のキューバ戦で完封勝ちを飾った直後に「今日の勝利は『野村ノート』のおかげです。僕は買ってませんけど」とやり返し、場外乱闘もヒートアップする。

この城島が、ベンチに座る控え捕手たちのアドバイスも聞き入れ、懸命にリードした日本代表投手13名中、メジャーリーガーは2大会連続MVPに輝くこととなる松坂ひとりのみ。岩隈久志や決勝戦は抑えを務めたダルビッシュもまだメジャー移籍前で、当時20歳の田中将大はチーム最年少メンバーだった。

投手陣のエースが当時28歳の松坂ならば、野手の中心はやはり35歳と脂の乗り切っていたイチローだ。しかし、ファイナルの韓国戦前まで打率・211と51番は苦悩の日々を送る。それでも決勝戦の大一番で決勝タイムリーを含む4安打の固め打ちで、最終的にチーム最多タイの12安打を記録。さすが51番と日本の野球ファンを熱狂させるも、大会終了後、所属のシアトル・マリナーズに合流すると胃潰瘍でメジャー移籍後初の故障者リスト入り。ギリギリの状態で国を背負って戦い続けた男は、大会連覇を置きみやげに代表の座を退く。

これまで圧倒的な数字を残し続けてきたイチローだが、NPB時代から当時のセ・パの露出格差もあり、人気面では常に1つ年下のスーパースター松井秀喜に先を行かれていた印象は否めない。しかし、日本中の注目を集めた二度のWBCを境にイチロー人気は完全にゴジラを超えた。今振り返れば、甲子園5打席連続敬遠の伝説、長嶋茂雄との師弟関係、伝統の巨人4番打者、名門ヤンキースでワールドシリーズMVP……となんでもある松井秀喜のキャリアに唯一足りないものが「ジャパンのマツイ」としての活躍だったように思う。

なおNHK『サンデースポーツ2020』において、選手、監督、OBの200名以上に徹底調査した〝プロが選んだ平成のスーパースター〟で58票を集め、2位に20票以上の大差をつけて断トツの1位に輝いたのは、やはりイチローだった。

メディアから注目され続ける理由
平成の怪物　松坂大輔

平成10年、1998年10月31日の出来事だ。

有楽町の日劇東宝では、なんと徹夜組を含む3200人の大行列ができていた。広瀬すずや齋藤飛鳥が生まれた1998年（平成10年）は、今より消防法が緩く、映画館が全席指定制になる前。この日から公開開始の『踊る大捜査線　THE MOVIE』を観るために日劇史上№1の観客が、建物の周囲を囲むように並んだのである。金券ショップでチケットが1000円で売られていた『北京原人　Who are you?』とはレベルが違う。劇場側も途中から小雨がパラついたので9階のロビーを開放したという。

前年12月20日から公開の映画『タイタニック』は計50週の大ロングランで日本での最終配収は160億円にも上った。50週って、ほぼ1年間に渡り同じ映画を上映し続けたことになる。

ちなみに98年のCD総売り上げは5878億7800万円と音楽市場が巨大化し、もちろん雑誌を含む出版業界もまだ元気だった。レコードがCDに変わったくらいで、昭和の延長線上にある日常生活だ。

スマホはもちろん存在せず、ネットの普及率も14％弱（現代は80％超え）と今より情報伝達スピードが遅くのんびりしていた平成前半戦。小室ファミリー、プレステ、TBS昼番組『マダムんむん』じゃなくて失楽園……、90年代末には一つの大ヒット商品を世の中みんなで共有する昭和ぽい空気感がまだギリギリ残っていた気がする。

そんな中、野球界の話題の中心は夏の甲子園決勝戦でノーヒットノーラン達成後、98年秋のドラフト会議で西武入りした松坂大輔だった。12月28日の入団発表会見には、55社268人の報道陣が集結。春季キャンプでは立ち投げをしただけで東尾修監督が「宝物を見つけた」なんて超絶賛。世紀末、日本国民はみんなで背番号18をワリカンしていた。

間違いなく、松坂は早熟の天才だった。なにせ1年目から高卒ルーキーでは54年の宅和本司（南海ホークス）以来となる最多勝を獲得、史上初のベストナインとゴールデングラブ賞をダブル受賞している。99年4月7日の日本ハム戦（東京ドーム）、155km/hの衝撃デビューはこれまで平成記録映像として幾度となく繰り返し観てきた。

なぜ彼は世間一般に広く届く存在になり得たのか？　ルーキー松坂には圧倒的な実力に加えてファンやマスコミを喜ばせるコメント力があった。甲子園の準決勝では右腕に巻かれたテーピングを自ら剝ぎ取りマウンドへ。のちにとんねるずの石橋貴明から「あれはカメラ意識したの？」と聞かれ、「その方が盛り上がると思って」と平然と答える怪物。ロッテのエース黒木知宏との白熱の投げ合いに敗れ「必ずリベンジします」と口にした6日後の再戦で、本当に3安打10奪三振のプロ初完封勝利。オリックスの天才イチローを3打席連続三振に斬って取り「自信から確信に変わりました」なんてお立ち台で笑ってみせるハートの強さも併せ持つ。

99年オフには、〝リベンジ〟が新語・流行語大賞を受賞したが、言葉の力というのはそのまま選手が持つストーリー性へと直結する。平成の天才イチローとのアングル、昭和のKKコンビへの憧れ、それらを笑顔で口にする松坂はどの角度からも記事になりやすい選手だった。これが例えば現代のTwitterとかインスタで「次はリベンジします」なんて発信したら軽く炎上するだろう。そういう意味でもそのキャラクターは非常に90年代的だと言える。

西武時代は肩と肘をどれだけ消耗しようが、とにかくあらゆる役割を引き受け投げまくり、国際オリンピック委員会の方針でプロ選手の出場解禁となった2000年のシドニー五輪でも、高卒2年目の背番号18が日本代表のエースとして選出。いわば19歳で日本プロ野球を背負ったわけだ。

ついでに19歳の夏に6つ年上の人気女子アナとフライデーされたり、球団広報に駐車違反の身代わり出頭をしてもらったことがバレるような脇の甘さもあった。そんな清廉潔白ではない〝普通の兄ちゃん〟が、グラウンドに立つと巨大な敵をねじ伏せる。プロ入り後3年連続で最多勝を獲得、06年オフのポスティングでは60億円の値が付きレッドソックスで世界一に輝き、WBCでは二大会連続のMVPを獲得して日本代表の二連覇に貢献。この頃、就職して会社のおじさんたちに「野球で言ったら松坂世代です」なんて自己紹介をした人も多いかもしれない。

2019年に39歳を迎える多くの松坂世代の選手たちがすでに現役を引退したように、我々も歳を取った。会社じゃ上司と部下に挟まれて、人によっては転職や結婚や子どもができたり、あらゆることが変わった。でも、今も変わらず、松坂大輔はマウンドに上がり続けている。その中日ドラゴンズのユニフォーム姿を深夜のスポーツニュースで見て、カムバック賞？　あぁ俺もまだ終われねえよな……なんてテレビの前で勇気づけられるわけだ。

迎えたプロ21年目の春季キャンプ、ファンサービスのハイタッチの際に後方に引っ張られるような形になり、古傷の右肩に違和感が生じてしまう。そう言えば、ルーキーイヤーの99年春季キャンプでは、先輩投手の谷中真二が松坂のユニフォーム姿で現れ人を引き寄せる〝影武者作戦〟が話題になったことがある。その裏で「TANINAKA」の文字が入ったウィンドブレーカーを着たサングラス姿の18歳松坂は無事移動に成功。あれから20年経過という事実にビビる。ついでにいまだにその松坂がハイタッチ事件で野球のトップニュースを飾っている現状にもビビる。今から20年後は、2039年だ。死ぬほど未来という感じがする。根尾昂や吉田輝星が20年後も今と同じように騒がれているだろうか？　そう考えるとこの男の凄さを嫌でも実感する。

19年春には、サントリー伊右衛門のテレビCMで本木雅弘や宮沢りえと共演。「オマエハ、オレラセダイノホコリダカラヨ。サケヨ、ダイスケ」という村田さんの棒読みには、往年のりえちゃんの写真集サンタフェ新聞全面広告クラスで度肝を抜かれたが、いまだにNPBで最も有名な選手は中日の背番号18だと思う。

平成の妖怪……じゃなくて、〝平成の怪物〟松坂大輔が現役を退いたときが、本当の意味での平成プロ野球死亡遊戯となるだろう。
俺たちの平成終わっちゃったのかなあ……。
バカヤロー、平成プロ野球はまだ終わっちゃいねえよ。

あとがき遊戯

この書籍は複数の媒体で数年間に渡り連載していた平成プロ野球コラムを一冊にまとめたものだ。連載時にはどれだけヤフコメが荒れようが、「プロ野球を超人たちがやる特別なものじゃなく、ファミコンやプロレスやグラビアアイドルと並列に書く」ことを決めていた。だって、俺らはそんな日常の中にあるプロ野球が大好きだったから。

書籍化打ち合わせでは「各球団均等に選ぶとか、時系列でペナントレースの結果を追うのはやめましょうか。それは専門誌とか他のメディアがやるだろうから」とクールに話したのをよく覚えている。あ、ゴメン。無意味に嘘をついてしまった。本当は当初は年度ごとに時系列順で並べようと考えていたのだが、「うーん堅ぇ、これって面白いですかね?」と気付き途中で方向転換をした。要はバランスよりもインパクト。経験よりもスピードとパワー。あれが入ってない、これも入ってない、ハイすいませんなんつって開き直って、自分たちが独断と偏見で面白いと思うコラムを選んだわけだ。

小学生の頃に小遣いで買った『週刊ベースボール』を資料として読む作業は楽しかった。平成前半の90年代を書いた収録コラムがどうしても多くなったが、93年から95年にかけて、FA制度導入、逆指名ドラフト、イチロー登場、野茂渡米と昭和とは違う新時代のプロ野球が始まったように思う。そして、世の中のプロ野球人気のピークもこの頃だった気がする。それはノスタルジーではなく、単なる事実だ。

今でも同世代で「プロ野球は昔好きでしたよ」という人が多いことに驚かされる。昔、『ファミスタ』や『パワプロ』や『ギルガメッシュないと』に夢中になったけど、最近のプロ野球はよく知らない。もしかしたら、本書を手に取った人でもそういう元ファンがいるかもしれない。

でも、実は驚くくらい今のプロ野球も面白い。東京ドームへ通う内に原巨人にズブズブにハマって、勤めていた会社を辞め、気が付けばバリバリの野球ライターになっていた俺が保証する。プロ野球は終わりのない連続ドラマである。昭和から令和までストーリーはずっと続いている。この本がきっかけで久々に球場へ行ってもらえたら嬉しい。

なお、『平成プロ野球死亡遊戯』は1年以上に渡り並走してくれた筑摩書房の高橋・窪両編集マンの尽力によって皆さんの手元に届けられた。4年前のデビュー作からの付き合いになるデザイナーの金井さん、毎度素晴らしいカバーイラストを描いていただく師岡さんのゴールデンコンビにも感謝します。掲載を快く承諾してくれた各媒体の関係者の方々、ありがとうございました。

そう言えば、埼玉の実家の部屋には黄ばんだ原辰徳のサインボールが飾ったままだ。平成が始まったときは9歳の小学生が、平成の終わりには40歳の中年男性になる。俺らもプロ野球もお互い色々あった。この本をそんな同時代を生き抜いたすべての人に捧げます。

平成があと数日で終わる東京にて　中溝康隆

See you baseball freak……

平成球界年表遊戯1989－1998

年	球界の出来事	世相
1989年 （平成元年）	5・1 年俸1億3000万円の落合博満（中）が国税庁の長者番付でスポーツ部門トップに立つ 9・14 フィルダー（神）三振後地面にバットを叩き付け破片で骨折。翌年はメジャーで本塁打王に 9・23 清原和博（西）が平沼定晴（ロ）からの死球に激怒。バットを投げ、飛び膝蹴りを見舞う 9・25 31号アーチの門田博光（オ）が出迎えたブーマーとのハイタッチで肩脱臼 11・26 ドラフト会議で野茂に8球団競合。指名選手を手書きからコンピューター導入でモニター表示へ	1月 1月8日「平成」に改元 4月 任天堂「ゲームボーイ」発売 10月 『オレたちひょうきん族』放送終了 ダウンタウン『ガキの使い』放送開始 12月 ザ・タイマーズ『ロックン仁義』
1990年 （平成2年）	2・27 『さらば桑田真澄、さらばプロ野球』発売。桑田は開幕から謹慎1カ月、罰金1000万円 6・6 ブライアント（近）が東京ドームスピーカー直撃の推定飛距離170メートル弾を放つ 7・25 球宴第2戦、落合がルーキー野茂から一発。ファン投票トップの清原が2本塁打でMVP獲得 6・23 ロッテの金田正一監督が球審に暴行し退場処分。出場停止30日、制裁金100万円 9・11 ナゴヤ球場の中日vs大洋でスコアボード右から出火のボヤ騒ぎ。試合開始が23分遅れる	1月 『ちびまる子ちゃん』放送開始 5月 三沢光晴、タイガーマスクを脱ぐ 7月 『バック・トゥ・ザ・フューチャー3』 9月 森高千里『雨』 11月 任天堂「スーパーファミコン」発売
1991年 （平成3年）	3・8 オレ竜落合が史上初めて年俸調停を申請も、球団側の2億2000万円の提示を採用する裁定 7・24 球宴第2戦延長12回、槙原寛己（巨）が練習着のTシャツで緊急登板。翌年から延長戦廃止へ 8・4 NPBで最初にストッキングをズボンで隠した男レイノルズ（洋）11打席連続安打の日本新 8・15 お立ち台の佐藤和弘（オ）「今夜は今津コーチと下痢をするまで飲みたいです」 12・5 1947年に設置された阪神の本拠地・甲子園球場のラッキーゾーン、44年ぶりに撤去される	5月 ジュリアナ東京オープン 8月 『ターミネーター2』 9月 SMAPデビュー 10月 とんねるず『生ダラ』放送開始 11月 宮沢りえ写真集『Santa Fe』
1992年 （平成4年）	7・5 神宮球場で荒井幸雄（ヤ）がサインを見落とし野村監督に叩かれる、荒井ポカリ事件 7・17 ルーキー鈴木一朗（オ）ジュニアオールスターで代打決勝アーチを放ちMVPに 9・13 前田智徳（広）エラー後の決勝2ランで泣きながらベースを一周。試合後お立ち台も拒否 10・26 西武がヤクルトに競り勝ち日本一も、翌日のスポーツ紙一面は貴花田・宮沢りえ婚約発表が独占 11・21 12年ぶりに巨人監督復帰のミスター、ドラフトで松井秀喜を引き当て快心のサムアップポーズ	1月 『愛という名のもとに』放送開始 4月 尾崎豊死去 6月 『氷の微笑』（シャロン・ストーン） 『ストリートファイターII』（SFC） 10月 髙田延彦が北尾光司をハイキックKO
1993年 （平成5年）	3・20 長嶋巨人、オープン戦で西武に勝ち89年から続くチームの対西武連敗を14で止める 4・2 福岡ドーム開場。リーグのシーズン最多観客動員246万2000人を記録も最下位に沈む 5・15 Jリーグ開幕日にサヨナラ打白井一幸（日）「Jリーグに負けない良い試合ができた」 9・25 福岡遠征の近鉄、阿波野とレイノルズのユニフォームが届かず、試合途中に航空便で無事到着 11・16 西武とダイエーで3対3の大型トレード成立。秋山幸二「プロだから割り切るしかない」と渋い顔	1月 貴花田が大関昇進、曙は横綱へ 5月 ヴェルディ対マリノスでJリーグ開幕 6月 『ソナチネ』（北野武監督） 8月 観月ありさ『君が好きだから』 10月 サッカー日本代表ドーハの悲劇

1994年（平成6年）

- 4・7 オリックスは佐藤和弘を「パンチ」、鈴木一朗を「イチロー」に登録名変更。考案者は新井コーチ
- 9・7 横浜戦で巨人の顔・原辰徳に「代打・一茂」で東京ドームがどよめく。原は翌年引退
- 9・10 斎藤隆（横）が中日戦で完封勝利、チームの54試合連続完投なしの日本記録が止まる
- 9・29 日本ハム大沢啓二監督、本拠地最終戦でファンに向かって最下位を土下座謝罪で退任へ
- 10・8 ナゴヤ球場の10・8決戦、内野席でこの年210安打のイチローが焼そばを頬ばりながら観戦

- 3月 『実況パワフルプロ野球'94』
- 8月 ビートたけしがバイク事故
- 10月 『HEY!HEY!HEY!』放送開始
- 11月 セガ「セガサターン」発売
- 12月 ソニー「プレイステーション」発売

1995年（平成7年）

- 4・15 巨人の落合が本塁打で2000安打達成も「名球会入りを目指して野球をやってきたわけじゃない」
- 5・9 デストラーデ（西）がオリックス戦で念願の投手登板、3打者に対し1安打2四球
- 7・24 阪神大震災復興チャリティーゲーム。日本人チームに対する外国人チーム捕手はデーブ大久保
- 8・26 佐藤義則（オ）近鉄戦で40歳でのNPB史上最年長ノーヒットノーランを達成
- 11・22 ドラフトで福留孝介に7球団競合。近鉄佐々木監督「ヨッシャー!」絶叫も福留入団拒否

- 5月 『ドラゴンボール』（鳥山明）連載終了
- 6月 ザ・ブルーハーツ解散
- 7月 『Jリーグ実況ウイニングイレブン』
- 10月 Oasis『モーニング・グローリー』
- 11月 「ウィンドウズ95」発売

1996年（平成8年）

- 5・9 近鉄戦に敗れた試合後、一部ダイエーファンが王監督が乗るチームバスに生卵を投げつける
- 6・28 KOのロッテ伊良部、帽子やグラブを客席へ「あのおっさん、おかしいでしょ」と広岡GMにキレる
- 7・21 球宴第2戦で仰木監督が「投手イチロー」を告げ、ノムさんは松井秀喜に「代打・高津」
- 8・10 大野雄次（ヤ）が広島戦で史上初の年間2本目の〝代打逆転満塁アーチ〟を放つ
- 10・6 中日がナゴヤ球場での本拠地ラストゲームに敗れ、目の前で長嶋巨人メークドラマ胴上げ

- 2月 『ポケットモンスター』赤・緑が発売
- 4月 『ロングバケーション』放送開始
- 小室哲哉楽曲オリコントップ5独占
- 6月 『SLAM DUNK』（井上雄彦）終了
- 11月 『ラブ&ポップ―トパーズ2』（村上龍）

1997年（平成9年）

- 4・6 桑田真澄、右肘手術からの復帰登板で東京ドームのマウンドプレートに右肘を置くポーズ
- 4・24 阪神がこの年に開業した大阪ドームで、42年ぶりの大阪府試合開催となる横浜戦を主催
- 5・3 井口資仁（ダ）福岡ドームの近鉄戦で史上初のルーキーのデビュー戦満塁弾
- 6・5 米3Aから招聘のディミュロ球審、中日戦で判定を巡り大豊に小突かれショックのあまり帰国
- 6・25 イチローが日ハム戦で下柳剛から217打席ぶりの三振、翌日のスポーツ紙一面を飾る

- 7月 フジロックフェスティバル初開催
- 『ONE PIECE』（尾田栄一郎）開始
- 10月 髙田延彦、ヒクソンに完敗
- 『ラブジェネレーション』放送開始
- 11月 岡野Vゴール　ジョホールバルの歓喜

1998年（平成10年）

- 2・9 前年に発覚した球界脱税事件。関与した現役19名の選手に制裁金と3～8週間の出場停止処分
- 2・12 前年2年5億円で巨人入りのヒルマン「肩に小錦が乗っかっている」発言で結局6月に解雇
- 7・7 ロッテのエース黒木知宏が9回二死から同点2ランを浴び延長サヨナラ負け。翌日も敗れ18連敗
- 12・2 ダイエーのスパイ疑惑が西日本新聞に報じられ、球団、リーグが調査を行うも真相は謎
- 12・16 5年連続首位打者のイチロー、契約更改に臨み7000万円増で球界最高の年俸5億円に到達

- 1月 SMAP『夜空ノムコウ』
- 4月 アントニオ猪木、東京ドームで引退
- 6月 サッカーW杯仏大会。日本初出場
- 9月 椎名林檎『歌舞伎町の女王』
- 12月 パイレーツ「だっちゅーの」ブーム

平成球界年表遊戯1999－2008

1999年（平成11年）

- 5・16 怪物ルーキー松坂大輔（西）イチローから3打席連続三振を奪い、自信から確信に変わる
- 5・23 日本ハムの上田利治監督が審判に暴言を吐き頭を叩き告訴されかけるも、その後謝罪で和解
- 6・3 小川博文（オ）ダイエー戦で2ランを放ち、史上5人目の「全打順で本塁打」を達成
- 8・13 ガルベス（巨）横浜戦で満塁アーチ。投手で年間2本目は史上初。この年4本塁打を記録
- 9・22 ゴジラ松井自身初の40本到達でライバルに肉薄「ペタジーニのパンツに手が届きましたね」

- 2月 iモードサービスがスタート
- 4月 ザ・ハイロウズ『罪と罰』
- 8月 モーニング娘。に後藤真希加入
- 9月 『マトリックス』（キアヌ・リーブス）
- 12月 『ファイトクラブ』（ブラッド・ピット）

2000年（平成12年）

- 3・29 東京ドームで初の日本でのメジャー公式戦となるメッツ対カブス開催。サミー・ソーサも来日
- 6・3 五十嵐章人（オ）近鉄戦でプロ初登板。仰木マジックで史上2人目となる全ポジション制覇を達成
- 6・29 ウォーレン（ロ）2日前に不正投球のクレームをつけてきた西武ベンチに中指を突き出して挑発
- 8・7 オリックス戦で野手を使い切った9回表の西武、「代打・松坂」がセンター前2点タイムリーを放つ
- 10・13 イチローが本拠地グリーンスタジアム神戸で9回裏のライト守備に就き、オリックス最後の出場

- 1月 長澤まさみ第5回東宝シンデレラ
- 3月 ソニー「プレイステーション2」発売
- 4月 橋本真也が小川直也にKO負け
- 『伝説の教師』（松本人志・中居正広）
- 11月 木村拓哉と工藤静香が婚約発表

2001年（平成13年）

- 4・2 イチローがマリナーズの開幕戦に1番ライトで先発出場、4打席目にセンター前へメジャー初安打
- 6・26 国内6個目のドーム球場「札幌ドーム」が巨人対中日でこけら落とし。第1号アーチは福留孝介
- 8・29 広澤克実（阪）甲子園の巨人戦で決勝アーチを放ち、お立ち台でマイクを握り六甲おろしを熱唱
- 9・26 北川博敏（近）の代打逆転サヨナラ満塁弾で2年連続最下位から12年ぶりのV。近鉄最後の優勝
- 9・30 55本塁打のローズ（近）王ダイエー戦で新記録を狙うも全18球中ストライクは僅か2球の四球攻め

- 1月 『ヒミズ』（古谷実）連載開始
- 3月 浜崎あゆみベストアルバム『A BEST』
- 7月 『千と千尋の神隠し』（宮崎駿監督）
- 9月 松浦亜弥『LOVE涙色』
- 10月 Apple「iPod」発売

2002年（平成14年）

- 3・20 日本ハムの札幌移転計画が発覚。西武・堤オーナーが異議も7月のオーナー会議で移転が正式承認
- 5・14 台湾でダイエー対オリックスのNPB公式戦初開催。始球式で打席に立つのは当時15歳の松浦亜弥
- 6・9 日韓W杯日本対ロシアが視聴率66・1%を記録。日本戦当日のプロ野球は全チーム休みの変則日程
- 7・9 巨人ビジター用ユニフォーム胸文字が「TOKYO」から「YOMIURI」へ。ファンから大不評
- 11・1 松井秀喜が日本一の2日後にメジャー移籍希望会見「裏切り者と言われるかもしれないが……」

- 2月 マイクロソフト「Xbox」発売
- 3月 Dragon Ash『FANTASISTA』
- 5月 サッカー日韓W杯。日本はベスト16
- 10月 『月刊インリン・オブ・ジョイトイ』
- 12月 ジョー・ストラマー死去

2003年（平成15年）

- 2・19 ロバート・ローズ（ロ）日本復帰も横浜時代の輝きを取り戻せず、来日から29日間で退団し帰国
- 3・18 東京ドームのアスレチックス対マリナーズのメジャー開幕戦がイラク戦争開戦必至となり中止発表
- 4・8 ヤンキースのゴジラ松井、ニューヨークの本拠地ツインズ戦で満塁弾デビュー。日米通算333本目
- 4・23 前年チーム39年ぶりの最下位に沈んだオリックス石毛宏典監督が開幕20試合目、4月中に電撃解任
- 11・3 小久保裕紀（ダ）の巨人への無償トレード発表。3年後、FAで親会社の変わった古巣復帰へ

- 1月 宇多田ヒカル『COLORS』
- 7月 『踊る大捜査線 THE MOVIE 2』
- 「ファミリーコンピュータ」発売20周年
- 10月 『キル・ビル Vol.1』
- ソニン『合コン後のファミレスにて』

2004年
（平成16年）

- 4・2 中日の落合新監督、開幕投手に前年球宴投票で物議を醸しFA移籍後勝利なしの川崎憲次郎を起用
- 6・13 近鉄とオリックスの球団合併が基本合意と発表。同日の大阪ドームでは「合併反対」のファンの声
- 7・11 球宴第2戦でSHINJO（日）が本盗を決めMVPに。お立ち台で「これからはパ・リーグです！」
- 9・18 古田敦也会長のもと選手会が史上初のストライキ決行。翌19日と合わせ、計12試合が中止に
- 10・1 イチローがジョージ・シスラーのシーズン最多257安打を更新し262安打。国民栄誉賞は辞退

- 1月 芥川賞に綿矢りさ&金原ひとみ
- 2月 吉野家が牛丼の販売を停止
- 5月 『キューティーハニー』（佐藤江梨子）
- 12月 任天堂「ニンテンドーDS」発売
  ソニー「PSP」発売

2005年
（平成17年）

- 3・26 新球団の楽天、ロッテとの開幕戦はエース岩隈で勝利も翌第2戦で「0対26」の歴史的大敗
- 5・6 セ・パ交流戦スタート。初年度は1球団36試合（現在18試合）戦い初代王者の栄冠はロッテに
- 5・11 山口和男（オ）が清原（巨）に頭部死球。西武で野村克也から継承したヘルメット塗装が剝がれる
- 10・11 プロ2年目の青木宣親（ヤ）が94年イチロー以来史上2人目、セ・リーグ初の200安打を達成
- 10・22 千葉マリンでの日本シリーズ第1戦は濃霧コールドでロッテが阪神に勝利。4連勝で日本一に

- 3月 テレ朝『ドラえもん』声優を一新
  『半島を出よ』上下巻（村上龍）
- 7月 大相撲の横綱・朝青龍、五連覇
- 8月 iTunes Music Store 日本配信開始
- 10月 『初めての Deep kiss 20』

2006年
（平成18年）

- 3・20 第1回WBC決勝キューバ戦で川﨑宗則（ソ）神の右手ホームイン。王監督率いる日本代表が優勝
- 4・9 金本知憲（阪）横浜戦に全イニング出場で904試合連続フルイニング出場の世界記録を達成
- 5・7 広島のブラウン監督が中日戦で一塁判定を巡り退場処分に。一塁ベースを引っこ抜き華麗に投げる
- 7・21 球宴第1戦で藤川球児（阪）がマウンドからカブレラ（西）に全球直球勝負を予告、空振り三振に
- 11・1 松坂大輔（西）がポスティングでのメジャー移籍を正式に表明。約60億円でレッドソックスが落札

- 4月 アニメ『涼宮ハルヒの憂鬱』放送開始
- 7月 サッカー中田英寿が引退を発表
- 9月 ザ・クロマニヨンズ『タリホー』
- 11月 ソニー「プレイステーション3」発売
- 12月 任天堂「Wii」発売

2007年
（平成19年）

- 3・9 西武がアマ選手に「栄養費」の金銭を渡していたことが発覚。ドラフトから希望入団枠の撤廃へ
- 5・10 ローズ（オ）ロッテ戦で1354試合出場の外国人選手最多記録を更新。通算464本塁打も1位
- 10・3 久保田智之（阪）90試合でシーズン最多登板記録。JFKの一角を担い最優秀中継ぎ投手賞獲得
- 10・6 村田修一（横）が佐々岡真司（広）の引退登板で一発。36号で単独トップに立ち初の本塁打王に
- 11・1 日本シリーズ第5戦、8回まで完全投球の山井大介から9回は岩瀬仁紀へ継投。中日が日本一に

- 1月 ビーチバレー浅尾美和『asao miwa』
- 2月 『モンスターハンターポータブル 2nd』
- 3月 PRIDE、ズッファ社に権利譲渡
- 9月 『ヱヴァンゲリヲン新劇場版：序』
  沢尻エリカ舞台挨拶「別に……」

2008年
（平成20年）

- 5・21 オリックスのコリンズ監督が突然の辞任。〝吉本興業一のセクシー熟女〟シルクとの交際も話題に
- 8・23 星野監督で北京五輪に臨むもアメリカとの3位決定戦に敗れる。アテネ五輪銅メダルの雪辱ならず
- 9・24 ベニー（ロ）西武戦で死球を受け細川捕手を首投げ。細川は左肩を亜脱臼、ベニーも退場処分
- 9・28 1957年建設の広島市民球場が51年の歴史に幕。翌年からカープの本拠地はマツダスタジアムへ
- 10・1 清原（オ）の引退試合。王監督から「生まれ変わったら同じチームでホームラン競争をしよう」

- 3月 リア・ディゾン『ピュアリア！』
- 4月 Perfume アルバム『GAME』
  中邑真輔、武藤敬司に敗れる
- 7月 日本で「iPhone」の販売が開始
  Mr.Children『GIFT』

平成球界年表遊戯2009－2019

2009年（平成21年）

3・23 第2回WBC決勝韓国戦、延長10回イチローがセンター前決勝タイムリー。ダルビッシュが締め連覇
4・7 二岡智広（日）ロッテ戦で移籍後第1号アーチ。新天地で〝モナスキャンダル〟から再出発
5・7 ブランコ（中）がナゴヤドーム初のスピーカー直撃認定アーチ。この年39本、110打点で二冠
8・16 パ首位の日本ハム、大野奨太のインフルエンザ感染発覚後、9人がのどの痛みを訴える異常事態
12・9 赤星憲広（阪）9月の横浜戦でダイビングした際に全身強打。中心性脊髄損傷で33歳で引退表明

2月 『おくりびと』各国の映画賞を受賞
4月 『おっぱいバレー』（綾瀬はるか）
5月 忌野清志郎死去
6月 マイケル・ジャクソン死去
8月 電気グルーヴ20周年アルバム『20』

2010年（平成22年）

2・26 ネルソン（中）沖縄キャンプから戻る際、那覇空港で手荷物から実弾1発が発見され現行犯逮捕
3・26 阪神で日本復帰の城島健司。開幕戦お立ち台で「長崎県佐世保市から来ました城島です」
9・27 プロ29年目の工藤公康（西）に戦力外通告。浪人生活に入り12年4月西武ドームで引退セレモニー
10・28 ドラフト会議で〝ハンカチ王子〟斎藤佑樹（早大）を4球団が1位指名し、日ハムが交渉権獲得
10・30 中日とロッテの日本シリーズ開幕も第1、2、5戦の地上波中継なしとプロ野球死亡遊戯時代へ

5月 ももクロ『行くぜっ！怪盗少女』
『iPad』日本での販売開始
8月 日清「カップヌードルごはん」
10月 『エクスペンダブルズ』公開
11月 市川海老蔵が早朝の西麻布で殴打

2011年（平成23年）

1・5 長嶋一茂、巨人球団代表特別補佐を退任、野球振興アドバイザー就任。のちに空手の関東大会優勝
4・12 東日本大震災で2週間半遅れの開幕。一部ナイター自粛、3時間半ルール、節電ナイター実施
5・5 小笠原道大（巨）が阪神戦で通算2000本安打達成。この年低反発の統一球導入で不振に喘ぐ
9・3 ライアル（巨）代打で登場も見逃し三振、直後にクラブハウスへバックレ。この試合を最後に帰国
9・22 中日は落合監督の契約満了に伴う退団を発表。チームはその後首位に浮上、球団初の連覇を達成

2月 任天堂「ニンテンドー3DS」発売
8月 篠崎愛、ミスヤングアニマル受賞
島田紳助、芸能界引退
9月 『モテキ』（森山未來、長澤まさみ）
10月 『家政婦のミタ』放送開始

2012年（平成24年）

1・18 NPB通算防御率1・99のダルビッシュ有、レンジャーズと契約合意。1年目から16勝を挙げる
10・9 金本知憲の現役最終戦。甲子園のナイターにはシーズン最多の4万7106人が詰めかける
10・25 ドラフト会議で米球界行き明言の大谷翔平（花巻東）を日ハムが強行指名。二刀流提案で入団へ
10・28 阿部慎之助（巨）日本シリーズ第2戦で大学の後輩・澤村拓一の頭をひっぱたく中大ポカリ事件
12・27 松井秀喜、引退を表明。通算2643安打、507本塁打、日米で10年ずつ計20年のプロ生活

5月 東京スカイツリー開業
7月 アプリ『LINE』プラットフォーム化
8月 前田敦子、AKB48卒業
『桐島、部活やめるってよ』
オカダ・カズチカ、最年少G1制覇

2013年（平成25年）

5・5 東京ドームの巨人対広島試合前に長嶋茂雄と松井秀喜に国民栄誉賞授与式。黄金バットが贈られる
6・18 大谷翔平（日）交流戦の対広島にて「5番投手」でスタメン。右翼守備にも就き初の二刀流を実現
9・14 マートン（阪）ヤクルト戦で本塁突入、捕手に猛タックル。日大タックル事件より先に物議を醸す
10・4 バレンティン（ヤ）NPB初の60号アーチ。オフにキリン発泡酒「澄みきり」のCMにも出演
10・8 田中将大（楽）シーズン24勝0敗。開幕20連勝は101年ぶりの世界記録

2月 『横道世之介』（高良健吾）
4月 NHK連続テレビ小説『あまちゃん』
8月 AKB48『恋するフォーチュンクッキー』
9月 2020年の五輪開催地が東京に
11月 ソニー「プレイステーション4」発売

2014年（平成26年）

1・17 秋山幸二、野茂英雄、佐々木主浩が野球殿堂入り。同期の野茂と佐々木は日米球界経験者初の偉業
3・20 中日は前年引退した山﨑武司を支配下登録。楽天とのオープン戦に引退試合として出場のため
5・15 キューバの至宝・セペダ（巨）4番左翼でデビュー。翌年、年間打率・000の伝説を残し去る
9・5 山本昌（中）が阪神戦先発。49歳0カ月で勝ち投手となり史上最年長勝利を64年ぶりに更新
12・27 メジャーで5年連続二桁勝利のヤンキース黒田博樹が広島に復帰。年俸20億を蹴る男気を見せる

1月 『家、ついて行ってイイですか？』
2月 佐村河内守ゴーストライター事件
3月 『笑っていいとも！』放送終了
4月 『水曜日のダウンタウン』放送開始
11月 高倉健死去

2015年（平成27年）

7・3 セ6球団が勝率5割を切る異常事態。交流戦でセが44勝61敗3分けと負け越し空前の大混セへ
9・26 谷繁元信（中）プロ野球史上最多の3021試合目の出場で引退。初出場は89年4・11広島戦
10・1 秋山翔吾（西）最終戦のオリックス戦で216安打目。マートンのシーズン最多安打記録を更新
10・5 巨人選手の野球賭博関与が発覚。3選手（翌春にも1名）が処分。混乱の中高橋由伸新監督誕生
12・17 11勝の黒田博樹（広）6億円プラス出来高で契約更改。金子千尋（オ）を超え現役最高年俸に

6月 『マットマックス怒りのデスロード』
7月 『火花』（又吉直樹）が芥川賞受賞
9月 西野カナ『トリセツ』
11月 天龍源一郎、オカダ戦で引退
12月 『スター・ウォーズ／フォースの覚醒』

2016年（平成28年）

2・2 清原和博、覚せい剤取締法違反容疑で現行犯逮捕。懲役2年6カ月（執行猶予4年）の有罪判決
5・21 マイコラス（巨）妻ローレンさん初の著書。旦那は18年メジャー最多勝でいまやセレブの仲間入り
6・15 マイアミのイチロー、パドレス戦で二塁打を放ち日米通算4257安打の世界記録を樹立
9・29 〝番長〟三浦大輔（横）引退試合で6回1／3を10失点。ヤクルト相手に最後のタイマンを張る
10・16 大谷翔平（日）CSソフトバンク戦に登板。最速の165キロをマークで一塁を守る中田翔も苦笑

5月 高橋しょう子『MUTEKI Debut!!』
7月 『ポケモンGO』配信開始
8月 『君の名は。』大ヒット
9月 『こち亀』連載終了、200巻発売
12月 SMAP解散

2017年（平成29年）

3・31 カブスを自由契約の川﨑宗則、古巣ソフトバンクで6年ぶりにNPB復帰。もちろん背番号は52
5・2 菅野智之（巨）DeNA戦の無四球完封で3試合連続完封勝利。セでは89年斎藤雅樹以来の快挙
6・8 則本昂大（楽）DeNA戦で8試合連続2桁奪三振。91年野茂の6試合のプロ野球記録を更新
6・8 巨人が球団ワースト更新の13連敗。由伸監督「みんな何とかしようとしているけど結果が出ない」
10・26 高校通算111発の清宮幸太郎（早実）に7球団競合、日ハム木田優夫GMが当たりを引く

3月 任天堂「スイッチ」発売
乃木坂46『インフルエンサー』
6月 『昼顔』（上戸彩、斎藤工）
7月 『ドラゴンクエストXI』発売
10月 ハイスタ18年ぶり『THE GIFT』

2018年（平成30年）

4・1 エンゼルス大谷翔平がメジャー初登板初勝利、2日後の本拠地初戦でメジャー初本塁打。新人王に
4・30 ソフトバンクでは0勝に終わり中日テスト入団の松坂大輔。DeNA戦で12年ぶりの日本球界勝利
7・27 山口俊（巨）中日戦で79人目のノーヒットノーラン。お立ち台の「泣かないよ～」ギャグでスベる
9・5 通算2203安打、242併殺の新井貴浩（広）引退会見。翌春の引退セレモニーに黒田博樹も来場
9・28 BC栃木からNPB復帰を目指した村田修一。引退セレモニーで巨人横浜両ナインに胴上げされ涙

3月 『とんねるずのみなおか』終了
5月 『万引き家族』カンヌ映画祭最高賞
7月 『すべての男は消耗品である。』終了
9月 深田恭子写真集『Blue Palpitations』
安室奈美恵引退

2019年
（平成31年）

3・2　カムバック賞の松坂大輔（中）サントリー「伊右衛門」CMに出演。平成の怪物はまだ終わらない
3・21　45歳イチロー来日。東京ドームのマリナーズ対アスレチックスを最後に現役引退を表明

3月　荻原健一死去
4月1日　新元号「令和」発表

球界のぶっちゃけ話(愛甲猛 宝島社)
剛球直言(村田兆治 小学館)
世界野球革命 (ロバート・ホワイティング 松井みどり訳 早川書房)
フリーランス、40歳の壁——自由業者は、どうして40歳から仕事が減るのか?(竹熊健太郎 ダイヤモンド社)
ラミ流(アレックス・ラミレス 中央公論新社)
プロ野球　最強の助っ人論(中島国章 講談社)
さらばサムライ野球(ウォーレン・クロマティ ロバート・ホワイティング共著 松井みどり訳 講談社)
メジャー最終兵器 わが決断(松井稼頭央 双葉社)
3000安打の向こう側(松井稼頭央 ベースボール・マガジン社)
noriの決断(中村紀洋 ベースボール・マガジン社)
古田の様(金子達仁 扶桑社)
プロ野球 スカウトの眼はすべて「節穴」である(片岡宏雄 双葉社)
プロ野球生活16年間で一度もレギュラーになれなかった男がジャイアンツで胴上げしてもらえた話(古城茂幸 本木昭宏 東邦出版)
うまくいかないときの心理術(古田敦也 PHP研究所)
一瞬に生きる(小久保裕紀 小学館)
魂のフルスイング——泥臭く、ひたすら振りぬく!(小笠原道大 KKロングセラーズ)
すべての男は消耗品である。Vol.2(村上龍 角川書店)
「勝ち続ける」ために何をすべきか——強い集団は、こう作る(森祇晶 講談社)
勝負師——名捕手に宿る常勝のDNA(伊東勤 ベースボール・マガジン社)
プロ野球 勝ち続ける意識改革(辻発彦 青春出版社)
オレステス・デストラーデ 西武野球の神話(デストラーデ/大城和美 講談社)
ジャイアンツ愛——原辰徳の光と闇(赤坂英一 講談社)
ダメ虎を変えた!——ぬるま湯組織に挑んだ、反骨の11年(野崎勝義 朝日新聞出版)
プロ野球重大事件——誰も知らない“あの真相”(野村克也 角川書店)
野村克也が選ぶ 平成プロ野球 伝説の名勝負(野村克也 宝島社)
オリの中の虎——愛するタイガースへ最後に吼える(岡田彰布 ベースボール・マガジン社)
「人たらし」の管理術——どんな部下でも動かせる<オレ流>心のつかみ方(大沢啓二 徳間書店)
王の道——“王貞治”を演じ切るということ(飯田絵美著 メディアファクトリー)
原点——勝ち続ける組織作り(原辰徳 中央公論新社)
わいたこら。——人生を超ポジティブに生きる僕の方法 (新庄剛志 学研プラス)
野茂英雄——日米の野球をどう変えたか (ロバート・ホワイティング 松井みどり訳 PHP研究所)
投手論(吉井理人 PHP研究所)
吉井理人 コーチング論——教えないから若手が育つ(吉井理人 徳間書店)
創刊50周年記念週刊少年ジャンプ展VOL.2 公式図録(集英社)
野球小僧remix プロ野球[90年代]大事典(白夜書房)
日本プロレス事件史 vol.4 球場・ドーム進出! (週刊プロレスSPECIAL ベースボール・マガジン社)
ひとを見抜く——伝説のスカウト河西俊雄の生涯(澤宮優 河出書房新社)
走れ!タカハシ (村上龍 講談社)

■映像

NHKスペシャル 平成史 第1回「大リーガー NOMO〜トルネード・日米の衝撃」(NHK)
プロ野球ニュース(フジテレビ)
ロングバケーション(フジテレビ)
サンデースポーツ2020(NHK)
石橋貴明のたいむとんねる(フジテレビ)
「さよなら日劇ラストショウ」パンフレット(東宝〈株〉映像事業部)
清原和博　怪物伝説——23年間の我が野球道(ポニーキャニオン)
「ミッション:インポッシブル/フォールアウト」パンフレット(東宝〈株〉映像事業部)
Number VIDEO 熱闘!日本シリーズ 1989 巨人—近鉄(文藝春秋/フジテレビ)
スポーツマンNo.1決定戦(TBS)
The GAME〜震えた日「1989年プロ野球日本シリーズ 読売ジャイアンツVS近鉄バファローズ」(BSフジ)
ミスター・ベースボール(ユニバーサル・ピクチャーズ)
GET SPORTS(テレビ朝日)
クレイジージャーニー(TBS)
モヒカン故郷に帰る(東京テアトル)
横道世之介(ショウゲート)
走れ! イチロー(東映)

初出

週刊ベースボールONLINE／NumberWeb／文春オンライン／ベースボールキング／エキサイトニュース
ベースボール・クリックス
本作品は、2016年から2019年にかけて各媒体に連載されたものに加筆・修正を加え、
新たに書き下ろしコラムを追加したものです。

参考文献

■雑誌・新聞
週刊ベースボール（ベースボール・マガジン社）
ベースボールマガジン 1992年夏季号 日本プロ野球界の外国人選手（ベースボール・マガジン社）
ベースボールマガジン1996年冬季号 1995年プロ野球総決算号（ベースボール・マガジン社）
ベースボールマガジン 2011年9月号 百花繚乱!!懐かしき外国人助っ人たち（ベースボール・マガジン社）
ベースボールマガジン 2017年6月号 80'sジャイアンツ　温故知新　みんな巨人が好きだった（ベースボール・マガジン社）
ベースボールマガジン 2018年7月号 特集:埼玉西武ライオンズ40周年黄金の記憶 (ベースボール・マガジン社)
週刊プロ野球セ・パ誕生60年 1989年-2009年（ベースボール・マガジン社）
スポーツ報知／スポーツニッポン／日刊スポーツ／サンケイスポーツ／東京中日スポーツ／夕刊フジ／産経新聞
Number（文藝春秋）／Number 完全保存版 野茂英雄（文藝春秋）／Sportiva（集英社）／週刊文春（文藝春秋）
FRIDAY（講談社）／別冊永久保存版FOCUS ANTHOLOGY1981-2000（新潮社）
永久保存版FOCUS「さよなら平成」2019年 1/25 号 (週刊新潮 別冊) ／週刊現代（講談社）／sabra（小学館）

■書籍
KAMINOGE（東邦出版）
長嶋巨人ここまで暴露せば殺される（長嶋巨人番記者 あっぷる出版社）
1990年大百科 おニャン子からバブルまで（宝島社）
「卒業」（秋山幸二 西日本新聞社）
プロ野球運命の出会い――男たちの人生を変えたもの（近藤唯之 PHP研究所）
イチロー20歳の挑戦（永谷脩 未来出版）
仰木彬「夢実現」の方程式――野茂、イチローらを育てた男の実像（永谷脩 イーストプレス）
マウンドに散った天才投手（松永多佳倫 河出書房新社）
野球人（落合博満 ベースボールマガジン社）
元・巨人――ジャイアンツを去るということ（矢崎良一 廣済堂文庫）
プロ野球ニュースで綴るプロ野球黄金時代 Vol.4 運命のドラフト（ベースボール・マガジン社）
読む野球（主婦の友社）
プロ野球・二軍の謎（田口壮 幻冬舎）
長谷川滋利のメジャーリーグがますます楽しくなる観戦術（ワニブックス）
プロ野球もうひとつの攻防――「選手vsフロント」の現場（井箟重慶 角川マガジンズ）
元木大介の1分で読めるプロ野球テッパン話88（元木大介 ワニブックス）
クセ者――元木大介自伝（元木大介 双葉社）
三流（長嶋一茂　石川拓治 構成・文　幻冬舎）
元・阪神 (矢崎良一編　廣済堂出版)
プロ野球「トレード&FA1963-2011」大全（洋泉社）
プロ野球視聴率48.8%のベンチ裏（槙原寛己 ポプラ社）
10.8 巨人vs.中日　史上最高の決戦（鷲田康 文藝春秋）
Gファイル――長嶋茂雄と黒衣の参謀（武田頼政 文藝春秋）
ジャイアンツ80年史 part.2 1993-2003完全保存版（ベースボール・マガジン社）
これがホントの江川卓だ!――巨人軍を“肥料(コヤシ)”にした9年間の功罪（日本政経文化社）
球童――伊良部秀輝伝（田崎健太 講談社）
闘志力。――人間「上原浩治」から何を学ぶのか（上原浩治 創英社／三省堂書店）
奮起力。――人間「佐々木主浩」から何を学ぶのか（佐々木主浩 創英社／三省堂書店）
日本プロ野球偉人伝 vol.12　1994-96編「10・8」&「イチロー時代」の61人（ベースボール・マガジン社）
日本プロ野球偉人伝 vol.13　1997-99編「横浜、熱狂の日本一時代」の78人（ベースボール・マガジン社）
日本プロ野球偉人伝 vol.14　2000-2005「GT決戦&ホークス黄金時代」の125人（ベースボール・マガジン社）
日本プロ野球偉人伝 vol.15　2006-2014「原巨人3連覇&日米ボーダーレス時代」の130人（ベースボール・マガジン社）
前田智徳 天才の証明（堀治喜 ブックマン社）

［著者略歴］

中溝康隆

（なかみぞやすたか）

1979年埼玉県生まれ。大阪芸術大学映像学科卒。デザイナーとして活動する傍ら、ブログ「プロ野球死亡遊戯」を運営し累計7000万PVを記録するなど話題となる。ほぼ日刊イトイ新聞主催「野球で遊ぼう。」プログラムにコラム寄稿。「スポーツ報知　ズバッとG論」「Number Web」コラム連載など精力的にライター活動を続けている。「文春野球コラムペナントレース2017」では巨人担当として独走優勝、初代日本一に輝いた。著書に『プロ野球死亡遊戯』（文春文庫）、『隣のアイツは年俸1億』（白泉社）他。『ボス、俺を使ってくれないか？』（白泉社）では初の小説作品を執筆。小説を原作にして2019年春には漫画版『ボス俺』も発売された。

● twitter@shibouyuugi

平成《へいせい》
プロ野《や》球《きゅう》死《し》亡《ぼう》遊《ゆう》戯《ぎ》

2019年5月30日　初版第1刷発行

著者　中溝康隆《なかみぞやすたか》
発行者　喜入冬子
発行所　株式会社筑摩書房
東京都台東区蔵前2-5-3
〒111-8755
TEL.03-5687-2601（代表）
印刷・製本　中央精版印刷株式会社

ISBN978-4-480- 87907-3 C0075